colle

Afin de vous informer de toutes ses publications, **marabout** édite des catalogues et prospectus où sont annoncés, régulièrement, les nombreux ouvrages qui vous intéressent. Pour les obtenir gracieusement, il suffit de nous envoyer votre carte de visite ou une simple carte postale mentionnant vos nom et adresse, aux Nouvelles Editions Marabout, 65, rue de Limbourg B-4800 Verviers (Belgique).

Du même auteur :

Le guide marabout des chiens,
préface du Dr F. Méry (MS 32)

Jacques Freydiger

le guide marabout des chats

marabout

Inédit.

Sources des illustrations à la fin du volume.
Réalisation et mise en page :
Anne-Françoise Lambiotte.

© **marabout** s.a. 1974 et Les Nouvelles Editions **marabout** s.a., Verviers (Belgique) 1979.

Toute reproduction d'un extrait quelconque de ce livre par quelque procédé que ce soit, et notamment par photocopie ou microfilm, est interdite sans autorisation écrite de l'éditeur.

Les collections **marabout** sont éditées par la s.a. les Nouvelles Editions **Marabout**, 65, rue de Limbourg, B-4800 Verviers (Belgique). — Le label **marabout,** les titres des collections et la présentation des volumes sont déposés conformément à la loi. — Distributeur exclusif en **France** : HACHETTE, s.a., Avenue Gutenberg - Z.A. de Coignières - Maurepas, 78310 Maurepas, B.P. 154. — Distributeur exclusif pour le **Canada** et les **Etats-Unis** : A.D.P. Inc., 955, rue Amherst, Montréal 132, P.Q., Canada. — Distributeur en **Suisse** : Office du Livre, 101, route de Villars, 1701 Fribourg.

I

Les origines du chat

Le chat, mammifère de l'ordre des carnivores digitigrades, fait partie de la famille des félidés, qui comprend également le lion, la panthère, le léopard, le serval, le jaguar, le lynx, le guépard, etc.

Le mot « chat » provient du mot latin *cattus*, apparu fort tard dans la langue latine. C'est un mot populaire qui, avec le terme *felis*, servait à désigner l'animal.

Pour certains auteurs, *cattus* dérive du mot *cautus* qui signifie rusé, malin ; pour d'autres, il provient au contraire du mot *cattare*, c'est-à-dire « voir » : en effet, le chat guette sa proie avant de bondir sur elle.

Les ancêtres des carnivores

Comme tous les autres animaux, les mammifères présentent une forte diversité. Certains sont herbivores et d'autres carnassiers.

Des mammifères, le chat a tous les caractères essentiels, à savoir un squelette osseux, une température constante, un cœur à quatre cavités, une double circulation, une respiration pulmonaire, un système nerveux développé, un corps supporté par quatre membres, une reproduction sexuelle vivipare et, bien entendu, chez la femelle, des mamelles sécrétant un liquide nutritif dont le jeune s'alimente durant la première partie de sa vie.

Si les membres de l'ordre des carnivores ne sont pas seuls à se nourrir de chair, il faut reconnaître que ce sont des spécialistes. Cet état vaut pour les félins.

Des carnivores, le chat peut être choisi comme l'un des représentants les plus adaptés, car il a poussé à son plus haut degré ce mode de vie ainsi que ce régime alimentaire.

Mais avant de rechercher pourquoi le chat s'est spécialisé parmi les représentants de son ordre, ne convient-il pas de découvrir comment ceux-ci se sont séparés eux-mêmes de leurs voisins ? Il faut pour cela remonter dans le temps, vers leur commune origine.

Actuellement, l'ordre des carnivores se présente d'une façon assez disparate. Mais si, au lieu d'envisager les seules espèces vivantes, l'on tient compte des espèces disparues, il en va tout autrement.

Les naturalistes pensaient autrefois que le seul fait de se nourrir de chair animale donnait droit de cité parmi le groupe en question. C'est ainsi qu'ils classifiaient ensemble lions, loups, chats, belettes et insectivores.

Par la suite, cependant, on a séparé ces groupes, car ils présentent entre eux des différences sensibles. Mais il fallait malgré tout les nommer ensemble, car ils proviennent d'une souche commune et des mêmes ancêtres paléontologiques.

Les carnassiers tertiaires du genre Aelurictis avaient à peu près cet aspect.

Ceux-ci étaient d'ailleurs plus voisins des insectivores actuels que des vrais carnivores. Ces fossiles étaient de petits animaux à fourrure qui se nourrissaient d'insectes, il y a environ 70 à 100 millions d'années. Mais ils étaient incertains sur la route à suivre à cette époque crétacée où régnaient les énormes reptiles. Sans insister davantage sur leur description, il était cependant nécessaire de les signaler pour les placer à l'origine probable d'un groupe plus important — comme le remarque avec justesse M. René Thévenin — que les paléontologistes modernes s'accordent tous à considérer comme celui de carnivores primitifs. Ce premier grand groupe vécut entre 40 et 50 millions d'années avant notre ère. Ces animaux, appelés *créodontes,* ont disparu depuis des millions d'années, mais ils formaient un groupe prospère, bien adapté à des genres de vie différents. Les créodontes présentaient des types variés, à grosse tête, au corps allongé, à queue développée, aux membres robustes, aux dents encore mal différenciées mais adaptées à la nourriture carnée.

Petit à petit, ces formes vont s'affirmer et finir par garder, tout comme chez les *miacidés,* des caractères distinctifs et plus évolués : entre autres, la mise en place de dents « carnassières ».

Les miacidés sont les ancêtres préhistoriques des félins.

Dans cette famille, des genres se forment comme les branches d'un arbre, lesquelles se tendent vers des directions différentes afin de donner des rameaux. Ces animaux plus évolués s'orientent vers un aspect qui les rattache d'assez près aux civettes, mangoustes, genettes, ou aux hyènes. D'autres annoncent les chiens, les martres ; d'autres encore, les chats.

Vers les carnivores modernes

Les miacidés provenaient donc de la même souche que les créodontes, mais ils disparurent aussi. Toutefois, leurs successeurs les plus évolués prirent de l'importance.

Il faut parvenir aux temps oligocènes pour voir les caractères se préciser et remarquer ceux qui nous amènent vers les félidés en fonction d'adaptations plus marquées. C'est le cas des genres nimravus, dinictis, etc.

Plus tard encore, au miocène, le genre *pseudaelurus* deviendrait un félin réel s'il en possédait la dentition. A la même époque enfin apparaissent en Europe et ailleurs d'authentiques modèles. L'un d'eux, le *felis zitelli,* offre une grande ressemblance avec les chats domestiques actuels. Dès cet instant, la famille des félidés est constituée, bien qu'elle ne soit représentée que par des espèces de taille petite ou moyenne.

Il faudra attendre les périodes suivantes pour qu'apparaissent dans le groupe les fortes tailles, tels les types « tigre » et « lion ». Certains spécimens vont même aller trop loin dans ce genre, monstres carnassiers plus terribles que les félins actuels. C'est ainsi qu'à l'époque du pléocène, d'étranges animaux se distinguent par le développement exagéré de la canine supérieure, ressemblant à un sabre courbe sortant des gencives. Ces super-félins s'inscrivent en Europe dans les genres *machairodus* et en

La disposition dentaire des Machairodus leur permettait de planter leurs crocs dans la gorge de leurs proies avant de les déchirer.

Amérique dans les *smillodons*. La disposition dentaire permettait à ces animaux de planter leurs crocs dans la gorge des proies et de déchirer celles-ci par la suite, comme avec de petits poignards.

Mais tout excès est un défaut, et ces monstres disparurent au quaternaire. Ils firent place à un groupe possédant des formes variées mais bâties sur un même modèle, qui donnera ensuite naissance aux félidés actuels.

Les félidés

Les félidés constituent donc le terme de l'évolution d'une lignée de carnivores qui se sont spécialisés progressivement, et dont les caractéristiques de la dentition n'offrent plus aucun caractère omnivore.

Les naturalistes s'astreignent d'ordinaire à grouper puis à diviser et même à subdiviser, en fonction de nombreux détails, les séries animales. On est donc en droit de se demander pourquoi ils laissent réunis ensemble des animaux aussi différents que les lions et les chats.

Cela s'explique cependant dès que l'on examine avec attention ces animaux. Car, à la taille près, ils offrent bien des caractères communs.

On demeure avant tout frappé de la perfection du mécanisme de ces corps, de leur adaptation à leur rôle et de leur équilibre. Qu'il s'agisse du lion ou du chat, il s'agit bien d'une « machine » à tuer, dotée d'armes puissantes. Le squelette permet chez tous deux des volte-face en souplesse, tout en demeurant résistant aux chocs. Les os sont également actionnés par des muscles puissants. Les mâchoires courtes sont de véritables cisailles. Et, trait le plus net chez les félidés, le développement et la position des dents les rendent bien faites pour couper et percer la chair. De même les griffes, toujours aiguës dans des gaines, retiennent et déchirent les proies. Le crâne devient presque aussi large que long, ce qui est véritablement une disposition commune et caractéristique des félidés. Dans le même temps, l'ensemble du corps est servi par un système nerveux très perfectionné. Tous deux ont des réactions rapides, toujours en relation avec les organes des sens subtils, et sont dotés d'une intelligence supérieure. Les félidés actuels sont également tous digitigrades ; ils possèdent cinq doigts aux membres antérieurs et quatre aux postérieurs. Si leur odorat est moins développé que chez les canidés, par contre leur ouïe est d'une finesse extrême et leur vision, excellente, offre en outre cet avantage d'être aussi valable au crépuscule que pendant le jour.

La famille des félidés est fort homogène et il est difficile de la diviser en sous-familles ou en genres. On admet en général trois sous-familles, dont les extrêmes sont malgré tout assez imprécis.

- Nous avons tout d'abord les grands fauves, comme les lions, tigres, panthères, jaguars, qui sont classés dans les *Panthérinés*.
- Vient ensuite le guépard, lequel possède des caractères si particuliers qu'il forme à lui seul la sous-famille des *Acinonychinés*.
- Citons enfin les *Félinés* qui nous intéressent tout particulièrement, puisqu'ils groupent les petits félins, c'est-à-dire lynx, ocelots, chats, etc.

Ce sont ces derniers qui sont les mieux doués. D'ailleurs, ils sont représentés actuellement dans le monde par un grand nombre d'espèces, propres aux divers habitats. La plupart se localisent dans les régions chaudes des continents. On trouve cependant quelques lynx en Alaska, ainsi que des tigres en Sibérie.

Parmi les grands félidés, les lions sont les hôtes de l'Afrique, les tigres de l'Asie, tandis que les panthères et les léopards sont communs à ces deux continents. Les jaguars et les pumas, eux, occupent l'Amérique.

D'autres félidés, de taille plus petite, se rapprochent du chat, comme les ocelots américains, les jaguarondis, etc.

Les chats se localisent en Europe, en Afrique, en Asie, en Amérique. On en trouve dans les îles de la Sonde.

Mais ce sont les chats sauvages d'Europe qui vont retenir notre attention.

Le chat sauvage d'Europe

Le chat sauvage d'Europe doit, en effet, être présenté maintenant, ne serait-ce que pour permettre d'apporter certaine précision : il est en effet contesté qu'il puisse être à l'origine de notre chat domestique, l'espèce étant totalement distincte par de nombreux caractères.

L'Europe, dans ses grands espaces forestiers, recelait autrefois des chats, dont l'espèce existait au quaternaire. Mais ils se raréfièrent de siècle en siècle, du fait justement de la disparition catastrophique des forêts, leur habitat.

Mais présentons d'abord l'animal dont il est question.

Il ne peut s'agir de celui que Linné a décrit sous le nom de *felis catus*. Le chat sauvage, en effet, n'a jamais existé dans les pays nordiques ni plus particulièrement en Suède. Ce savant naturaliste a certainement eu sous les yeux un chat domestique rayé, retourné à l'état sauvage. Pour identifier le véritable type, il faut se référer au *felis sylvestris* Schreber, décrit par Brisson.

Le *felis sylvestris* diffère du chat domestique par une taille plus forte et des membres plus longs en fonction du corps. Sa longueur atteint environ 1 mètre, dont 30 centimètres pour la queue. Son poids peut atteindre 8 kilos. Ces proportions sont encore augmentées par une épaisse fourrure qui enveloppe le corps de l'animal. Le pelage est d'un gris fauve, plus ou moins jaunâtre, plus roux et plus ardent chez le mâle, qui s'éclaircit sous le ventre. Ce pelage est régulièrement parsemé de taches brunes. Une ligne noire y suit l'épine dorsale jusqu'à la queue ; d'autres lignes, latérales, s'en détachent, plus ou moins foncées, et descendent le long des flancs. Certaines marquent aussi les épaules et les cuisses. L'extrémité des oreilles est noire, et leur intérieur jaunâtre. La queue porte sept à neuf anneaux sombres et se termine par un anneau noir. Le pied se marque d'une coloration noire, qui remonte jusqu'au talon. La tête, ronde et forte, supporte des oreilles courtes et dressées. L'œil est relativement grand et, lorsque la pupille est contractée, il apparaît d'un vert très lumineux. Le museau s'orne de moustaches blanches, bien rigides. La queue est très caractéristique : sa forme est celle d'une massue et elle est relativement courte. Les os du crâne eux aussi présentent des caractéristiques physiologiques bien distinctes.

Comme chez tous les félidés, les ongles de ces chats sont disposés d'une façon particulière qui, grâce à leur forme courbe, leur longueur, leur acuité, en fait des armes redoutables. Les dents également présentent une adaptation particulière au régime carnivore. Les carnassières sont développées et les canines longues, aiguës, tandis que les incisives sont petites. (Nous retrouvons ces derniers caractères chez nos chats domestiques, il y avait donc lieu de les souligner.)

Les chats sauvages sont des animaux forestiers qui vivent pratiquement sur leur territoire de chasse. Ils habitent le nord et le centre de l'Europe. Autrefois très communs dans nos forêts, ils sont actuellement en voie de disparition et ne subsistent plus que dans quelques grands massifs montagneux : les Ardennes, les Pyrénées orientales, le Jura, les Alpes, les Vosges, le Massif central. On en rencontre encore en Suisse, en forêt de Thuringe... Ils se retirent dans les crevasses des rochers, dans les terriers abandonnés, et se tiennent à l'affût sur les arbres. Ils s'attaquent à tous les animaux vivant dans la forêt ainsi qu'aux poissons. Ce sont des animaux redoutables, farouchement solitaires. Mais l'espèce est devenue trop rare pour constituer un danger.

Ne serait-il pas logique de faire descendre le chat domestique du chat sauvage ? Ce fut autrefois l'opinion des naturalistes et il semble que le bon sens accepte cette transition. Buffon n'écrivait-il pas que « le chat sauvage produit avec le chat domestique et que tous deux ne sont, par conséquent, qu'une seule et même espèce » ? De même, et nous l'avons fait remarquer précédemment, Linné établissait une variété *domesticus* à partir de son *felis catus* ! Cuvier et Desmaret exprimaient la même opinion. Ce n'est qu'au XIXe siècle que Temminck commence à présenter des objections à cette hypothèse, remarquant les différences profondes qui séparent les chats domestiques de ceux vivant à l'état sauvage. Nous avons nous-même signalé ces faits : différences de taille et de caractères anatomiques. Mais si ces animaux n'ont pas de parenté directe, de quelle souche descend donc celui qui, depuis si longtemps, vit à nos foyers ? Il nous faut nous tourner vers l'histoire et l'interroger. En remontant aux origines de la domestication, nous obtiendrons peut-être la solution du problème.

II

Histoire de la domestication

Cette histoire est encore moins connue que celle des autres espèces d'animaux domestiques. Les documents sont assez rares en la matière et il faut y faire la part entre la légende et la réalité. Mais que nous dit l'histoire ? Quels sont les premiers hommes qui ont découvert le chat ? Quand l'idée leur est-elle venue de le domestiquer ?

Une place où il est seul !

Parmi tous les ouvrages que nous avons consultés, celui de M.R. Thevenin[1] est unique du fait que l'auteur a songé à démontrer que « parmi les quelques dizaines d'espèces animales domestiquées, le chat occupe une place où il est seul ».

En effet, cet animal n'a ni l'aptitude du chien à se soumettre aux contraintes de son maître, ni celle du cheval en vue du dressage. Pour bien comprendre le chat, il faut l'étudier dans la situation où il se trouve. Tous les animaux qui ont été asservis se remarquent d'abord par leur « sociabilité » : ils vivent en groupes, en troupeaux, comme les bœufs, les moutons et les chevaux. Tous sont solidaires les uns des autres et il arrive souvent que l'un des membres dépérisse lorsqu'il est rejeté de la communauté.

Rien de plus favorable donc à la domestication, puisque l'animal en cette disposition retrouve un guide une fois recueilli par l'homme.

Or, le chat échappe à cette conséquence déterminée par la

1. R. Thevenin, *Le chat*, Ed. du Sablon..

sociabilité, car il est le plus solitaire et indépendant des animaux.

Une telle indépendance influe dès lors sur les conditions que peut prendre la domestication. Même actuellement, le chat n'est pas notre serviteur, tout au plus notre associé. Rétif aux ordres, il ne veut bien obéir que dans la mesure où son intérêt le sert. Aucune menace n'a de prise sur lui et la force ne suffit pas à le contraindre. Il résiste, se dérobe et se révolte. A l'instant où nous insisterons trop, il s'en ira. Pourquoi ? Il sait vivre sans l'homme.

Les gisements préhistoriques — tourbières, débris de cuisine, grottes — nous offrent les premiers témoignages de la domestication des animaux. On y trouve les premiers spécimens de chats sauvages de tailles diverses. On a ainsi découvert des ossements fossiles de chats en Allemagne, en Angleterre et en France. Le naturaliste De Blainville a trouvé, dans les terrains tertiaires moyens, quatorze espèces de chats, de taille variable. On doit cependant reconnaître qu'il ne s'agit là que de l'espèce sauvage dite *felis sylvestris,* et que rien ne nous autorise à songer à quelque race domestique.

Les populations de cette époque ont à leur disposition, parmi les espèces apprivoisées, le chien, le porc, le mouton, la chèvre et le bœuf. Le chat ne s'y trouve que comme gibier. Rien ne permet d'admettre, dès la rencontre sur la terre de l'homme et de cet animal, qu'une association, même librement consentie, se soit affirmée. L'homme avait d'autres espèces carnivores pour défendre son habitat contre les rongeurs ou autres parasites.

Aussi, c'est hors d'Europe qu'il nous faut rechercher les premiers éléments de la domestication du chat.

L'Egypte

Les Egyptiens ont poussé la maîtrise de la domestication plus loin qu'aucun autre peuple. Les plus anciens documents sur les chats remontent à environ trois mille ans avant notre ère. Mais ces pièces ne démontrent pas encore qu'il s'agit de chats apprivoisés. Cependant, dès les premières dynasties, on vénère ces énigmatiques animaux sauvages.

D'après Hilzheimer, les Egyptiens auraient apporté de Lybie un chat sauvage. Celui-ci fut consacré à la déesse Bast, ou Bastit, à tête de lionne. Les chats auraient donc remplacé dans les temples les lionnes consacrées à la déesse et dont l'entretien pouvait présenter un danger.

A la VIe dynastie, on voit apparaître à Bubaste les premières momies de chats dans lesquelles on reconnaît des chats sauvages de différentes espèces, et plus particulièrement le *chaus* et le *chat de Libye*

Le *chaus* est originaire d'Asie où il est très commun dans les contrées bordant la mer Caspienne. Dans l'ensemble, c'est un grand chat, au pelage gris-roux. Il vit dans les régions marécageuses où il se nourrit de reptiles et d'oiseaux.

Le *chat de Libye* est décrit par les naturalistes comme ayant une taille légèrement plus grande que celle des chats communs. Son pelage est jaune clair avec quelques piqûres de gris-noir, et quelques marques blanches sous les yeux. La tête porte des raies sombres longitudinales qui se prolongent sur les flancs. Des raies marquent également les membres. Les plantes des pieds sont noires. La queue porte des anneaux noirs et son extrémité est de cette même teinte.

Que le *chat égyptien* se rattache à ces variétés de chats sauvages n'a rien d'une hypothèse fantaisiste. Il est d'ailleurs possible que cette souche primitive, au cours des ans, se soit encore croisée avec d'autres espèces asiatiques ou même avec notre chat sauvage. Mais n'anticipons point. Rappelons simplement qu'il s'agit toujours de chats sauvages, non domestiqués.

Si l'on en croit Hérodote, premier historien grec, au Ve siècle avant Jésus-Christ, le chat fut introduit en Egypte lors de la conquête de l'Ethiopie, d'où il est originaire, par Ousirtasen I de la XIIe dynastie, et il s'y multiplia rapidement. Il fut divinisé dès la plus haute antiquité et le dieu de la musique était représenté par un corps humain surmonté d'une tête de chat. La déesse des amours, elle aussi, était offerte au culte sous la forme d'une tête de chat reposant sur un corps de femme. D'ailleurs, les canons de la beauté féminine se rapprochaient à Memphis du type « chat ».

Tous les temples égyptiens abritaient une famille de chats. Si l'on s'en rapporte à Diodore de Sicile, de nombreux enfants leur étaient voués. Ce culte constituait d'ailleurs une grande source de revenus pour les prêtres qui vendaient de petites médailles représentant la tête du chat du temple où le vœu avait été prononcé et que l'on suspendait au cou des enfants.

Le chat était l'emblème du Soleil et d'Osiris. D'après M. de Caylus, la chatte était celui de la Lune et d'Isis. On prétend même que la Lune avait accouché du chat et que Diane prit cette forme lorsque les Dieux, d'après les poètes, se transformèrent en animaux afin d'échapper à la persécution des Géants. Il existait même à Bubastis, dans le Delta, un temple où la déesse Isis était adorée sous le nom d'Aelurus, sous l'image d'une chatte.

Avant le Moyen Empire par contre, il n'y a pas lieu de penser que les chats aient été acceptés dans les habitations égyptiennes. Ils ne figurent que sur des scènes de chasse. Selon De Mortillet, il ne faudrait cependant pas leur attribuer pour autant un rôle de chien d'arrêt puisqu'ils ne rapportent pas au maître les pièces de gibier. Sans doute s'emparent-ils simplement, pour leur propre compte, des animaux chassés et blessés.

Mais revenons à Hérodote, qui nous apporte sur sa civilisation des renseignements très précieux. Il nous apprend que, de son temps, les chats ne sont plus seulement domestiqués pour les services du temple, mais vivent aussi chez les particuliers qui les tiennent en grande estime. Quand un chat venait à mourir dans une maison égyptienne, tous les habitants se rasaient les sourcils en signe de deuil. Le cadavre était soigneusement embaumé avec des aromates, puis déposé dans un petit cercueil reproduisant l'image de l'animal en bronze ou en bois peint, orné de riches couleurs et portant des yeux d'émail. Le corps, suivi des premiers magistrats, était conduit dans un cimetière réservé exclusivement aux chats. C'est ainsi qu'en 1890, on put trouver près de Béni Hassan des milliers de momies de chats. Ce cimetière était situé à proximité d'une sorte de chapelle creusée dans le roc et consacrée, par les rois des XVIIIe et XIXe dynasties, à une déesse à corps de femme et à tête de chat appelée Pakhit ou Bast. On retrouve également des cimetières souterrains de chats à Bubastis — nécropole très recherchée du fait du voisinage de la déesse dont ils étaient l'emblème —, à Sakkarah et à Stabe-Antar près de Thèbes.

Si jamais quelqu'un venait à tuer un chat, même accidentellement, le peuple faisait mourir le meurtrier dans les tourments. Diodore de Sicile raconte ainsi qu'au moment où le roi Ptolémée recherchait l'amitié des Romains, il ne put empêcher la lapidation d'un citoyen de Rome qui avait tué un chat par mégarde.

Le respect qu'on témoigne à cet animal est tellement grand que la légende s'en empare. Les Egyptiens craignaient à ce point de faire mal aux chats que, lorsque le roi de Perse Cambyse, vers 525 avant Jésus-Christ, voulut prendre la ville de Péluse (actuellement Port-Saïd), dont la garnison était égyptienne, il fit marcher devant ses troupes de nombreux chats, et en fit porter un, en guise de bouclier, à ses soldats et officiers ! Les Egyptiens se rendirent alors sans combattre, de peur d'atteindre les chats !

On accordait entre autres à ces derniers le don de chasser les serpents. Selon certains auteurs, la vénération qu'on leur témoignait n'était qu'une forme de reconnaissance pour les services qu'ils rendaient en détruisant les rongeurs qui envahissaient l'Egypte après chaque crue du Nil. Les chats couchaient dans des lits somptueux et, au cours des festins, ils occupaient les places d'honneur.

Ainsi donc, il faut constater que si la raison première de la domestication des chats est mythique, elle devint, par la suite, utilitaire.

L'Assyrie

Les Assyriens et les Babyloniens ne connurent pas le chat. Mais un ouvrage en sanscrit datant de deux mille ans parle déjà du chat domestique !

L'Arabie

D'Egypte, le chat fut introduit, mais très tardivement, en Syrie et en Arabie, où il devint l'animal préféré du prophète Mahomet.

Moncrif rapporte, dans son *Histoire du chat,* la légende suivante qu'il tenait de Mulla, ministre de la religion musulmane, qui accompagnait en France l'ambassadeur de la Porte : « Les premiers jours que les animaux furent enfermés dans l'arche de Noé, étonnés des mouvements de la barque et du nouveau séjour qu'ils habitaient, ils restèrent chacun dans leur ménage... Le Singe fut le premier qui s'ennuya de cette vie sédentaire. Il alla faire des agaceries à une jeune Lionne... Ce fut des amours du Singe et de la Lionne que naquirent un Chat et une Chatte ! »

D'après la tradition musulmane, c'est du reste au Prophète que les croyants font remonter la propriété que possède le chat de retomber sur ses pattes. Sa chatte Muezza, couchée un jour sur la manche de son habit, semblait y méditer. Pressé de se rendre à la prière mais n'osant déranger l'animal de son extase, son maître coupa la manche de son vêtement. La bête lui en sut gré et quand le Prophète revint, Muezza le remercia pour cette attention en lui faisant la révérence. Depuis lors, Mahomet assura à sa chatte une place dans son paradis et, lui passant trois fois la main sur le dos, lui donna, ainsi qu'à toute sa race, la vertu de toujours retomber sur ses pattes.

Bien avant Mahomet, Pline écrivait déjà que les Arabes adoraient un chat d'or. Les Turcs, eux, considéraient le chat comme un animal pur ; ils le choyaient dans leurs maisons, alors qu'ils proscrivaient le chien, réputé impur. Actuellement, les chats sont encore en grand honneur chez tous les musulmans.

L'Antiquité gréco-romaine

L'Antiquité gréco-romaine, la chose est certaine, a connu tardivement le chat. D'autres chasseurs de rongeurs se voyaient utilisés dans ces pays, à savoir la belette, l'hermine ou la genette, parfois aussi le furet, importé d'Afrique sous le règne d'Auguste. Le putois et la fouine furent, avec les animaux précédents, les petits carnassiers apprivoisés dans l'Antiquité classique avant que parût le chat.

A quel moment celui-ci fut-il adopté ? On ne peut citer de dates précises. Plutarque, au Ier siècle de notre ère, fait figurer cet animal au même titre que les précédents. Mais, plutôt que chasseur de rongeurs, il apparaît surtout comme une curiosité, un animal exotique dont on ne peut mettre en doute l'origine : l'Egypte.

Les auteurs grecs n'en parlent pas avant Hérodote et Aristote, et ils en disent vraiment très peu. Nous en déduisons qu'il n'était pas très répandu en Grèce.

Homère par contre ne parle des chats qu'avec les plus grands égards, et Corinthe possédait une statue colossale de bronze représentant un chat accroupi.

En fait, le chat ne semble pas être passé directement d'Egypte en Grèce continentale, mais y être arrivé via l'Italie.

Toutefois il semblerait logique, en suivant Hérodote, d'admettre que les Grecs auraient « subtilisé » des sujets de la race féline chez les Egyptiens pour conserver intactes leurs récoltes. Car ils avaient dû renoncer à employer les petits carnassiers qui, en plus des rongeurs, s'attaquaient également à leurs poules, lapins et chèvres. Le seul moyen de se procurer des chats consistait donc à les voler à Thèbes !

Le fait que le chat figure rarement dans les œuvres d'art de l'Antiquité romaine vient appuyer cette hypothèse. Il en existe cependant plusieurs représentations en bronze et en marbre au musée du Vatican.

Sans être tout à fait inconnu des Romains, le chat n'était pas chez eux un animal domestique courant. Cependant, F. le Normant signale à Tarente un document du Ve siècle où figure un jeune homme offrant un oiseau captif à un chat. De même, Hamilton nous fait remarquer des chats sculptés dans les tombes des Etrusques. A Naples, on peut voir une mosaïque de Pompéi où un chat d'Egypte capture un oiseau. A ces témoignages, nous pouvons aussi ajouter un texte écrit par Palladius vers 350 : il y est dit qu'un certain animal, appelé *catus*, est employé dans les greniers pour faire la chasse aux rongeurs. Rappelons que l'Italie fut fréquemment visitée par les marchands phéniciens qui introduisirent en Europe des objets et des curiosités en provenance de l'autre rive méditerranéenne. De là à admettre qu'une race de chat apprivoisée faisait partie de la cargaison, il n'y a qu'un pas à franchir. Signalons également qu'en Sardaigne a existé de tout temps une forme voisine du chat de Libye.

Il est certain en tout cas que, à l'époque de l'Antiquité classique, une certaine espèce de chat exotique se vulgarise. Cette zone de pénétration est encore localisée, mais elle va s'étendre.

La Gaule

Le chat devait être peu répandu en Gaule. Avant les invasions germaniques en effet, l'art gaulois avait produit de pittoresques figures d'animaux domestiques ; mais, si les figurines de terre cuite fabriquées par les potiers de l'Allier nous montrent des chiens, des moutons et même des chevaux, on n'y trouve aucune trace de chat.

Celui-ci ne sera représenté pour la première fois qu'après la conquête. Un sarcophage gallo-romain du musée de Bordeaux nous montre en effet une jeune fille tenant un chat dans les bras. Mais c'est là l'un des seuls témoignages cités par les auteurs. Vers les mêmes époques, cependant, des moines venus d'Egypte vont sans doute contribuer à répandre l'intérêt pour les chats, du fait des services qu'ils peuvent rendre.

Mais le monde antique s'écroule sous les invasions. Les Barbares anéantissent les Arts, les Sciences et les Lettres. Plus aucun texte, nulle représentation ne peuvent dès ce moment nous renseigner.

Ce n'est que bien plus tard, quand les ténèbres s'éclairciront, que les documents reviendront au jour. De plus en plus, toutefois, l'espèce féline domestiquée se répand en Italie. Les chats vont alors se propager partout en Europe.

Le Moyen Age

En France comme en Espagne, il faut signaler l'utilisation continuelle de petits carnassiers pour lutter contre les rongeurs. A cette époque, dans les demeures seigneuriales, on conserve à cette fin la belette, mais aussi un petit animal gracieux : la *genette*, qui va d'ailleurs occuper une place de choix dans la chevalerie. Cette espèce domestiquée fait penser au chat par ses proportions. Sa tête est fine, son museau pointu. Son corps est allongé et elle porte une longue queue annelée. Prise jeune, la genette s'apprivoise facilement et son caractère est aimable.

Pendant très longtemps, elle gardera sa place près des châtelaines avec d'autres animaux favoris comme les petits chiens,

La genette garda longtemps sa place auprès des châtelaines comme animal favori.

singes et oiseaux. Après la bataille de Poitiers, Charles Martel instituera l'ordre de la genette pour les seigneurs et princes du sang.

Pourquoi sa gloire fut-elle éclipsée ? La genette fut exclue de la vie familière pour son odeur... laquelle ne purifie pas particulièrement l'atmosphère d'une pièce fermée ! Détail sordide, mais qui, en des temps plus raffinés, a son importance. Cette forte odeur musquée ne plaisait pas à tous les odorats ! En outre, la reproduction des genettes en captivité est très difficile alors que celle du chat réussit parfaitement. Enfin, ce dernier a le mérite de venir de l'étranger et, à ses débuts du moins, sa vogue s'affirme en tant qu'animal exotique.

Nous avons vu précédemment le *chat domestique* bien installé en Italie vers le VIe siècle.

Dans le même temps, il n'est pas impossible que la branche égyptienne se soit mélangée à d'autres races, originaires d'Asie. Mais nous retrouvons en général, dans tout l'Occident, au IXe siècle, ce même chat d'origine lybienne. Il se maintiendra dans nos régions d'une façon constante.

Nous disons bien chat « exotique » ou, si vous voulez, chat d'Egypte, car nous possédons les preuves de son importation étrangère.

Ce sont les documents historiques qui nous les apportent et, plus particulièrement, ceux en provenance d'Angleterre. Le chat sauvage était autrefois fort répandu dans les îles Britanniques puisque, au XIIIe siècle, des mesures et des lois spéciales permettaient sa destruction. La peau de ce félin était réservée au bas peuple et un décret d'Edouard III interdisait aux marchands le port de la fourrure, sauf celle de lapin, d'agneau, de renard et de chat. En 1697, N. Cox nous apprend que le Royaume d'Angleterre était infesté de chats. Par contre, aux mêmes époques, d'autres lois protégeaient le chat domestique. « Le code du Pays de Galles, nous fait savoir Brehm, contient une disposition introduite par Howell Dha (ou le Bon) datée du xe siècle, qui fixait la valeur d'un chat « domestique » et les amendes dont étaient passibles ceux qui tourmentaient, blessaient ou tuaient cet animal. Elle fixait également le prix d'un jeune chat qui n'avait pas encore attrapé de souris ; à partir du moment où il avait sa première victime, ce chat valait le double. L'acheteur avait le droit d'exiger que les oreilles, les yeux et les griffes fussent bien constitués ; que l'animal fût un bon chasseur de souris ; et si c'était une femelle, qu'elle élevât bien ses petits. Lorsque le chat vendu avait quelque défaut, l'acheteur pouvait se faire rembourser un tiers du prix d'achat. Quiconque volait ou tuait un chat sur le domaine du prince le payait d'une brebis et de son agneau, ou bien était forcé de donner la quantité de blé nécessaire pour couvrir le chat mort, suspendu par la queue de manière que son museau touchât le sol. »

De telles dispositions ne peuvent se comprendre que si le chat domestique était un bien précieux. Cette valeur qu'on lui attribue prouve bien qu'il ne descendait pas du chat sauvage, puisque ce dernier était alors très commun : on eût pu se procurer facilement des jeunes et les apprivoiser.

En France, en Allemagne, il en allait de même. Au xive siècle, le chat « domestique » était encore si rare qu'il faisait partie de la nomenclature des biens, tout comme un objet de valeur. Le « Livre des Métiers » rapporte qu'il faut établir une distinction quant aux droits à percevoir lorsqu'il s'agit « des piaus de chat sauvaige » par rapport à celles de « chaz privez que l'on appele chat de feu ou de fouier ». C'est donc qu'il ne s'agit pas du même animal.

Nous croyons dès lors que l'on peut conclure en affirmant que notre chat domestique commun est bien, dans nos contrées, le descendant du chat d'Egypte et non celui de notre chat sauvage forestier.

Nous pouvons aussi admettre l'opinion, de plus en plus accréditée, que le chat domestique commun provient bien d'une ou de plusieurs espèces africaines, mais qu'il a pu se croiser, au cours des âges, avec des races asiatiques.

Une circonstance déterminante semble contribuer par ailleurs au développement de son extension : c'est l'apparition, dans les mêmes contrées, d'un nouvel animal auquel est liée sa destinée : le rat.

Les Croisades

Les chevaliers revenant de Terre sainte ramenaient, sans le savoir, un passager clandestin dans les cales de leurs navires. Il s'agit du rat noir, véhicule de la peste, cause de mort pour la chrétienté. On entend parler de lui, pour la première fois, vers les XIIe et XIIIe siècles. Originaire d'Asie centrale, par le canal du Proche-Orient, il s'est propagé peu à peu par les moyens que nous venons de signaler. En attendant, bien implanté, il est capable d'opposer à ses ennemis naturels une ferme résistance. Si bien qu'on en vient à imaginer, contre ces sombres rongeurs, de nombreux pièges et autres engins de destruction. Même les dépenses royales font état de divers achats d'instruments à prendre les rats, ou de recettes de viandes contenant des poisons.

On finit alors par se rendre compte que les chats « privés » ont un rôle important à tenir : non seulement les chats indigènes, mais également ceux apportés de Palestine par les chevaliers. Bientôt ils vont rester seuls maîtres de la situation, leur hardiesse et leur combativité leur conférant un sérieux avantage sur les belettes, genettes et consorts. On couvre bientôt les chats de louanges et ils ont le droit, désormais, de devenir des citoyens à part entière. D'hôtes de luxe, les voici devenus indispensables associés. Devant l'invasion des rats, ils apparaissent comme des sauveurs.

De Dieu, devenu diable

L'Eglise va, à son tour, jouer un rôle déterminant dans cette nouvelle phase de l'histoire du chat, mais en vouant cette fois une haine froide, implacable, à ces pauvres animaux. Leur disgrâce sera proportionnée à leur faveur !

D'Allemagne arrivent d'étranges rumeurs. On raconte d'effroyables orgies présidées par des sorcières déguisées en chats noirs. Le culte de Freya honore la fécondité de la chatte tout en favorisant les plus bas instincts. De même le chat-dieu demeure, pour l'Eglise, le symbole des rites païens. S'élevant contre toute forme d'idolâtrie, on comprend qu'elle s'inquiète en cette époque d'obscurantisme. Alors le clergé donne libre cours à la réaction. C'est l'époque des autodafés, et l'Inquisition condamne les pratiques de sorcellerie. La chasse aux sorcières est lancée et les chats, soupçonnés également d'appartenir au diable, sont jetés dans les flammes. La confusion s'installe aussi bien en France qu'en Italie ou en Allemagne. Des êtres humains se voient soumis à la torture, brûlés ou pendus pour s'être occupés de chats. Ceux-ci vont même comparaître au cours de certains procès au nom de l'élévation de l'esprit et de la lutte contre la sorcellerie. En 1484, le pape Emmanuel VIII conduit la répression en poursuivant les amis des chats et en les accusant de connivence avec les démons. Les rois eux-mêmes, de Louis XI à Louis XV, vont honorer de leur présence ces autodafés et allumer des bûchers.

En face des chats affaiblis, décimés, les rats prolifèrent bientôt, envahissant villes et villages. En bandes, ils mettent en fuite les derniers chats et s'installent à leur aise dans chaque égout et chaque habitation.

Autres temps... autres mœurs

Il fallut bien reconnaître les erreurs. Les efforts réalisés par le ministre Colbert sont dignes d'éloges, bien qu'ils arrivassent un peu tard. C'est à lui qu'on doit le décret exigeant la présence de deux chats mâles sur chaque navire de la Marine Royale. Aujourd'hui encore, certaines compagnies d'assurances refusent de payer les marchandises détériorées par les rongeurs sur les navires s'il n'y a pas à bord quelques chats.

Il fallut donc, à nouveau, encenser Tybert le chat et encourager son élevage. Mais le mal était fait et plusieurs centaines d'années furent nécessaires pour que le chat reprenne la place qui lui était due.

Vint alors l'ère pastorienne. C'est incidemment que le chat doit à Pasteur sa complète réhabilitation. A cette époque où l'on inculque aux êtres humains des notions d'hygiène et où l'on dénonce les maladies microbiennes, le chat, qui passe des heures à faire sa toilette, devient du jour au lendemain « l'animal vraiment propre ! Toujours solitaire, ne frayant avec aucune autre espèce, il ne peut transmettre de maladies. On découvre les services qu'il a rendus. On se passionne pour de nouvelles races. Et « Raminagrobis » devient ce tendre « Minet » représenté par les sculpteurs, les peintres, puis admiré par les philosophes et chanté par les poètes.

Voici donc, en résumé, l'extraordinaire histoire du chat. Dérivé du *felin lybica,* il s'est répandu à travers le monde. Importé par l'homme, il s'est croisé avec diverses espèces locales, domestiques ou sauvages, constituant de cette façon un nombre croissant de races dont l'ascendance est généralement impossible à reconstituer.

Passionnante histoire que la sienne ! C'est une authentique exploration du monde, de l'Egypte aux îles de la Sonde, du Soudan aux rives de la Méditerranée, des brumes du Nord aux terres d'Asie. Partout se retrouvent les traces de nos seigneurs de gouttières.

III

Légendes et superstitions

Paul Morand, grand ami des chats, dit un jour : « Ils sont incompris parce qu'ils dédaignent de s'expliquer ».

Cette réflexion souligne parfaitement le caractère secret de ce petit félin et justifie les sentiments divers que son comportement peut éveiller chez les hommes.

Ces derniers s'insurgent volontiers contre ce qui leur paraît difficile à concevoir ; aussi affirment-ils que le chat, tour à tour indolent ou vif, aux attitudes un peu mystérieuses, est un être à part dont il faut se méfier, car il semble connaître des choses que nous ignorons et peut même se montrer capable, dans certaines circonstances, d'influencer notre destin. On dira que son goût de l'indépendance témoigne de son indifférence à l'égard de ses maîtres, que son refus de toute servitude prouve son égoïsme, que la défense de sa liberté n'est que de la fausseté et que son instinct de chasseur révèle sa cruauté !

Il n'est pas un animal domestique qui joue un plus grand rôle dans les croyances populaires. On lui attribue des pouvoirs magiques, souvent nuisibles mais parfois aussi bénéfiques.

Des dizaines de dictons, des proverbes, des explications de songes, d'innombrables légendes illustrent les sentiments de méfiance qu'il peut éveiller et, s'il ne les justifie guère, expliquent, en partie tout au moins, les aventures souvent tragiques qu'il connut au cours des siècles.

Les dictons

Dans le domaine des dictons, rappelons les plus communs.

Pour avouer que l'on ne peut deviner quelque énigme, on dit « jeter sa langue au chat ». Mais s'il s'agit de résoudre une affaire épineuse, on estime que « l'on ne peut prendre de tels chats sans mitaines »... Pour se moquer de certains vieillards épris de jeunes femmes, on affirme qu'« à vieux chat, il faut jeune souris... ». De même une femme assez légère est dite « amoureuse comme une chatte ». Des personnes qui ne se supportent guère « vivent comme chien et chat ». Comme, la nuit, il est malaisé de distinguer une jolie femme d'un laideron, on conclut que « la nuit tous les chats sont gris ». Si l'on voit souvent une personne courir rapidement, on estime qu'« elle court comme un chat maigre », expression qui se dit aussi d'un coureur de jupons. Pour ceux qui redoutent ce qui déjà leur a nui, on rappelle qu'« un chat échaudé craint l'eau froide ». Les gens distraits ou trop confiants, qui vendent ou achètent des objets sans les examiner, « vendent et achètent un chat en poche ». Quand on ramène les choses à leurs justes proportions, on constate qu'« il n'y a pas là de quoi fouetter un chat ». Si l'on affronte un danger que l'on peut éviter, on risque « de réveiller le chat qui dort », dicton bien ancien puisqu'il figure déjà, au XVe siècle, dans le célèbre recueil des « Quinze joies du mariage » ! Le chanteur ou le conférencier qui éprouve dans la gorge un soudain embarras « a un chat dans la gorge ». Il faut évidemment souhaiter que cet accident survienne dans une salle de spectacle peu garnie, c'est-à-dire où « il n'y a pas un chat ». « Griffonner comme un chat » s'applique aux épistoliers qui écrivent d'une manière illisible. Quand les maîtres sont partis et que les subalternes se paient du bon temps, on rappelle que « quand le chat est parti, les souris dansent ». Celui qui réussit à se tirer avec adresse des situations les plus embarrassantes peut être défini comme étant du « naturel des chats qui retombent toujours sur leurs pattes ». Et l'on dira également « à bon chat, bon rat », soit à trompeur, trompeur et demi, lorsqu'un homme habile parvient à duper à son tour celui qui l'a trompé. En ce cas, cet homme bien avisé est « éveillé comme un chat qu'on fouette ». Mais si, trop habile, il réussit à faire courir à d'autres la responsabilité d'une entreprise dont il souhaite recueillir les fruits, on affirme qu'« il sait se servir de la patte du chat pour tirer les marrons du feu ». D'autre part, s'il reporte une faute sur autrui, il est à même « de jeter le chat aux jambes ». On dit aussi que « le mou est pour le chat » lorsque quelqu'un reprend ce qui lui revient. Enfin, quand un coupable se défend d'avoir accompli un acte, on objecte : « alors, c'est le chat ».

Toutes ces expressions prouvent à quel point le comportement du chat peut s'appliquer aux actes de la vie courante des hommes.

Les songes

Dans le domaine des songes, l'apparition du chat est considérée, en général, comme un mauvais signe à tous les points de vue. On décrète qu'il est le symbole même de la fausseté, de l'hypocrisie et de la trahison.

Si, en rêve, vous vous battez avec un chat dont les griffes vous blessent, vous pouvez vous attendre à souffrir d'une maladie ou d'une affection soudaine et violente. Rêvez-vous d'un chat en colère... des querelles de ménage se préparent. Lorsque des chats furieux livrent bataille, il faut se préparer à subir de violentes disputes ! « Manger du chat » annonce une pénible rivalité amoureuse. Celui qui, en rêve, a battu ou tué un chat, arrêtera ou fera périr un voleur ; si le chat lui est connu, il peut avoir la certitude de reconnaître l'auteur du larcin. Après tous ces présages décourageants, une mince lueur d'espoir tout de même : l'apparition dans un songe d'un beau chat blanc assure à celui qui a le bonheur de le voir une fortune prochaine !...

Vous le voyez, le caractère et les mœurs du chat ont toujours sollicité l'attention des observateurs. Ils valurent à cet animal de connaître tour à tour des périodes où il fut choyé, dorloté et adoré à l'égal d'un dieu vivant, et d'autres où l'instinct qui pousse tant d'hommes à faire souffrir de plus faibles que lui, où la peur s'allie à la haine, l'amèneront à devenir la pitoyable victime des persécutions et des plus abominables cruautés.

Le culte

Il semble que le temps fut d'abord à l'adoration.

Dans l'Egypte ancienne, rappelons-le, on vénérait le crocodile, le serpent, le bœuf, le chien, mais le chat occupait incontestablement la première place parmi ces animaux sacrés. Déjà sous la XIIe dynastie (vers 2200 ans avant Jésus-Christ), il est vénéré et divinisé. Le chat mâle est associé au soleil et la chatte à la lune. Quand un chat vient à mourir, ses maîtres se rasent les sourcils en signe de deuil. Les élégantes de l'époque s'appliquent des maquillages et créent des coiffures qui font songer aux chattes. En somme, on espère obtenir la protection des dieux en réservant mille faveurs à ces animaux. Un hymne trouvé sur une colonne du IV° siècle avant Jésus-Christ et adressé à Râ (le soleil) d'Héliopolis apporte un témoignage de l'intensité de ce culte :

« O chat sacré ! Ta tête est la tête du dieu soleil. Ton nez est le nez de Toth, du seigneur trois fois grand d'Hermopolis. Tes oreilles sont celles d'Osiris qui entend la voix de tous ceux qui l'invoquent. Ta bouche est la bouche du dieu Atmou, le seigneur de la vie qui t'a préservé de toute souillure. Ton cœur est le cœur de Phat. »

Peut-on imaginer culte plus éloquent et plus absolu ? L'exportation des chats égyptiens est d'ailleurs interdite et maintes représentations du félin ornent les sarcophages, les papyrus, voire certaines monnaies...

Ce n'est qu'au IV° siècle, époque du triomphe du christianisme, que ce culte tombe en désuétude.

En Syrie, en Arabie et, plus tard, dans l'ensemble des pays arabes, les musulmans témoignent d'un grand intérêt pour le chat, dont ils louent l'extrême propreté. Celui-ci ne jouit-il pas de la protection de Mahomet ? Nous avons déjà rapporté cette légende populaire. Avant le prophète, les Arabes adoraient déjà un chat d'or. Et les diverses mythologies nous le présentent mêlé à la vie des dieux immortels. En effet, il fut consacré à Aphrodite, et Artémis prit sa forme pour s'éloigner des Géants qui la poursuivaient.

Si dans la Grèce et la Rome antique on semble témoigner d'une certaine indifférence envers le chat, le comportement de ce dernier devait cependant intéresser quelques observateurs. Homère ne parle des chats qu'avec les plus grands égards et l'on assure même que la ville de Corinthe avait élevé une colossale statue de bronze représentant un chat accroupi. Ceci prouve tout de même que cet animal possédait des amis puissants qui jugeaient favorablement ses mérites. Par contre, les Juifs avaient les chats en aversion, au point qu'ils défendaient à leurs enfants de les toucher. Interdiction étrange que d'autres peuples, bien plus tard, devaient également appliquer.

Dans l'Inde antique, le chat était l'objet d'un respect unanime, tout en étant victime d'une certaine discrimination. En effet, si le bouddhisme préconisait l'amour et la protection de tous les animaux, il refusait d'inclure le chat parmi eux. Une légende justifie cette restriction : lors de l'entrée de Bouddha dans le Nirvanâ, toute la gent animale fut invitée à assister à cette cérémonie. Mais le chat, convoqué comme tous les autres, s'était endormi ; ainsi il arriva en retard au rendez-vous, ce qui fut vraiment impardonnable !

Aux Indes également, une autre légende tente de faire admettre l'hypocrisie du chat. Celui-ci s'est installé sur les bords du Gange ; plein de bienveillance, il y accueille les autres animaux. Les oiseaux, les souris, vivent à ses côtés et jouissent de sa protection. Parfois il les invite à l'accompagner dans ses promenades. Mais on ne tarde pas à remarquer qu'il revient toujours seul et, détail troublant, il semble après chaque retour être un peu plus gros. La souris, intriguée, s'avise un jour de le suivre : elle l'épie, voit le sort réservé à ses compagnons et, horrifiée, revient bien vite alerter les animaux qui s'empressent de fuir.

En Extrême-Orient, le chat est considéré, le plus souvent, comme un animal bénéfique. Dans certaines régions, on lui applique le qualificatif de « Margara », qui signifie « nettoyeur ». Cette appellation rappelle le constant souci de propreté de l'animal.

Dans certaines provinces chinoises, on suspendait, pendant onze jours, au-dessus de la porte des chambres natales, une touffe de poils de chat : ce talisman était sensé assurer le futur bonheur du nouveau-né. Dans d'autres régions au contraire, il annonce détresse et misère chez les familles auprès desquelles il s'installe.

Au Japon, le chat apparaît comme un génie familier, un agréable compagnon. Les hommes apprécient sa réserve et sa propreté. Les artistes japonais s'ingénient à l'évoquer dans d'admirables estampes. On peut même l'honorer dans un temple situé près d'un important cimetière de chats. Quant aux marins japonais, ils protègent les chats tricolores car ils croient que ceux-ci ont le pouvoir de calmer ou d'éloigner les tempêtes. En cas de danger, ils les laissent grimper aux mâts des navires.

Le folklore japonais s'enrichit du reste d'un conte charmant qui met en scène de jeunes chats. Une nichée ayant été jetée dans une rivière, la chatte miaule si désespérément que les saules qui bordent le cours d'eau ont pitié de sa détresse et décident de lui rendre ses petits. Ils tendent alors leurs longs rameaux vers les jeunes chats qui réussissent à s'y cramponner et rejoignent la rive où les attend leur mère. Et c'est depuis lors, assure-t-on, que les saules se parent de ces inflorescences rappelant le poil soyeux des jeunes chats et qu'on appelle d'ailleurs chatons.

En Europe méridionale, le chat a été, et est encore, considéré comme un génie familier de la maison. En Sicile par exemple, l'animal était consacré à sainte Marthe. A Aix, les fidèles venaient s'incliner devant un chat habillé en nourrisson, que l'on installait sur un fauteuil. La gent féline était libre d'entrer dans les églises. Dans de nombreux couvents, les nonnes leur étaient reconnaissantes des services rendus, et la présence des chats était même recommandée.

Dans plusieurs contes de divers pays, on retrouve la légende du chat botté, qui s'associe à l'homme en mettant ses ruses à sa disposition.

De nombreuses traditions rattachent aussi la personnalité du chat à l'idée de lumière. Rappelons que le dieu Soleil était le dieu Râ, représenté par le grand chat d'Héliopolis. La chatte, elle, était « fille du Soleil ».

La chatte blanche, celle du célèbre conte de Madame d'Aulnoy, représente la lumière luttant contre les traîtrises de la nuit, triomphant des forces du mal jusqu'à devenir une jeune fille rayonnante.

De tels contes montrent que, pour bien des hommes, les chats peuvent être des compagnons aimés et non des animaux maudits.

Les persécutions

Serviteurs des magiciens, complices des sorcières, suppôts du démon... que n'imagine-t-on pas pour justifier les tortures qui allaient être infligées à ces pauvres bêtes ! On a le cœur serré lorsqu'on relit les documents qui relatent les souffrances qu'elles ont endurées, et l'on ne peut s'empêcher d'avoir honte en évoquant la cruauté, complice de la bêtise, alliée aux plus sottes superstitions. Gens d'église et autorités civiles, évêques et magistrats, princes et gens de lettres s'ingénièrent jadis à forger des légendes susceptibles d'inciter les peuples à pourchasser ces animaux. Sans doute les chats trouvent-ils de courageux défenseurs. Mais si le fondateur de l'Oratoire, Philippe de Néri en Italie, si saint Yves en France, sainte Gertrude en Allemagne s'élèvent contre ces persécutions, par contre saint Dominique déclare que « le chat est l'égal du démon ». Même chez les amis des chats subsiste une sorte de réticence inquiète. Un homme d'esprit comme François Augustin Paradis de Moncrif (1687-1770), dont le talent s'exerça en divers domaines et qui publia une *Histoire des chats* (1727) devenue célèbre, ne résiste pas au plaisir de souligner certaines singularités de la vie des chats. Quelques titres de chapitres de son livre le prouvent : « Avantages des yeux des chats sur les nôtres », « Chats astrologues », « La déesse des chats regardée comme la déesse des amours », « Rapport entre les chats et les astres », « Les chattes noires sont les plus piquantes aux yeux des matous ».

Et Catherine Bernard, portière à Paris, se basant sur l'ouvrage de Moncrif, publie une brochure où l'on découvre les étranges pouvoirs des chats : « Les chats gris prennent bien les souris — Les fauves sont très amoureux — Les noirs très coureurs — Les bleus paresseux — Les tigrés très alertes — Les rouges hypocrites — Quant aux chattes bigarrées, elles sont très fécondes ».

On comprend que la fantaisie de tels propos ait contribué à nourrir les plus étranges légendes. M. Raton, chanoine, qui publiera en 1828 un *Traité raisonné de l'éducation du chat domestique,* remonte, lui, au déluge, pour expliquer la bonne entente qui peut régner entre les chats et leur maîtresse :

Le Créateur avait donné aux chats la liberté de courir par champs et par bois. Ils abusèrent de ce privilège, refusant de se plier à toute contrainte sociale et s'attaquant aux oiseaux, aux volailles ainsi qu'aux petits animaux. Quand Noé les admit dans l'arche, ils se livrèrent, comme de coutume, dans cet asile de salut, à des désordres épouvantables. Ils mordirent les uns, égratignèrent les autres, déplumèrent les oiseaux, écorchèrent les lapins. Bref ils commirent tant de méfaits que le bon patriarche les exposa sur le tillac du bâtiment au moment de la plus grande averse du déluge : c'en eût été fait d'eux, si la tendre et sensible épouse de Noé ne lui eût représenté énergiquement sa cruauté. Ils en furent quittes pour recevoir, pendant quelques heures, les eaux des gouttières célestes. Dès ce moment, la reconnaissance entra dans leur âme. Sensibles au dévouement de la femme de ce capitaine de vaisseau, ils lui vouèrent un éternel attachement. Et ce sentiment d'amitié de la race primitive des chats fut si fortement ancré en eux, qu'il devint héréditaire !...

Hélas cet attachement, sans doute bien éphémère, ne désarma pas le courroux des hommes. Dans toute l'Europe, au Moyen Age, la vie des chats devient un épouvantable calvaire.

Les *chats noirs* sont les premières et principales victimes de ces cruautés. Il n'est pas de procès en sorcellerie où ils ne figurent. Citons, entre cent, le fameux témoignage emprunté par Michelet à l'ouvrage de Sprenger : « ... Trois bonnes dames de Strasbourg au même jour, à la même heure, ont été frappées de coups invisibles. Comment ? Elles ne peuvent accuser qu'un homme de mauvaise mine qui leur aura jeté un sort. Mandé devant l'inquisiteur, l'homme proteste, jure par tous les saints qu'il ne connaît point ces dames, qu'il ne les a jamais vues. Le juge ne veut point le croire. Pleurs, serments, rien ne servait. Sa grande pitié pour les dames le rendait inexorable, indigné des dénégations. Et déjà il se levait. L'homme allait être torturé, et là il eût avoué, comme faisaient les plus innocents. Il obtient de parler et dit : j'ai mémoire en effet, qu'hier, à cette heure, j'ai battu... qui ? non des créatures baptisées, mais trois chattes qui furieusement sont venues pour me mordre aux jambes... Le juge, en homme pénétrant, vit alors toute l'affaire : le pauvre homme était innocent ; les dames étaient certainement à tels jours transformées en chattes, et le Malin s'amusait à les jeter aux jambes des chrétiens pour perdre ceux-ci et les faire passer pour sorciers. »

Peut-être ces minous à la fourrure sombre, dont les pupilles paraissent phosphorescentes la nuit et qui aiment sommeiller au coin de l'âtre, inspirent-ils une certaine crainte aux âmes candides ? Crainte que l'on s'empresse de cultiver. Il est parfois utile de trouver un innocent que l'on peut accuser de tous les crimes afin de faire oublier ses propres forfaits. N'assure-t-on pas que certain os de la tête du chat noir a la propriété de rendre complètement invisible ! En faut-il plus pour prouver que l'animal a conclu un pacte avec le diable ? Les enluminures du Moyen Age représentent le chat noir devenu la monture des sorcières qui se rendent au sabbat. D'ailleurs, à cette réunion, les matous étaient considérés comme les ambassadeurs du démon. Toutefois, on croit généralement que seuls les chats noirs mâles ont le privilège d'y assister ; aussi, dans certaines régions, leur coupe-t-on le bout de la queue ou la pointe des oreilles, car ces mutilations les rendent inaptes à participer aux sabbats.

En France, en Allemagne, en Flandre, de pauvres femmes accusées de sorcellerie finissent par avouer, sous les tortures, qu'elles ont pris souvent la forme de chats très noirs pour accomplir leurs sortilèges. En 1555, à Amsterdam, Mein Cornelis, une malheureuse « magicienne » de Roermond, se voit condamnée au bûcher après avoir confessé qu'elle avait conclu un pacte avec les chats : ceux-ci venaient, de nuit, danser avec elle !

Les histoires les plus extravagantes sont acceptées par les foules crédules, nourrissant leur crainte et leur haine.

En 1566 à Vernon, non loin d'Evreux, au cours d'un procès de sorcellerie, on apprend qu'un vieux château de la région sert de lieu de réunion aux sorciers qui s'y rendent sous la forme de chats. Quatre voyageurs qui passent la nuit dans ce château s'y trouvent assaillis par une multitude de chats. L'un d'eux est tué ; les trois autres, atteints de morsures et de coups de griffes, parviennent cependant à blesser plusieurs chattes. Le lendemain on retrouve celles-ci sous la forme de femmes, mais ayant conservé leurs blessures !

Aux Pays-Bas, près de Huysen, un paysan s'est endormi au pied d'un tilleul, arbre auprès duquel aiment se reposer de nombreux animaux. Le dormeur, éveillé par des sons aigus, constate que le tilleul fourmille de chats. L'homme veut s'enfuir, mais des dizaines de chats l'entourent. Certains d'entre eux préparent des omelettes et viennent en offrir au paysan. Après un premier refus, l'homme accepte quand même d'en manger mais, auparavant, il fait le signe de la croix : aussitôt tous les chats prennent la fuite en poussant des miaulements terribles !

Dans le Finistère, à l'époque de l'Avent, les chats quittent les maisons à la tombée de la nuit pour se rendre à quelque carrefour d'où s'élèveront bientôt des cris et des hurlements sinistres. Quand un passant attardé les aperçoit, il trace le signe de la croix. Ici aussi les chats s'enfuient en crachant des blasphèmes. Une légende identique se conte dans les Flandres.

Toutes ces sornettes tendent à prouver que l'on fait œuvre pie en martyrisant ces pauvres bêtes. Car, pense-t-on, en les exterminant, on lutte contre le démon. Désormais, pendant des siècles, les persécutions vont s'étendre dans toute l'Europe.

En l'an 962, Baudouin III, comte de Flandre, inaugure à Ypres le « mercredi des chats ». Les habitants de cette cité, à l'inverse de ceux d'autres villes flamandes, passaient pour aimer les chats. Aussi le comte de Flandre désire-t-il prouver qu'il n'en est rien et que, à Ypres comme ailleurs, les félins doivent périr. Durant la seconde semaine du Carême, se crée ainsi une sorte de cérémonie symbolique : deux ou trois chats vivants sont précipités du haut de la tour du château. Cette coutume saugrenue va se perpétuer pendant des centaines d'années et, dès la fin du XVIIe siècle, c'est du haut du beffroi que s'effectue le supplice. Quelquefois cependant, les Yprois devront renoncer à leur cruelle coutume, un gouverneur étranger l'interdisant. Lambin, archiviste de la ville au début du XIXe siècle, assista — en 1817 pour être exact — au dernier lancement de chats vivants. « Le bourreau des chats portait une veste rouge et un bonnet bleu orné de rubans de couleurs et jetait bas l'animal qu'on allait immoler et qui, parfois, malgré la hauteur de sa chute, ne se faisait aucun mal et fuyait, poursuivi par les spectateurs... » En 1938, les Yprois renouèrent avec cette tradition séculaire mais en remplaçant les bêtes vivantes par des matous en peluche. Du haut du beffroi, un bouffon procède au lancement des chats dont les spectateurs tenteront de s'emparer, car le collier de chacun d'eux porte un numéro donnant droit à une prime. Cette « Kattefeest » (Fête des chats) se déroule le deuxième dimanche du mois de mai.

Une cérémonie à peu près identique se déroulait au XVIIe siècle dans diverses villes ou villages d'Allemagne. Dans le Schleswig-

Holstein, par exemple, un chat, personnifiant Judas, était lancé le jour du vendredi saint du haut de la tour des églises. En Pologne, le mercredi des cendres, on jetait aussi un sac contenant un chat vivant et des cendres.

Bientôt cependant, on estime que cette façon d'opérer n'est pas assez efficace : l'animal, grâce à sa souplesse, garde en effet quelques chances d'échapper à la mort. Aussi s'avise-t-on dès lors que le moyen le plus radical pour l'anéantir consiste à le brûler. Déjà, dans certaines régions d'Allemagne, la femme adultère se voyait enfermée et ligotée dans un sac, en compagnie d'un chat : la bête, excitée à coups de bâton, mordait et griffait la prisonnière ; quand ce « jeu » avait duré quelques instants, le sac et ses occupants étaient jetés dans le feu purificateur.

Le 23 juin, jour de la Saint-Jean, des bûchers se dressent en maintes villes de France et d'Allemagne.

A Paris, en place de Grève, un mât de dix toises est planté. Au sommet, on suspend un sac ou un tonneau renfermant une ou deux douzaines de chats vivants. Autour du mât, s'entassent de grosses bûches, des fagots, puis des bottes de paille. Le feu est mis à cet assemblage de matières inflammables et, devant des centaines de spectateurs hilares, les pauvres bêtes rôtissent en poussant d'horribles hurlements... Parfois le tonneau s'ouvre et les chats épouvantés tentent de s'échapper des flammes en s'accrochant au mât. Mais la fumée les suffoque et ils dégringolent dans le feu. Spectacle particulièrement apprécié et divertissant... Les rois de France, de Louis XI à Louis XV, ainsi que le clergé et les autorités civiles, honorent de leur présence cette cérémonie. Souvent même les princes se plaisent à allumer eux-mêmes le bûcher.

Seul Louis XIII, dans sa jeunesse, obtient de son père Henri IV la grâce des chats qu'on s'apprête à sacrifier durant cette nuit de la Saint-Jean. Mais cette interruption ne dure que deux ans et le prince, devenu roi, allumera le bûcher à l'instar de ses prédécesseurs, peut-être pour satisfaire les vœux de ses sujets, impatients de participer à cette cérémonie qui apparaît parfois comme une manifestation d'hypocrisie collective.

Sans doute est-ce la crainte et la haine qu'inspirent les chats noirs qui stimulent ces élans de sauvagerie. Car il faut bien noter que Louis XV se prend au contraire d'affection pour les angoras blancs et en garde un près de lui, qui ne le quitte guère.

Jusqu'au milieu du XVIIIe siècle, à Metz, une fois par an, se déroule une cérémonie tout aussi cruelle que celles de Paris et d'ailleurs. Ici encore, elle contribue à affermir la crédulité du peuple. On affirme qu'une sorcière condamnée au bûcher a réussi à échapper au bourreau en se transformant en chatte au moment d'être conduite au supplice. Aussi, pour tenter de punir tout de même la sorcière, s'empare-t-on du plus grand nombre possible de chats. Treize d'entre eux sont enfermés dans des cages de bois qui sont exposées dans le jardin public avant d'être attachées au-dessus d'un bûcher. A nouveau, les spectateurs se réjouissent en voyant les chats qui se débattent dans les flammes : qui sait, la sorcière évadée se trouve peut-être parmi les victimes de ce supplice... Ce n'est que vers la fin du XVIIIe siècle que la Maréchale d'Armentières, épouse du gouverneur de la région, obtiendra de son mari l'interdiction de cette persécution.

En Allemagne aussi le chat, attaché dans un panier, est hissé au faîte d'un grand sapin entouré de paille. La bête y passe la nuit et ce n'est que le lendemain que les villageois se rassemblent pour la grande flambée.

La persécution prend d'ailleurs d'autres formes et s'exerce dans les domaines les plus divers, suivant les prétextes les plus insensés.

En Flandre, pour se délivrer des fantômes qui peuvent envahir les châteaux, on réunit des groupes de chats errants. Ceux-ci sont d'abord lapidés puis ébouillantés ! Bien entendu, après pareil traitement, les revenants n'ont plus garde de se présenter.

En Westphalie, à Rumpehorts, les chats se multiplient à tel point que les habitants du petit village songent à l'abandonner. Un paysan rusé s'installe alors dans une maison isolée que fréquentent volontiers les minets. Il allume un grand feu pour faire bouillir une marmite d'eau. Autour du foyer, il trace un cercle de craie. Les chats, intrigués, observent le manège de l'homme. Dès qu'ils se sont tous hasardés dans le cercle, la marmite d'eau bouillante est renversée sur les animaux qui s'enfuient en poussant de sinistres hurlements. Chose étrange, le lendemain, les plus mauvaises commères du village sont couvertes de brûlures...

Si, de temps à autre, les persécutions perdent de leur intensité, l'intérêt pour le comportement des chats, teinté d'une vive méfiance, reste cependant des plus vifs.

Ce qui indispose de nombreuses personnes, ce sont les longs miaulements des matous quand, à la saison des amours, ils rôdent de nuit dans les rues des villes ou des villages. Ces miaulements, dit-on, sont les signes de ralliement des chats qui, perchés sur les toits des maisons, s'apprêtent à courir au sabbat. Aussi faut-il les chasser en les lapidant.

Parfois ces miaulements peuvent aussi servir de prétexte à des plaisanteries d'un goût douteux. Ce fut le cas à Bruxelles, en

1545, lorsque le cortège dit de l'Ommeganck sortit en honneur des hôtes royaux qui s'étaient réunis dans la ville. Ce cortège, comprenant de nombreux chars présentant des tableaux vivants, évoquait soit des légendes locales, soit le souvenir des princes qui furent chers aux Bruxellois. Des balcons de l'hôtel de ville, Charles-Quint, Eléonore, reine de France, la régente Marie de Hongrie, le futur Philippe II et toute la cour assistèrent au défilé qui comprenait des dizaines de diablotins, des figures de bêtes fantastiques et des animaux vivants. Mais le char qui obtint le plus vif succès auprès des spectateurs transportait un petit orgue dans lequel étaient emprisonnés vingt-quatre chats, de différents âges, enfermés séparément dans des caisses et dont les queues étaient reliées par des cordes aux touches du clavier. Un gaillard déguisé en ours — certains disent même qu'il s'agissait d'un ours apprivoisé — actionnait les touches. C'est ainsi que les malheureux félins poussaient des cris douloureux qui formaient les notes d'une musique bizarre. Philippe II témoigna hautement de sa satisfaction devant ce spectacle.

Les histoires dans lesquelles les chats jouent un beau rôle demeurent par contre suspectes à leurs ennemis. Ainsi en est-il de celle que rapportent les Eddas, ces légendes des pays nordiques qui affirment que les chats sont les dévoués serviteurs de la déesse Freya, sœur de Wotan. Ce sont d'ailleurs de superbes chats blancs qui traînent le char de la déesse. Comme celle-ci est la protectrice des amants fidèles, les chats blancs peuvent donc servir les desseins des amoureux. Il n'en faut pas plus pour que, en Allemagne du Nord, ils se voient accusés d'être les instigateurs des amours indécentes ou malsaines. Les puritains de ces régions estiment qu'il faut les faire disparaître ! Seuls quelques optimistes admettent que ces chats blancs méritent notre sympathie. Aussi conseillent-ils aux amoureux d'obtenir leur amitié et leur aide, lesquelles s'acquièrent en murmurant à l'oreille des minets de plaisantes anecdotes.

Dans quelques régions d'Italie, il est dit que les chats possèdent un domaine secret, sorte de palais enchanté où ils peuvent traiter leurs affaires. Quand, par hasard, un humain s'égare dans ce lieu, son comportement vis-à-vis des chats justifie l'accueil qui lui sera réservé : s'il est bien intentionné et qu'il se met à la disposition des hôtes du lieu pour les aider à faire leur ménage ou leur cuisine, il ne tarde guère à être présenté au roi des chats. Celui-ci le remercie de sa gentillesse en lui rendant la liberté et en lui offrant de somptueux cadeaux. Mais, par contre, s'il se montre vaniteux et arrogant, il est chassé, non sans emporter morsures et égratignures de par tout le corps.

En Allemagne, en Angleterre et jusqu'en Amérique, des femmes furent condamnées au supplice parce qu'elles avaient commis le crime d'avoir nourri ou hébergé un chat.

Un édit de l'Archevêque de Cologne, en 1747, ordonna que tout chat eût les oreilles coupées, et condamnait les propriétaires pris en défaut à une forte amende.

C'est donc toujours aux mêmes sentiments qu'obéissent les hommes quand il leur arrive de s'occuper des chats : soit une aversion se traduisant par maintes cruautés, soit une sorte de crainte devant les pouvoirs maléfiques ou bénéfiques dont jouirait cet animal. Ces sentiments s'expriment à peu près de la même manière dans tous les pays et à toutes les époques, encore que depuis la seconde moitié du XIXe siècle, les persécutions aient à peu près cessé.

Les croyances

Les traditions populaires offrent maints exemples de ces croyances.

Autrefois, en Angleterre, les chats jouissaient d'une assez mauvaise réputation dans les campagnes. Toutefois, dans le Yorkshire, les femmes des marins prenaient l'habitude de garder chez elles un chat noir : celui-ci, estimaient-elles, assurait la sécurité des maris en mer.

De même, si un chat noir pénétrait de bonne heure dans la chambre à coucher, il apportait la chance avec lui. Par contre, la journée devenait néfaste si le regard de cet animal se posait, dès son réveil, sur une personne.

En Ecosse malheureusement, ce sont les tortures qui continuent à s'imposer ! Les pauvres chats sont lapidés avec une sorte de rage : plus il y a de chats et mieux cela va ! Au moins les sacrifices en valent la peine et la fête dure quatre jours...

En Italie, lorsqu'un chat passe sous le lit d'un malade, les jours de celui-ci sont comptés. Par contre, en Sicile, les habitants se refusent de persécuter ces animaux, convaincus que celui qui tue un chat sera malheureux pendant sept années consécutives. Mais le coupable peut aussi mourir après une interminable agonie...

Ce dicton se retrouve dans le Brandebourg : « Celui qui frappe un chat ne connaît plus le bonheur ». En Hesse, la fille qui ne soigne pas les chats de la maison voit sa négligence punie par un mariage infécond. Les chats jouent d'ailleurs un rôle important quand il s'agit de mariage.

En Silésie, les filles qui aiment caresser les chats sont assurées d'épouser un bel homme ; mais les garçons qui agissent de même restent célibataires.

En Prusse orientale, lorsque le cortège nuptial croise deux chats, l'union des époux sera malheureuse. Cette croyance est partagée par les gens de la Hesse : le mariage fait faillite quand, lors de la bénédiction nuptiale, un chat s'installe près de l'autel !

Présage qui se retrouve encore en Wallonie : si, par hasard, le cortège nuptial rencontre un chat en se rendant chez le prêtre ou le maire, l'avenir s'annonce des plus sombres pour les nouveaux époux.

Lorsqu'une fille marche sur la queue d'un chat, affirme un proverbe flamand, elle ne trouvera pas de mari. Il est dit aussi que « le chat est dans l'horloge » lorsque le torchon brûle dans le ménage !

Autrefois, dans diverses régions d'Allemagne, un chat se voyait offert aux jeunes époux. Dans certaines provinces françaises, l'animal était invité à pénétrer avant tout le monde dans la maison qui allait être occupée par les nouveaux mariés.

La venue d'un chat dans une habitation donne d'ailleurs naissance à de curieuses interprétations. Dans des villages français des Cévennes, lorsqu'un chat inconnu vient s'installer volontairement dans un foyer, il faut bien l'accueillir. En effet, dit-on, il apporte prospérité et bonheur dans les logis où il est bien traité. Pour le retenir plus sûrement, il faut lui enduire les pattes de beurre et l'amener à faire trois fois le tour de l'âtre.

Dans de très vieilles demeures, lors de la démolition des murailles, il arrive que l'on découvre le corps momifié d'un chat. Sans doute la pauvre bête a-t-elle été emmurée à l'époque de la construction de la maison, dans le but de conjurer le mauvais sort. Ne dit-on pas qu'autrefois, en Autriche, il était conseillé de décapiter un vieux chat avant de pénétrer dans une maison nouvellement bâtie.

En Russie, en Pologne, en Bohême et en Galicie, le chat noir possède le mauvais œil ; mais lorsqu'il est enterré dans un champ de blé, il assure une moisson fructueuse. Et il y est interdit aux enfants de jouer avec les minets, car ceux-ci peuvent leur faire perdre la mémoire ou les rendre hypocrites.

Il faut rappeler aussi qu'au XVIIIe et au XIXe siècle, dans certaines contrées de la Russie, en période de choléra, huit chats vivants étaient enterrés aux portes des villages afin de les protéger du fléau...

Au début de ce siècle, dans de lointaines localités des Etats-Unis, un chat mort était également enterré dans un bas, à l'entrée du village, afin que les habitants n'attrapent pas de verrues.

De nos jours encore, dans quelques contrées bretonnes, un chat mort est déposé au pied d'un pommier malade. Celui-ci refleurit rapidement. Toutefois, dans le verger, tous les arbres voisins peuvent dépérir.

Le souvenir de ces chats martyrs peut sans doute hanter les personnes qui les ont connus. Certaines d'entre elles croient fermement que ces animaux, à l'opposé de tous les autres, peuvent se manifester à l'état de fantômes. C'est ce qui arrive dans les îles occidentales de la Frise, entre autres à Tercheling et Ameland où, certaines nuits de pleine lune, des chats fantômes circulent sur les digues.

Ce fait n'est d'ailleurs pas si extraordinaire puisque ces digues servent souvent aux chats pour leurs rencontres nocturnes. On dit qu'ils se plaisent à y organiser des bals, notamment durant la nuit de Noël. Sur la digue de Sas-van-Gent, à la frontière hollando-belge, ces bals ont lieu pendant les belles nuits d'été et les chats y organisent des rigaudons, en chantant : « Poot aan poot, Steert aan steert, Katjes laat ons dansen... » (Patte contre patte, queue contre queue, petits chats, dansons...)

C'est aussi par de telles nuits qu'un personnage étrange apparut à Chateaubriand, qui en parle dans ses mémoires. Il s'agit d'un certain comte de Combourg, doté d'une jambe de bois, mort depuis trois siècles et qui apparaît, de nuit, dans les jardins du château breton. Parfois la jambe de bois se promène seule, mais elle est alors accompagnée d'un chat noir.

Même de grands amis de la gent féline, comme Pierre Loti, avouent que la présence d'un chat noir peut les inquiéter. Claude Farrère rapporte que Loti avait peur d'eux. « Il ne saurait dormir dans une maison pour peu qu'un chat tout à fait noir y fût avec lui. »

Certaines superstitions sont solidement ancrées dans les esprits. Charles I d'Angleterre possédait un chat noir qui, croyait-il, avait la meilleure influence sur son destin. Il avait une peur si grande de perdre cet animal favori qu'il le faisait jalousement garder. Un jour cependant, le chat mourut. « Ma chance est perdue », s'écria le roi. L'avenir confirma son appréhension : au lendemain de la mort du chat, Charles I était arrêté (1645). Il fut décapité quelques mois plus tard.

Pour certains, le chat peut donc devenir aussi une sorte de magicien susceptible d'assurer le bonheur de ceux qui l'aiment. Les méridionaux l'auraient constaté : le chat, qu'ils appellent Matagot, apporte la fortune dans les maisons où il est bien traité. Aussi, au XVIIIe siècle, lui témoigne-t-on beaucoup d'égards.

A Aix-en-Provence, le jour du Saint-Sacrement, le plus beau chat du canton, emmailloté comme un poupon, était déposé dans une sorte de crèche. Les paysans venaient s'incliner devant lui et lui offraient des fleurs et des friandises.

En Dauphiné, au moment de la moisson, on emmaillotait également un minet enjolivé de rubans, de fleurs et de quelques épis. Il était déposé, bien à l'ombre, dans une caisse. Si, pendant les travaux de la moisson, quelqu'un se blessait, il était installé à côté du chat, chargé de protéger le blessé. A la fin de la moisson, l'animal était démailloté et ramené triomphalement au village.

Sans doute ces rites résultaient-ils de lointaines coutumes. On peut en tout cas y discerner le souci de voir le jeu des saisons devenir favorable aux paysans, dont les travaux sont soumis aux variations du temps.

Depuis toujours, le chat est même considéré comme une sorte de baromètre vivant. Quand il lèche une de ses pattes de devant et qu'il lisse le poil de sa tête, le beau temps est annoncé ; mais si cette patte passe par-dessus l'oreille, il faut prévoir de la pluie ou de la neige.

S'il annonce les variations atmosphériques, le chat peut-il aussi voler dans les airs ? En 1641, un apothicaire de la ville de Verviers en Belgique, nommé Saroléa, en envisage la possibilité. Quand ses concitoyens apprennent qu'il a l'intention de « fer voler l'chet » (faire voler le chat), ils le couvrent de sarcasmes. Le magistrat de la ville autorise cependant Saroléa à tenter l'expérience en utilisant la tour de l'église Saint-Remacle. Ayant gonflé des vessies de porc avec on ne sait trop quoi, Saroléa suspend son chat sous celles-ci. Une grande foule se presse au pied de la tour. Du haut de celle-ci, l'apothicaire lance la pauvre bête dans le vide. La chute est vertigineuse mais quand le chat atteint le sol, il se relève promptement et prend la fuite au grand ébahissement des spectateurs qui se préparaient à malmener son maître.

En 1951, à l'occasion des fêtes qui commémorent le tricentenaire de l'élection de Verviers en ville de la Principauté de Liège, le comité des fêtes annonce que l'expérience de Saroléa sera renouvelée. Cette nouvelle suscite l'indignation des amis des animaux. En réalité, ce fut un chat en peluche qui servit pour cette expérience folklorique. Toutefois, les spectateurs ne virent pas atterrir le chat, car un coup de vent emporta ballon et peluche, qui furent retrouvés le lendemain près de Huy, à plus de quarante kilomètres du point de départ.

Ce fait termine ces quelques pages destinées à vous faire

entendre les mésaventures de la gent féline. Non seulement elle connut des supplices nés des superstitions les plus absurdes, mais encore, dans leur désir de réaliser des choses étonnantes, les hommes songèrent aussi au pauvre Raminagrobis : ils l'utilisèrent à des fins parfois folles mais dont, heureusement, le minet réussit parfois à se tirer sans trop de mal.

Maintenant, les hommes, revenus à la sagesse, lui laissent faire sa vie.

IV

Les chats dans l'art

Les plus grandes œuvres de l'art animalier ont été exécutées par des créateurs dont la vie est liée à celle du monde animal. Pour l'artiste, l'animal peut devenir un être qui le séduit par sa beauté, mais aussi une figure symbolique soulignant le rôle qu'il peut jouer dans une civilisation.

On connaît l'importance accordée au chat dans les religions de l'*Egypte* ancienne. Celui-ci, appelé Mau, représente notamment le dieu du soleil Râ. Aussi les sculpteurs, les dessinateurs et maints artisans de la vallée du Nil éprouvent-ils le besoin de l'évoquer afin d'honorer un animal divinisé. Les recherches archéologiques entreprises dans les temples et les tombes de la vallée des Rois ont mis à jour d'innombrables figures de chats. Ce sont soit des sculptures — divinités à tête de chat, telle la déesse Bastet à Bubastis ou celles des bas-reliefs du musée de Gizeh — soit des peintures ornant des sarcophages, ou bien encore des dessins exécutés sur les papyrus. Il s'y ajoute aussi d'innombrables objets d'art artisanal — des poteries, des bagues, des bracelets, des boîtes à fard — découverts notamment dans le mobilier funéraire de la tombe de Toutankhamon et ornés de têtes ou de silhouettes de chats.

Sans doute les navigateurs phéniciens qui abordèrent en Egypte se laissèrent-ils impressionner par ces figures expressives, car il semble bien qu'ils les aient fait connaître dans d'autres pays méditerranéens. Les salles des antiques grecs et romains au musée du Vatican, ainsi que le musée des Etudes à Naples, conservent entre autres de belles figures de chats en bronze ou en marbre, et des mosaïques représentant ces animaux. A Naples, notamment, se trouve la célèbre fresque exécutée à Hagia-Triada, dans l'île de Crète, et montrant un chat dévorant une caille ; cette œuvre date d'environ 1600 ans avant Jésus-Christ.

En ces temps lointains, à l'autre bout du monde, en *Chine*, puis au *Japon*, le chat sert souvent de modèle aux artistes. En l'an 2200 avant Jésus-Christ, existent déjà des dessins représentant des chats, mais aussi des figures en bronze, en ivoire, en bois, et plus tard en céramique. Cette fois, c'est surtout l'aspect esthétique de cet animal que les créateurs admirent. Ce qui caractérise les artistes orientaux, c'est un souci constant de stylisation qui, à travers les siècles et jusqu'à nos jours, sera partout perceptible dans leurs œuvres. La réalité, mais aussi le folklore, sont à l'origine de leur inspiration. Parmi les œuvres typiques de ce mode d'expression, des peintures du xve siècle sont venues jusqu'à nous. Elles représentent souvent des chats observant des oiselets, des papillons, ou se livrant aux délices du farniente dans les bras de leur maître.

Chose curieuse, les bavettes ou les bavoirs qu'utilisent les enfants chinois s'ornent souvent d'une figure de chat ! Peut-être s'agit-il dans ce cas d'une sorte de fétiche...

Les peintres, les graveurs et les sculpteurs japonais qui, à l'origine, suivent l'inspiration chinoise, éprouvent, eux aussi, le désir d'évoquer des chats. Ils le font non sans humour et donnent parfois l'impression que les attitudes benoîtes de leurs modèles dissimulent une certaine cruauté.

Le sculpteur Hidvi Zingorô (1594-1631) reste, lui, dans une note réaliste et son « Chat endormi » paraît si vrai, assure-t-on, que plus aucune souris ne se hasarde dans le temple où il est exposé.

Dans les estampes des plus grands maîtres de l'art japonais, tels Utamaro (1754-1797), Monotoga Hiroshigé (1797-1858) et Utaway Kumiyoski (1798-1816), les petits félins tiennent un rôle important. De nos jours d'ailleurs, Foujita obéit à cette règle et l'une de ses œuvres les plus marquantes, le portrait de l'artiste avec son chat, du musée de Lyon, en apporte le témoignage.

Il faut signaler aussi que dans plusieurs compositions des graveurs japonais, le chat est représenté la patte droite dressée à la hauteur des yeux : c'est là, paraît-il, un signe de chance.

En *Europe*, nous le savons, le Moyen Age est loin d'avoir été favorable aux chats. Seules quelques très anciennes gravures sur bois nous les montrent, mais toujours sous l'aspect de bêtes démoniaques.

Il faut attendre le xve siècle pour voir des artistes s'intéresser à cet animal. L'un des tout premiers est le peintre animalier Vittore Pisanello (1380-1456), dont on montre au musée du Louvre les « Chats sauvages ». Dosso-Dossi (1479-1542), dans son portrait de la famille Holy, n'oublie pas de placer dans un coin de la toile un petit chat, probablement l'animal choyé de

Chat en bronze. Egypte, XXVIe dynastie (Paris, Musée du Louvre).

cette famille. Dans sa « Sainte Cène », Ghirlandajo (1449-1498) installe un chat aux côtés de Judas : sans doute représente-t-il cette fois une incarnation du démon. C'est aussi un chat figurant l'esprit du mal que Jérôme Bosch (1462-1516) introduit parmi les bêtes monstrueuses de son « Jardin des délices ». Pour Albert Dürer (1473-1528), le chat se promène dans l'Eden aux côtés d'Adam et Eve. Enfin, Pieter Brueghel (1530-1569) introduit parfois un chat dans ses « Proverbes ».

Mais ce n'est vraiment qu'à partir du XVIIe siècle que le petit félin occupe une place plus importante dans les œuvres picturales. Il est normal de le voir intéresser les peintres des écoles flamande et hollandaise, lesquelles se plaisent aux bambochades ou aux scènes d'intérieur. Au musée de Dresde, Gérard Dou (1613-1673) est représenté par un « Chat tigré guettant une souris », tandis qu'à la Pinacothèque de Munich est exposé un amusant « Concert de chats et de singes » dû à David Teniers le Jeune (1610-1690), et que le Prado de Madrid s'enrichit d'un « Combat de chats dans une cuisine » par Paul Devos (1590-1678).

En France, Louis Lenain (1593-1648), dans ce chef-d'œuvre qu'est la « Famille de paysans » du musée du Louvre, réserve une place bien modeste à un petit chat blanc et noir qui lorgne un poêlon malheureusement vide. C'est également dans une scène de cuisine que Jean-Siméon Chardin (1699-1779) introduit un chat ; il s'agit d'une des toiles les plus célèbres de ce maître : « La Raie », du musée du Louvre. Cette fois, nous ne découvrons pas un minet timide comme dans le tableau de Lenain, mais bien un matou qui sent s'éveiller toute sa férocité ancestrale en contemplant cette raie ouverte qui doit lui paraître bien appétissante !

Si Watteau (1684-1721) se plaît à évoquer la drôlerie de quelques attitudes de chats dans une suite de croquis que possède le musée de Bayonne, Boucher et Greuze par contre se soucient fort peu des chats, bien rares dans leurs œuvres. En revanche Jean-Baptiste Oudry (1686-1755), l'un des meilleurs peintres animaliers français, dessine souvent des chats ; ses illustrations pour les *Fables* de La Fontaine en font foi.

Le « Chat blanc qui se repose » de Théodore Géricault (1791-1824) est très connu. Certaines lithographies d'Honoré Daumier (1808-1879) montrant des chats le sont moins, bien qu'elles témoignent d'une grande originalité. Mais le lithographe qui se distingue particulièrement dans ce genre d'évocations est le dessinateur Grandville (1803-1847) : dans les illustrations qu'il donne au « Magasin pittoresque », Grandville s'exerce surtout,

« Chat et souris ». Ecoinçon de stalle, Cathédrale Saint-Pierre à Poitiers, XIIIe siècle.

avec infiniment de verve, à ridiculiser des hommes connus qu'il affuble de figures d'animaux, et notamment de chats, dans une série intitulée « Physionomie du chat ». Il introduit également cet animal dans des illustrations composées pour les *Fables* de Florian.

Moins célèbre de nos jours que Daumier ou même que Grandville, Louis-Eugène Lambert (1825-1900) acquiert cependant de son vivant une très grande notoriété comme peintre de chats. Le succès obtenu à Paris, au Salon de 1857, avec un tableau « Chat et Perroquet » décide de sa carrière et amène cet élève de Delacroix à se consacrer à la peinture de la race féline. Un ouvrage du marquis de Cherville, *Les chiens et les chats* (1888), illustré par Lambert, contribue à lui assurer, à la fin du xixe siècle, une réputation mondiale !

Gustave Courbet (1819-1877), qui s'intéresse souvent aux animaux des forêts — cerfs, biches, chevreuils —, dessine peu de chats ; toutefois, dans la grande toile intitulée « L'Atelier du Peintre » (1855), qui se trouve au Louvre, il a soin de placer au centre de sa composition son petit chat blanc qui fait mille grâces...

Edouard Manet (1832-1883) semble marquer une prédilection pour les chats noirs. Il aime ceux de gouttière — matous et chattes qui engagent de longues conversations, la nuit, sur les toits — mais il place aussi dans sa célèbre toile « Olympia » un petit chat noir accompagnant la négresse porteuse d'un bouquet pour sa maîtresse...

Chez Renoir (1841-1919), le chat devient un petit être charmant, compagnon dorloté de ces jolies femmes que l'artiste aime à peindre. Le portrait de Madame Manet tenant un chat est significatif à cet égard.

A ces minets qui peuvent goûter tous les délices d'une vie dorée, Théophile-Alexandre Steinlen (1859-1923) oppose des chats malchanceux, infortunés, soumis peut-être à la faim mais aussi aux impératifs de l'amour. Pour les amis des chats, Steinlen est, parmi les artistes modernes, celui qui a su le mieux les comprendre. Il vit d'ailleurs avec toute une famille de félins et, dans ses dessins comme dans ses eaux-fortes, dans ses lithographies comme dans ses sculptures, il se plaît à étudier leurs attitudes. Les voici tour à tour au repos, attentifs, guettant quelque proie, méditatifs, nerveux, tels qu'il les découvre à ses côtés. Les dessins de Steinlen paraissent au « Gil Blas », au « Chat Noir », dans « L'assiette au beurre » ainsi que dans un charmant ouvrage : « Chats, images sans paroles ».

Pierre Bonnard (1867-1947) se révèle aussi comme un fidèle

Jérôme Bosch, détail du « Jardin des Délices » (Madrid, Musée du Prado).

ami des chats. Il souligne leur élégance, leur grâce, leur mystère, dans de belles pages de couleur : « Femme au chat », « Chat dans un fauteuil », et dans des dizaines d'études.

Parmi les artistes français contemporains, nombreux sont ceux qui, dans une œuvre au moins, ont évoqué Raminagrobis. Pour illustrer des poèmes d'Apollinaire, Raoul Dufy choisit quelques chats, tandis que Pablo Picasso en dessine pour une nouvelle édition des œuvres de Buffon et que Francis Jourdain les choisit volontiers comme modèles pour ses compositions stylisées. Mais il faut surtout citer Léonor Fini, qui découvre dans le chat un personnage parfaitement en accord avec les masques étranges chers à cette artiste...

Si nous quittons les artistes français pour rencontrer des peintres de chats dans d'autres pays d'Europe, la moisson est des plus riche. En Angleterre, après Thomas Rowlandson (1756-1827), dessinateur et aquafortiste qui aime à introduire des chats dans ses caricatures ou dans ses pages satiriques, Aubrey Beardsley (1874-1898) illustre avec des chats noirs des contes d'Edgar Poe...

En Allemagne, Jacques Lehman montre une prédilection pour les chats siamois, alors que le peintre expressionniste Franz Mark (1880-1916) nous permet d'admirer au musée de Mannheim un chat accompagné d'un chien, et au musée de Halle un « Chat couché sur un coussin jaune ».

En Suisse, le Bernois Jacob Lauterburg (1748-1834) est très connu par sa « Chatte allaitant ses petits » ; mais surtout, dans ce pays, un excellent peintre animalier, Gottfried Mind (1768-1814), a consacré tant de dessins et d'aquarelles de qualité aux félins qu'il se vit décerner le surnom de « Raphaël des chats ».

Une artiste hollandaise vivant en Belgique connaît, elle aussi, au XIXe siècle, une grande réputation avec ses tableaux de chats : il s'agit d'Henriette Ronner (1821-1909), laquelle crée des œuvres souvent charmantes mais où, malheureusement, elle sacrifie volontiers à l'anecdote. Le musée d'Amsterdam possède plusieurs de ses tableaux : « Trois contre un » (une chatte qui voit son plat menacé par trois chiens), « Jeune chat jouant avec une pelote », « Chatte et ses petits »... Les enfants d'Henriette Ronner, Alfred (1852-1901) et Alice (1857-1920), à l'exemple de leur mère, aiment à peindre de jeunes chats livrés à leurs jeux favoris... En Hollande encore, Toon Kelder se révèle un excellent peintre de chats. Quant à G.H. Breitner (1857-1923), le peintre d'Amsterdam qui se signale aussi comme animalier, il les évoque dans deux ou trois toiles.

En Belgique, l'admirable peintre des chiens qu'est Joseph

Pierre Bonnard, « La dame au chat » (Brême, Kunsthalle).

Stevens (1819-1892) sait que chiens et chats ne s'entendent pas toujours : les conflits opposant ces animaux vont ainsi former le sujet de quelques-uns de ses tableaux. C'est le cas notamment pour une toile du musée de Bruxelles, « La sellerie de l'empereur Napoléon III », où nous voyons un chat dressé sur un tabouret faire face à deux dogues, ou encore pour « La bonne mère », une chatte qui défend son chaton contre la curiosité d'un gros chien !... Un autre grand peintre belge, Jan Stobbaerts (1838-1914), qui évoque avec infiniment de maîtrise les étables et les porcheries, s'intéressa parfois aux chiens et aux chats. L'une de ses premières œuvres, « La cuisine d'un zoolâtre » (1872), en offre un exemple : elle montre un intérieur dans lequel un ami des bêtes est entouré de plusieurs animaux, dont un chat... qui semble de bien mauvaise humeur.

A côté de toutes ces œuvres dues à des artistes renommés, il existe aussi une foule d'objets d'art artisanal ou populaire représentant des chats. Malheureusement ces dessins, ces gravures, ces porcelaines ou ces objets de décoration sont rarement de qualité : s'ils témoignent de la bonne volonté de leurs auteurs, ils manquent souvent d'une réelle originalité. Il faut le regretter.

La caricature et le dessin animé

Caricaturistes et humoristes ont su traduire dans leurs représentations du chat bon nombre de nos défauts et qualités.

Qui ne connaît les fameux chats de Siné ? De leur côté, le subtil Barberousse et le talentueux Dubout représentent notre aimable compagnon doté des travers de notre pauvre humanité, tout en y ajoutant de la fantaisie, de la gaieté et même une certaine débrouillardise. Par contre, Leonce de Leon nous le montre gros et gras, et quant à Louis Waine, il lui donne une expression humaine.

Les temps modernes ont vu naître deux nouvelles formes d'expression : la bande dessinée et le dessin animé. Celui-ci est aujourd'hui bien loin des bandes d'il y a une vingtaine d'années et, aux Etats-Unis, l'équipe que dirigeait Walt Disney est arrivée à créer de véritables petites merveilles. De nos jours, comme dans les « Aristochats », l'illusion est telle, soit dans chaque déplacement, soit dans la marche ou dans le jeu des « acteurs », que le spectateur oublie qu'il s'agit de personnages et de créatures artificielles.

Charles Chaplin, « Portrait de jeune fille au chat » (Château de Compiègne).

Le père de tous les chats du cinéma paraît être Pat Sullivan avec « Félix », un animal malicieux, maladroit, qui fut, en son temps, une grande vedette et dont les succès contribuèrent à orienter les « cartoons » vers d'autres animaux marchant et agissant comme les hommes.

Le dessin animé a la possibilité de créer des centaines de chats de toutes races, de toutes couleurs avec des caractères bien typés. C'est ainsi que l'artiste peut, selon sa volonté prêter à un chat un masque de paresseux, de batailleur, ou encore souligner même un symbole sexuel, comme dans une toute dernière production, « Fritz le chat ».

Le cinéma

Les chats ne sont point des acteurs compréhensifs. Il faut souvent attendre des jours et recommencer de nombreuses fois les scènes où ces aimables animaux doivent jouer. Et pourtant, l'on trouve de temps à autre un brave chat qui paraît vivre son rôle et y mettre beaucoup de bonne volonté. C'est le cas de ce splendide siamois de « L'incroyable randonnée » de Walt Disney. Une autre vedette célèbre est ce chat américain au nom amusant de « Rhubarbe », animal savant qui se roule sur le dos, se couche, nage et court selon les instructions de son metteur en scène.

La Hongrie et la Tchécoslovaquie, pour leur part, ont réalisé d'étonnants films comme « Kati et le chat sauvage » où le chat joue un rôle étrange.

Ces longs métrages constituent de véritables gageures, qui adaptent les thèmes de chaque film aux tendances naturelles du chat, alliant l'habileté du metteur en scène à la technique de l'opérateur.

V

Photographiez votre chat

Les peintres animaliers se font de plus en plus rares. Par contre, les photographes d'animaux sont chaque jour de plus en plus nombreux, certains même devenant des spécialistes de la gent féline.

C'est ainsi que nous furent montrés bien des aspects inattendus de la vie des chats. De ceux dits de « gouttières » aux champions des expositions, tous ont été mitraillés des milliers de fois. Ces clichés ont ainsi vulgarisé les diverses races et les ont, de ce fait, révélées au public.

Il faudrait citer, parmi ces photographes animaliers, des centaines de noms! Parmi les plus connus : Brodsky, Buzzini, Colyan, Gumar Cornélius, Lanceau-Jacana, Ergy Landau, K.P. Meir, F. Prenzol, Ruth, Schauenberg, Serafino, Zalewski et tant d'autres, dont l'immense talent a su créer un climat sympathique autour du chat.

Grâce à des prises de vues de plus en plus rapides, grâce aussi à l'automatisme des appareils, à la sensibilité des émulsions, autrement dit à tous les progrès accomplis ces dernières années, la photographie est devenue l'art de saisir une expression, une mimique aussi fugace que typique. La valeur d'une photographie de chat ne réside plus dans une technique parfaite, mais dans les attitudes caractéristiques que l'on a pu saisir.

Voulez-vous photographier votre chat ? Cherchez à le surprendre lorsqu'il fait preuve d'un équilibre ahurissant en se promenant tranquillement sur l'appui d'une fenêtre ou sur une haute branche d'un arbre. Photographiez votre chaton enchevêtré dans une pelote de laine. Saisissez le regard heureux de votre chatte au creux de son coussin, ou l'attitude de votre matou en

Saisissez les attitudes de votre chat sur le vif.

train de rêver à des escapades amoureuses. Prenez sur le vif la démarche hésitante et les gestes maladroits de leurs nouveaunés...

Comment y parvenir, nous direz-vous ? C'est très simple ! Il faut, d'abord, beaucoup de patience. Puis, prévoyez des vitesses d'obturation rapides, car le chat est un animal vif.

Opérez d'abord dans votre appartement. Ceci vous permet d'installer votre appareil, de régler les éclairages si vous ne travaillez pas au flash et d'amener ensuite votre chat.

S'il se montre indifférent, un simple bruit, un claquement sec des doigts, va le réveiller et le surprendre. Il dresse alors les oreilles et se met sur le qui-vive. Si vous voulez prendre un cliché de votre chat en train de bâiller, vous avez tout intérêt à le laisser s'endormir. Portez-le ensuite devant votre objectif : sous l'action des éclairages et du milieu insolite, il va bâiller deux à trois fois en s'éveillant.

Une autre photographie cocasse : votre chat qui se lèche avec vigueur en montrant une langue gourmande. Rien de plus simple à obtenir : il suffit de lui déposer sur le nez un peu de confiture !

Disposez votre appareil sous une plaque de verre et posez sur celle-ci votre animal : tout le monde appréciera les photographies obtenues grâce à ce simple truc.

Par contre, les clichés pris en extérieur sont plus difficiles à réussir. En effet, votre chat y a plus de facilité pour s'enfuir. Approchez-vous de lui le plus près possible ou travaillez au téléobjectif. Les plus belles photographies seront celles où il occupe presque entièrement l'avant-plan. Rejetez les arrière-plans comme les hautes herbes, qui peuvent camoufler votre chat.

Disons enfin que l'originalité de votre cliché demande que vous participiez véritablement aux mouvements de l'animal ; c'est cela qui lui donnera toute sa valeur artistique.

VI

L'anatomie du chat

Cet ouvrage étant destiné au grand public et désireux de mettre son sujet à la portée de tous, nous ne nous étendrons pas ici dans des descriptions qui n'intéressent que les spécialistes.

A l'essentiel des caractères anatomiques propres aux félins, nous nous bornerons à ajouter quelques indications très générales.

Les proportions

On ne distingue pas les races félines par les variations dans les proportions du corps. Cependant, elles sont importantes et il est nécessaire de les signaler.

Ce sont des différences de conformation qui font distinguer le type svelte, allongé, longiligne, d'un type trapu, bréviligne. Si le bréviligne a, par exemple, la faveur des amateurs anglais, le longiligne lui aussi a ses fanatiques et fait l'objet d'une sélection poussée.

Mais les différences de proportions ne traduisent en aucune façon les origines ancestrales. Elles constituent des variations du type primitif.

Le squelette

Le chat possède 285 à 290 os, qui se répartissent de la manière suivante : 30 dans la tête, 50 à 54 vertèbres, 8 pour le sternum,

26 côtes, 40 pour chaque membre antérieur, 41 pour chacun des membres postérieurs, 1 hyoïde, 1 os pénien et 4 osselets dans chaque oreille.

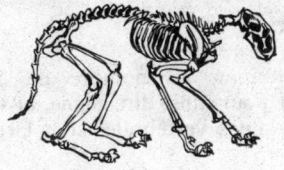

Le squelette du chat.

La tête

Celle-ci se compose du crâne, formé de 9 os plats dont 7 impairs et un seul, le temporal, pair, puis de la face, comprenant la mâchoire supérieure, formée elle-même de 19 os larges dont un seul, le vomer, est impair, et la mâchoire inférieure.

La partie la plus remarquable du squelette est d'abord *le crâne*, avec son aspect caractéristique, dont la figure ci-dessous rend mieux compte que les mots. Observez sa forme globuleuse, très accentuée par l'étroitesse du museau et la convexité du sommet de la boîte cervicale. Notez aussi la grandeur et la cavité de l'orbite.

La face comporte principalement le maxillaire supérieur, très

Crâne de chat : à gauche, vue de profil ; à droite, vue de dessus.

court. Quant à l'os nasal, il est peu développé et beaucoup plus large en bas qu'en haut ; il ne comporte pas de prolongement nasal. Le maxillaire inférieur montre une fosse de forme triangulaire, et une apophyse coronoïde forte, large, élevée. Les branches sont écartées et courtes. En lisant plus loin le chapitre de l'alimentation du chat, dans lequel nous traitons de sa dentition, vous remarquerez que les dents sont réduites en nombre pour trouver de la place sur des mâchoires écourtées, et sacrifient leur rôle de molaires, de « meule », pour augmenter celui de cisailles.

La colonne vertébrale

Les vertèbres cervicales, au nombre de 7, sont longues et épaisses. La tête est pour ainsi dire plane, et la face postérieure à peine excavée. Les lames vertébrales sont larges et se recouvrent les unes les autres.

Les vertèbres dorsales, qui sont au nombre de 13, n'ont pas de crêtes inférieures sous le corps vertébral. Les surfaces articulaires antérieures de l'arc sont rapprochées ou réunies les unes aux autres.

Les vertèbres lombaires, au nombre de 7, sont longues et épaisses. Elles possèdent un corps assez volumineux, augmentant de la première à la cinquième vertèbre pour diminuer dans les deux dernières.

Le sacrum, formé par la soudure de 3 vertèbres sacrées, est court, surmonté par une épine peu développée mais formant une crête tranchante. Il a une forme presque carrée.

Les vertèbres coccygiennes ou caudales, enfin, au nombre de 20 à 24, sont bien développées. Le canal rachidien se prolonge jusqu'à la sixième vertèbre, mais en devenant de plus en plus étroit.

Le thorax

Le sternum est allongé et plat. Il est formé de 8 sternèbres, allongées d'avant en arrière et renflées à leurs extrémités. La face intérieure du sternum est légèrement convexe. La première sternèbre se présente pointue à son extrémité libre, et la dernière se termine par un mince appendice cartilagineux en arrière. Cette dernière peut osciller dans le sens vertical.

Le chat possède 13 paires de côtes dont 4 asternales qui sont épaisses et étroites, à l'exception des premières. Leur longueur augmente de la première à la septième et diminue à partir de la dixième. Les côtes sont courbées sur toute leur longueur.

Les membres antérieurs

L'omoplate est courte, large, et dépourvue de cartilage de prolongement. Il existe une clavicule qui, bien que très rudimentaire, permet au chat des mouvements latéraux du membre, refusés au chien.

L'humérus présente une trochlée simple à son extrémité inférieure et une empreinte deltoïdienne peu saillante, ainsi que, au côté interne de l'extrémité inférieure, un trou formant une arcade vasculaire.

Le radius et *le cubitus* sont presque du même volume, peu courbés sur la longueur, et s'attachent à leurs extrémités en se croisant légèrement. Le cubitus a sa face antérieure à peu près plane. Le radius présente sur sa face articulaire supérieure la forme d'une cupule. Le cubitus a son extrémité supérieure plus grosse que l'inférieure, tandis que celle du radius est plus petite. Durant toute la vie du chat, ces deux os demeurent indépendants.

Le carpe présente 8 os, disposés en deux rangées. Dans la seconde rangée, la grosseur des os diminue du premier au

Membre antérieur (d'après Jumaud).

quatrième. Le troisième et le quatrième métacarpiens, ainsi que le deuxième et le cinquième, sont de même longueur, mais les deux premiers sont plus longs que les autres. Le métacarpien du pouce est plus court que les autres, mais aussi fort. On trouve cinq doigts : le pouce avec deux phalanges, les autres avec trois phalanges.

Les membres postérieurs

Le bassin est plus long en arrière qu'en avant. L'ilium, pour ainsi dire vertical, a sa face externe déprimée. Le pubis est épais. La longueur de l'ischium est égale aux deux tiers de l'ilium.

Le fémur est rectiligne, allongé et cylindroïde. Le col est long et rétréci. La fosse digitale est profonde. *La rotule* se présente large et aplatie d'avant en arrière. *Le tibia* est mince et long, avec une crête antérieure saillante. *Le péroné*, à peu près rectiligne, tranchant vers l'avant et arrondi à l'arrière, de même longueur que le tibia, est complètement indépendant.

Le tarse est formé de 7 os. On compte, entre autres, quatre

Membre postérieur (d'après Jumaud).

métatarsiens bien développés et un cinquième assez rudimentaire. Celui-ci s'articule avec le cunéiforme interne, lequel n'est jamais accompagné de phalange si bien qu'il n'existe pas de pouce. Il y a, enfin, quatre doigts, avec trois phalanges.

Les ligaments

Le chat est dépourvu de ligament cervical, et les ligaments interépineux sont remplacés chez lui par de petits faisceaux musculeux. C'est ce qui explique la grande souplesse de cet animal.

Signalons aussi que les deux dernières phalanges sont réunies par deux ligaments latéraux plus un troisième, situé en avant de l'articulation et constitué par du tissu élastique, qui produit mécaniquement la rétraction de l'ongle quand les muscles fléchisseurs cessent de se contracter. En outre, des poulies articulaires de la dernière articulation interphalangienne permettent à l'ongle de venir se loger, lorsqu'il se relève, entre les deux doigts.

Les muscles

L'examen des muscles ne nous retiendra pas. Chacun connaît leur force relative en même temps que leur élasticité, qui confèrent au chat sa souplesse proverbiale.

Ils se situent principalement dans les régions cervicales supérieure et inférieure, dans la région spinale, dans celle de la queue et dans la région sous-lombaire.

La région de la face présente un muscle labial tout à fait rudimentaire. Le buccinateur n'est formé que d'un seul plan musculaire. Le zygomato labial se continue en haut avec le zygomato auriculaire, et se termine en bas à la commissure des lèvres. Le sus-maxillo labial et le grand sus-maxillo nasal ne forment qu'un seul muscle se terminant à la fois à l'aile externe du nez et dans la lèvre supérieure. Le muscle suspenseur du menton est à peine développé. Par contre, le masséter et le temporal sont très épais.

Dans la *région costale,* la tunique abdominale est mince. Le diaphragme est assez épais et prend attache à la base du thorax.

La musculature du chat se caractérise à la fois par sa force et son élasticité.

Parmi les muscles de l'épaule, citons, surtout le long abducteur du bras, qui est très développé.

Au niveau du bras, on trouve le long fléchisseur de l'avant-bras, le court fléchisseur, le moyen extenseur qui est très développé et le gros extenseur de l'avant-bras qui est simple.

Quant aux muscles de l'avant-bras, ils rappellent beaucoup ceux de l'homme : extenseur antérieur du métacarpe, extenseur oblique, extenseur antérieur des phalanges, extenseur latéral des phalanges, fléchisseur oblique, fléchisseurs externe et interne, petit palmaire, long fléchisseur du pouce et perforé. On y rencontre en outre cinq autres muscles, propres aux carnassiers : l'extenseur propre du pouce et de l'index, le long supinateur, le court supinateur et l'extenseur des doigts.

Viennent enfin les muscles du pied antérieur (court abducteur du pouce, notamment, l'opposant du pouce, court fléchisseur du pouce, abducteur de l'index, palmaire cutané, abducteur du petit doigt, court fléchisseur du petit doigt), ceux de la région qui va de la croupe au membre postérieur, ceux de la cuisse, de la jambe et du pied postérieur.

L'appareil digestif

C'est celui d'un carnivore type. Nous l'étudierons de manière approfondie dans le chapitre consacré à l'alimentation du chat.

L'appareil respiratoire

La respiration du chat est plus lente que celle du chien. En effet, la gent canine est toujours haletante après la moindre course ; le chien doit évaporer l'eau de transpiration par sa gueule ouverte, étant donné que sa peau est pauvre en glandes à sudation, sauf sous la surface plantaire. Celles du chat au contraire fonctionnent plus efficacement, contribuant ainsi à la beauté de son pelage bien lustré, qu'il entretient constamment.

L'extrémité du nez du chat est formé par une saillie chagrinée, nue, fraîche et humide. D'une teinte rosée, le nez est souvent divisé par un sillon médian. Les naseaux ont la forme de virgules mises face à face et opposées par leur partie convexe.

Les fosses nasales sont très courtes. La muqueuse olfactive est épaisse, d'une couleur foncée. Le chat ne possède qu'un seul petit sinus maxillaire et un sinus frontal plus développé.

Les cordes vocales supérieures sont longues de 4 à 5 millimètres. Elles sont très minces, molles, écartées en avant et se réunissent au fond du sinus sous-épiglottique. Les cordes vocales inférieures sont épaisses et plus rapprochées. Elles sont séparées des précédentes par une excavation. Les premières seraient cause du ronronnement et des grondements de la colère, tandis que les cordes vocales inférieures détermineraient le miaulement.

Le poumon gauche présente trois lobes et le poumon droit en montre quatre. Tous sont séparés par des sillons profonds se prolongeant jusqu'à la racine du poumon.

L'appareil circulatoire

L'activité de la circulation chez le chat demeure en rapport avec la vitalité très grande de l'espèce.

Le cœur du chat est ovoïde, presque globuleux et placé très obliquement. Il pèse environ 20 grammes. Ses pulsations sont rapides, de 110 à 120 à la minute. La température normale est de 39 °C.

Les artères

Nous en citerons, pour mémoire, les principales : l'artère pulmonaire, l'aorte thoracique qui donne naissance aux artères cardiaques, l'aorte abdominale et le tronc cœliaque, les artères iliaques et axillaires, enfin les carotides et les différentes artères de la face.

Les veines

Les *veines pulmonaires* accompagnent les bronches dans l'intérieur du poumon.

Les *veines cardiaques* sont constituées de petites veines en provenance du ventricule droit, qui se jettent dans l'oreillette droite, et de la grande veine cardiaque, avec ses deux racines, qui se réunit au tronc de la précédente lorsqu'elle arrive dans l'oreillette.

Rappelons ensuite, parmi les plus importantes, la veine cave antérieure, les jugulaires interne et externe, la veine axillaire et la veine cave postérieure, la veine iliaque externe.

Les vaisseaux lymphatiques

La tête porte, de chaque côté, différents ganglions. Il en existe aussi, entre autres, dans la cavité thoracique et dans les cavités abdominale et pelvienne, dans le plexus aortique.

Tous les vaisseaux lymphatiques du thorax aboutissent au canal thoracique et aux troncs trachéaux.

Les lymphatiques superficiels de la tête arrivent pour la plupart dans les ganglions sous-maxillaires. Les lymphatiques profonds de la langue, de l'œil, du cerveau, de l'œsophage et du larynx aboutissent aux ganglions rétro-pharingiens. Ceux du cou, des épaules, du dos, atteignent les ganglions cervicaux.

On trouve dans chaque membre antérieur des vaisseaux lymphatiques superficiels qui recueillent la lymphe des tubercules plantaires, de la peau de la patte et de la partie de l'avant-bras. Ils débouchent dans les ganglions cervicaux et dans les lymphatiques profonds, en accompagnant les artères.

Quant au réseau lymphatique superficiel du membre postérieur, il recueille la lymphe du pied. Les lymphatiques de la peau de la jambe et de la face extérieure de la cuisse parviennent aux ganglions inguinaux.

Citons enfin, en bref, les lymphatiques du thorax, ceux du diaphragme, ceux de la cavité pelvienne, ainsi que les lymphatiques des viscères abdominaux.

Les lymphatiques du *poumon* rejoignent l'un des ganglions bronchiques qui donne la lymphe directement au canal thoracique. Quant à ceux du cœur, ils se joignent en plusieurs troncs qui aboutissent aux ganglions bronchiques.

L'appareil nerveux

Le cerveau

Celui du chat est large. Sa longueur est d'environ 37 millimètres pour 25 à 26 millimètres de haut. Son poids est d'environ 30 grammes. Les circonvolutions en sont bien marquées. Vous

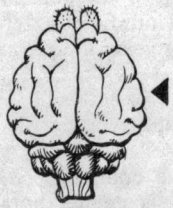

Cerveau de chat, vue de dessus. La flèche indique le « pli félin ».

remarquerez tout particulièrement (figure 15) la circonvolution sylvienne : elle entoure la scissure de Sylvius en formant un U renversé, que souligne un gros pli communiquant avec la circonvolution supérieure. Ce pli, constant chez tous les chats, a reçu le nom de pli félin et il est spécifique du genre. Il se trouve aussi chez l'hyène.

Le tégument est très richement innervé. Il est d'ailleurs facile de le constater au cours des manifestations émotives du chat : son poil se hérisse à la moindre alerte, sa peau est traversée de frissons, son dos se courbe et l'animal prend une expression menaçante. Voyez comme ses oreilles se couchent et comme sa queue fouette l'espace avec violence.

Les nerfs crâniens

Comme chez les autres animaux, on trouve chez le chat des nerfs à sensations spéciales (olfactif, optique, acoustique), des nerfs mixtes et des nerfs moteurs.

Les nerfs rachidiens

On trouve huit paires de nerfs cervicaux dont les branches inférieures forment un plexus cervical très allongé. Puis treize paires de nerfs dorsaux qui s'étendent dans les muscles du dos, des côtes et de l'abdomen. Enfin, sept paires de nerfs lombaires, trois de nerfs sacrés et six à sept de nerfs coccygiens.

Le grand sympathique

Le cordon du grand sympathique préside à la vie végétative.

Il comprend quatre régions : une portion cervicale, une partie thoracique, une part lombaire et, enfin, la portion sacrée.

L'appareil génito-urinaire

Les *reins* présentent des veines sous-capsulaires apparentes. Chaque bassinet comporte à son fond un gros tubercule allongé. Les capsules sus-rénales sont formées par deux disques blanc crème, de la taille d'un haricot. Les urètres débouchent selon deux ouvertures obliques à la base de la vessie. Celle-ci est munie d'une paroi épaisse, et l'on remarque avec netteté les faisceaux musculaires.

Les *testicules* sont arrondis et situés dans la région périnéale. L'animal ne possède pas de vésicule séminale et le col de la vessie est pratiquement entouré de la prostate. Celle-ci est concave, d'une teinte jaunâtre et partagée en deux lobes latéraux sur sa face inférieure. Le chat possède deux glandes de Cowper, qui sont bien développées.

Le *pénis*, court et dirigé vers l'arrière à l'état de repos, se dirige en avant à l'instant de l'érection. La partie libre de la verge est conique. Son sommet, près duquel se trouve l'orifice urétral, a pour base un petit os pénien qu'entoure un tissu érectile. C'est cette partie libre qui est recouverte d'un tégument hérissé de petites papilles rudes, dirigées vers la base de l'organe et susceptibles de se redresser pendant l'érection.

Pour la femelle, les *ovaires* sont logés dans un repli du ligament large. L'oviducte et le col de l'utérus sont courts. Au contraire, les cornes utérines sont allongées et droites. Le vagin est long et ne possède pas de canaux de Gartner. La commissure inférieure de la vulve est arrondie et elle renferme un petit clitoris comportant un noyau cartilagineux.

La chatte possède trois à quatre paires de *mamelles*, pourvues d'un mamelon très court : elles sont appelées mamelles pectorales, abdominales et inguinales.

VII

La physiologie du chat

Ce n'est certes pas le chapitre précédent, avec ses termes arides, qui vous fera découvrir le chat. Venons-en donc maintenant à ce qui fait qu'un chat... est un chat, avec tout ce que cela suppose de vie, de grâce et de finesse.

Puissance et souplesse

Chez le chat, tout est à la fois puissance et souplesse. Il se courbe, se plie se ramasse, s'allonge, et marche toujours silencieusement. Les pattes de cet animal sont organisées pour lui accorder de la légèreté, et amoindrir les réactions au sol en cas de chute. Lorsqu'il s'y appuie, ses doigts s'étendent et s'écartent les uns des autres pour diffuser les pressions sur une surface plus grande. Equilibré, le chat est d'une harmonie et d'une esthétique rare.

Le chat a un corps court, trapu. Ses membres sont forts tout en étant gracieux. Le matou se distingue de la chatte par une taille plus élevée, une tête plus large et plus forte.

Assis ou couché, en activité ou au repos, c'est un splendide assemblage de lignes simples et pures. Qu'il marche ou qu'il saute, ses attitudes sont parfaites.

L'art de retomber sur ses pattes

Par suite de l'extrême souplesse de ses membres, le chat peut tomber d'une assez grande hauteur sans se blesser mortellement.

Chez le chat, tout est à la fois puissance et souplesse.

Retombe-t-il toujours sur ses pattes ?

En 1895, Marey eut recours à un procédé spécial — la chronophotographie — pour étudier les phases successives du phénomène. Maintenu par un aide les pattes en l'air, le chat était lâché dans le vide devant l'appareil, lequel fonctionnait au rythme de soixante images par seconde.

Il apparut que le chat, en tombant, se retourne de lui-même, sans aucunement faire intervenir une force ou un appui extérieur. Il serait trop long de relater ici toutes les discussions qui eurent lieu autour de cette expérience. Contentons-nous de dire, avec Marey et Guyon, que « c'est dans l'inertie de sa propre masse que l'animal prend des appuis successifs pour se retourner. »

Malheureusement, cette explication qui sert de conclusion aux travaux de Maray sur ce phénomène n'est pas toujours possible. Car, malgré ce retournement, le chat peut subir, en tombant d'une hauteur sensiblement élevée, des fractures des cuisses ou du bassin. Il reste à déterminer la hauteur du point de chute pour que le squelette et les muscles puissent subir un choc violent sans dommages.

Il aime les situations élevées

Le chat se tient sur les branches hautes des arbres, les plus secouées et les plus étroites. Il grimpe avec une agilité remarquable le long des murs. Il bondit avec une incroyable légèreté.

Par contre, il lui est pratiquement impossible de courir lorsqu'il se sent menacé. Sa course devient une série de bonds successifs qui le mettent vite hors de toute atteinte.

Il n'est pas toujours capable de forcer ses proies à la course ; alors il les attend, servi à merveille par la finesse de son oreille et par sa patience.

La peur de l'eau

Le chat nage-t-il ? Certainement, et même d'une manière très aisée. Ses pattes se meuvent comme s'il marchait, et elles donnent l'impulsion en frappant l'eau, symétriquement pour aller droit, plus fortement d'un côté pour se diriger dans le sens opposé.

Mais nous savons tous qu'il éprouve pour l'eau une véritable antipathie. Le chat évite la pluie et n'aime pas du tout se mouiller. Il prend mille précautions pour marcher sur un sol mouillé et il choisit avec grand soin l'endroit où il pose les pattes. L'on cite cependant quelques chats qui plongeaient dans l'eau pour pêcher du poisson. Mais nous devons avouer que ces cas sont rares.

Quelques particularités

Le chat aime et recherche la chaleur. Il se couche dans les endroits chauds, près des cheminées, et aussi devant le feu. Il préfère la laine, la fourrure, le coton ou la soie, mais il a horreur des tissus synthétiques. Ses poils s'électrisent et, la nuit, par temps sec, ils peuvent donner de petites étincelles lorsqu'on y passe la main dans le sens contraire.

Il peut rêver comme le prouvent ses mouvements durant son sommeil ainsi que les petits cris qu'il pousse.

Le chat, très propre, passe quotidiennement un temps très long à se nettoyer et à lustrer son poil, en se léchant et en passant ses pattes mouillées de salive sur son corps. Il se cache pour faire ses « besoins », et lorsqu'il le peut, il recouvre ses excréments de cendres ou de terre.

Sa physionomie

Elle est très expressive. Le chat sait quémander des caresses aux personnes qui vivent avec lui : il le fait par son attitude générale, son regard, ses frôlements. Il témoigne aussi, par des manifestations extérieures, du plaisir qu'il éprouve et de sa satisfaction. Remarquez les ondulations de sa queue, les inflexions de son dos et son ronronnement. Toute son attitude indique une attention soutenue lorsqu'il guette une souris ou un oiseau. Il manifeste son contentement en sautant sur la proie qu'il attendait, et sa joie quand il la laisse se sauver, meurtrie, pour la reprendre aussitôt !

S'il est irrité, son regard devient menaçant. Il arrondit l'échine, hérisse sa moustache et se dresse sur ses pattes. Sa face prend une expression grimaçante et son souffle devient bruyant.

Certains vont même jusqu'à prétendre que le chat, par son comportement, est capable de prédire le temps à la manière d'un baromètre. S'il contourne sa patte et la promène sur sa tête, c'est que le temps va changer ! Le chat couche son poil sur la peau pour concentrer la chaleur de son corps, si le vent ou le froid sont sur le point d'arriver. Au contraire, si la chaleur est en hausse, il dresse ses poils pour augmenter la déperdition de chaleur.

Le langage chat

Il est très accentué et très nuancé. Si vous lui passez la main sur le dos, le chat ronronne. Lorsqu'il est irrité, il fait entendre un sourd grognement. Comme le fait très justement remarquer Desmaret, on peut distinguer, dans les miaulements de la chatte, l'appel de la femelle, les cris de douleur que provoquent les approches du mâle, les sons doucereux qu'elle fait entendre pour appeler ses petits ; de même pour les grondements que pousse le mâle ainsi que pour ses sifflements prolongés. Quiconque a la

Si le chat sait nager, il n'aime pourtant guère se mouiller !

moindre habitude de la compagnie féline peut entendre dans le silence de la nuit la gamme variée des cris de combat, de fureur et de violence.

Le phénomène tient à ce que, par une disposition remarquable que nous avons décrite déjà dans le chapitre traitant de l'anatomie, il y a en quelque sorte deux glottes chez le chat — celle qui est supérieure, entre les rubans vocaux-membraneux, et celle qui est inférieure, entre les rubans musculo-membraneux — ainsi que deux espèces de cordes vocales, dont les vibrations paraissent devoir offrir des effets particuliers.

La voix permet aussi de reconnaître les races. Le cri des siamois, par exemple, est rauque, sauvage, et ne ressemble en aucune façon à celui des autres chats. A un degré moindre, on distingue même celui des persans.

Les organes des sens

Les chats sont des animaux « chasseurs » dont la vie dépend de leur subtilité. Comme tous les autres carnivores, leurs sens sont aiguisés, prêts à obéir rapidement à la moindre sollicitation.

Une tradition attribue aux chats des organes sensoriels d'une perfection extraordinaire. Disons, sans plus, qu'ils sont doués, sans que leurs organes sensoriels soient plus développés ou supérieurs à ceux de l'être humain. Seulement, comme les excitations extérieures sont pratiquement toujours les mêmes, ils sont plus aptes que nous à exercer leurs dons naturels et à en tirer le meilleur parti.

Le goût

L'organe du goût chez le chat a son siège dans les corpuscules groupés autour des papilles de la langue. Deux papilles caléciformes principales sont situées près de la base de cet organe avec, tout près d'elles, des papilles plus petites. Les papilles filiformes qui tapissent le dos et la base de la langue sont recouvertes d'une épaisse couche cornée. Régulièrement disséminées entre elles, l'on trouve des papilles fongiformes.

Le chat est délicat dans son alimentation, même s'il prend ses repas les plus copieux en un instant. S'il mastique peu ses aliments, c'est que sa dentition est disposée pour déchirer et non pour broyer. Il peut remplir très vite son estomac. En effet, sa gueule s'ouvre largement et son estomac, très dilatable, sécrète du suc gastrique dans toute son étendue. Un morceau volumineux peut y arriver facilement et y séjourner assez longtemps sans l'indisposer. En outre, la muqueuse gastrique du chat est très vasculaire ; dès lors, elle présente un pouvoir absorbant très grand, et les aliments sont suffisamment modifiés pour être, en partie, immédiatement absorbés.

De plus, le chat a un besoin impérieux de manger quand il a faim. Ce n'est pas être glouton que d'apaiser physiologiquement cette sensation. Repu, il peut redevenir gourmet.

Il est donc faux d'affirmer qu'il n'a pas de goût !

En fait la mastication du chat est lente et difficile car ses mâchoires sont courtes et ne peuvent exécuter que certains mouvements. Comment mange-t-il ? Il saisit les aliments solides avec ses mâchoires et ses dents. Pour maintenir sa proie ou sa ration alimentaire sur le sol, il se sert de ses pattes antérieures.

Il boit fréquemment. Pour cela, il lappe, c'est-à-dire qu'il lance sa langue hors de sa gueule et la plonge dans le liquide en renversant la pointe en arrière. Il la retire ensuite brusquement en la lançant du côté des dents : la boisson est ainsi projetée, par petites quantités.

Nous n'insisterons point ici sur les préférences alimentaires du chat. Celles-ci sont modifiées par les nécessités de la captivité ! Sa nourriture fera plus loin l'objet d'un chapitre. Disons simplement que, livré à lui-même, il recherche les proies vivantes. Mais c'est souvent plus pour la satisfaction de les chasser que pour les manger. Il lui arrive même de les dédaigner après les avoir abattues et torturées, sans que ce soit toujours par simple cruauté : nous croyons qu'il ne se rend pas compte des souffrances de sa victime. S'il la laisse vivre, c'est qu'à l'instant de la capture, il n'a pas faim et qu'il aime jouer et prolonger son plaisir. Le chat est un maraudeur. Il aime escalader les arbres, pénétrer dans les buissons et, de ce fait, il chasse les oiseaux et les rongeurs.

La vue

Bien que l'on ait coutume de dire, de quelqu'un dont l'acuité visuelle est très marquée, qu'il « a des yeux de chat », il ne semble pas que l'œil du chat, dans son ensemble, diffère beaucoup de celui de l'homme ou des autres animaux.

Le globe est assez fortement bombé, rendant l'œil plus profond que large. La cornée présente un contour circulaire. La choroïde montre un tapis jaune clair, doré ou verdâtre autour de la pupille, vert à la périphérie, et un tapis sombre d'un noir intense. Ces deux tapis sont séparés par une bande bleu indigo. Le cristallin présente une face antérieure plus convexe que la postérieure. L'iris est verdâtre chez l'adulte et bleu clair chez le chaton. L'ouverture pupillaire est ronde lorsqu'elle est dilatée ;

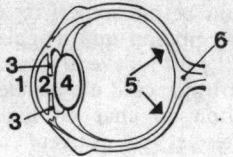

Œil de chat, en coupe schématique : 1. cornée ; 2. pupille ; 3. iris ; 4. cristallin ; 5. rétine ; 6. nerf optique.

elle devient elliptique de haut en bas quand elle est contractée. Le corps clignotant est très réduit et l'on rencontre, avec la glande lacrymale, une glande de Harder.

La forme de la pupille est remarquable. Considérez-la en pleine lumière : elle se réduit alors à une fente verticale qui occupe presque la hauteur de l'iris et n'atteint que l'épaisseur d'un fil, dans sa largeur.

L'angle oculaire du chat est très rapproché et il est surpassé uniquement par celui de l'être humain. La mesure est de 77° pour le chat, et de 10° pour l'homme ; par contre, elle est de 137° pour le cheval. Grâce à son museau très court, la vision du chat couvre un champ de 287°.

Le chat possède une vue excellente, aussi bien le jour que la nuit. Mais que distingue-t-il exactement ?

A la lueur d'expériences faites sur le chat, nous croyons qu'il a du monde une image moins nette que la nôtre. La qualité de sa vision ne lui permettrait de distinguer que des silhouettes. Toutefois, pour être renseignés avec exactitude, il ne nous suffirait pas de percevoir l'image du monde extérieur à travers l'œil d'un chat, mais aussi à travers son cerveau. Il semble en effet que l'animal soit plus sensible au mouvement qu'à la forme des choses : qu'une proie coure à distance, qu'un geste le menace, le chat réagit aussitôt ; mais il ne reconnaît que de très près un objet ou un ennemi rigoureusement immobile.

Selon le docteur Rochon-Duvigneaud, un tiers seulement des chats jouiraient d'une vue normale, tandis que 20 pour cent seraient hypermétropes et les autres faiblement myopes.

Ce qui nous frappe le plus, dans l'œil du chat, c'est cette sorte de lueur iridescente qu'il dégage dans certaines conditions d'obscurité. Ceci est dû à la présence d'un tapis, une sorte de surface réfléchissante qu'on avait cru d'abord en liaison étroite avec la faculté de la vision nocturne. En fait, il s'agit d'une lame réfléchissante appartenant aux régions profondes de la choroïde, à la partie supérieure de celle-ci où elle constitue une couche spéciale recouverte par l'épithélium rétinien, aplati et dépigmenté à cet endroit.

La constatation de ce phénomène ne peut se faire qu'à la faveur d'une lumière extérieure dont l'incidence du rayon émis est réfléchie dans l'œil du chat vers celui du spectateur. Autrement dit, ce que vous observez n'est pas une lueur émise par l'œil du chat : il ne luit que par reflet, comme un miroir sous l'action d'un rayon lumineux.

Cette formation renforce-t-elle la vision crépusculaire du chat ? On a dit que le tapis, dont il a été question, diffusait la lumière dans l'œil et augmentait ainsi sa sensibilité. Ou bien qu'il transformait en une sorte de lumière active, par fluorescence, les rayons à ondes courtes. Ces explications sont certainement exactes.

De toute manière, tout le monde est d'accord pour reconnaître que les chats voient, non dans l'obscurité totale, mais dans une luminosité atténuée où l'être humain ne voit guère.

D'autre part, grâce à leur pupille qui se ferme presque totalement au soleil, les chats ne sont jamais éblouis.

Enfin, signalons que le chat conserve sa vue intacte au cours de longues années. Il est rare de remarquer chez les chats devenus âgés la classique cataracte.

L'ouïe

L'ouïe paraît l'organe le plus sensible et le plus parfait du chat. Il serait peut-être plus exact de dire que c'est l'organe le mieux éduqué et adapté à son rôle. Pourtant, l'examen de l'oreille du chat ne révèle rien de mystérieux et elle est construite comme celle de la plupart des mammifères.

Extérieurement, cette oreille comporte un pavillon à large conque, mobile et expressif. Le cartilage de l'oreille externe est court, pointu, presque triangulaire, dressé et ouvert à l'avant.

L'oreille moyenne possède une caisse du tympan bien développée qui donne à l'ouïe une grande finesse. Les cellules mastoïdiennes se trouvent réparties dans un compartiment spécial de la caisse du tympan, constituant la bulle tympanique bien développée. Après avoir fondé des théories ingénieuses sur le rôle de ces organes, la science leur reconnaît actuellement peu d'efficacité : un animal essorillé entend aussi bien qu'un autre.

Le compartiment suivant contient la chaîne des osselets.

L'oreille interne avec le labyrinthe ne présente rien de particulier.

Avez-vous essayé d'arracher à ses rêves un chat qui dort ? Est-il sourd ? Vous pouvez tirer à côté de lui un coup de fusil sans qu'il ne bronche, mais à condition que ce bruit lui soit familier et que l'animal ne soit pas sur le qui-vive.

On cite toujours, avec raison d'ailleurs, le réflexe instantané du chat, endormi en apparence, et que fait tressaillir le frôlement d'une souris, bruit inaudible pour notre oreille.

En fait, il est probable que si le même bruit avait pour nous un intérêt égal, nous pourrions aussi l'entendre. Nous pourrions nous aussi le dégager de vingt autres et ne nous intéresser qu'à lui seul. En somme, le chat fait le point sur les bruits qu'il entend et ne s'intéresse qu'à ce qu'il veut entendre. Alors il fait pivoter le pavillon de ses oreilles, il contrôle, il réfléchit et ne s'intéresse à ce bruit que lorsqu'il a évalué sa provenance. Puis, lorsqu'il a situé le lieu d'émission des sons et jugé de leur distance, il se décide à bondir. Mais pas avant !

Comme bon nombre d'animaux, le chat a l'oreille juste. Il est très sensible à la hauteur du timbre d'un son. Quand il le veut bien, il comprend la parole et reconnaît si la voix humaine est tendre ou irritée. Il situe le rythme d'un pas et le carillon d'une porte d'entrée. Mais, là encore, le chat n'entend pas mieux que nous : il concentre simplement toutes ses facultés sur un point sensible.

De nombreuses observations montrent cependant que les chats blancs aux yeux bleus sont sourds, ou pour le moins durs d'oreille, alors qu'ils entendent si l'iris présente la moindre tache colorée. Pour Darwin, ce fait s'expliquerait « par un léger arrêt de développement du système nerveux relié aux organes des sens ».

L'odorat

L'odorat chez le chat est, par contre, relativement peu développé. En effet, le museau écourté du chat ne permet pas le développement des cornets et des volutes ethmoïdales comme chez le chien. N'allons pourtant pas jusqu'à dire que son sens olfactif est nul. Très souvent, le chat a recours à ce sens et il ne se fie qu'à ses indications.

C'est ainsi que l'odorat lui permet de reconnaître l'état de fraîcheur de l'alimentation que la vue lui a signalé. Un chat reconnaît, même d'assez loin, l'assiette ou l'écuelle qui sert à ses repas ; mais il va la flairer longuement avant de se décider à manger. Il choisira d'abord les meilleurs morceaux et ne touchera aux autres que s'il a vraiment faim.

L'odorat joue également un rôle dans les manifestations de sa vie sexuelle. Nous en reparlerons au chapitre traitant de la reproduction.

Le chat perçoit avec plaisir certaines odeurs fortes comme l'ammoniaque, et les fermentations chlorées et azotées. Il aime les parfums et se laisse volontiers caresser par les personnes qui en portent. L'odeur de la valériane ou de la cataire l'impressionne si fortement qu'il paraît aussitôt transporté de plaisir ; quand il en trouve dans un jardin, il passe et repasse sur la plante, de telle sorte que si celle-ci n'est pas protégée, elle est détruite en peu d'instants. L'herbe-aux-chats et la germandrée sont, elles aussi, au nombre des odeurs qui lui produisent une impression violente. L'œillet, la menthe, la tubéreuse et l'asperge sont également des plantes dont il aime le parfum.

Le chat se sert très peu de son flair pour la chasse. Il ne suit pas la piste comme le chien, tout en s'intéressant à un passage récent de la proie qu'il convoite. Il compte plutôt sur sa curiosité toujours en éveil, et qui le fait pénétrer dans tous les endroits rencontrés par hasard, sans savoir toujours ce qu'il rencontrera.

Le toucher

Le chat est un animal méfiant et le sens du toucher lui vient largement en aide dans les nécessités de son existence. La patte

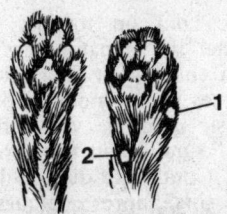

A gauche, pied postérieur du chat. A droite, pied antérieur : 1. pouce ; 2. callosité carpienne.

du chat est un instrument d'examen comparable à la main de l'homme.

A la face inférieure de chaque membre se trouve des tubercules plantaires d'une teinte noirâtre, au nombre de six aux membres antérieurs et de cinq aux membres postérieurs. Les plus petits, ou pelotes digitales, se trouvent sous chaque doigt (à l'exception du pouce), au niveau des articulations de la deuxième et de la troisième phalange. La plus grande, centrale, qui ressemble à une feuille de trèfle, correspond aux articulations métacarpo- ou métatarso- phalangiennes, auxquelles elle est réunie par des brides fibreuses. La pelote carpienne se trouve au niveau de l'os sus-carpien dont elle est séparée par une sorte de petite bourse muqueuse. Ces pelotes sont constituées de tissu conjonctif, élastique et de graisse. On y rencontre aussi des glandes sudoripares bien développées, et des corpuscules du tact.

L'ongle est complètement rétractile, surtout dans les pieds antérieurs. Il est constitué d'un étui corné recourbé vers le bas. Protégé par un repli de la peau, il se relève sans effort grâce à

Les griffes des félins sont rétractiles.

un ligament élastique allant, dans chaque doigt, de la seconde à la troisième phalange. Pour sortir ses griffes, le chat est obligé de contracter ses muscles fléchisseurs. Dès que cette contraction volontaire cesse, la griffe se relève et vient se loger dans les espaces interdigités.

Toutes ces surfaces ont un toucher très délicat et aident l'animal à se renseigner sur la nature des objets palpés. Chacun de nous a déjà vu un chat tâtant le sol de sa patte avant de s'y aventurer, et secouer ses doigts mouillés ou légèrement échaudés. C'est aussi avec plaisir qu'on le voit effleurer avec une impatience prudente la balle qu'il veut faire rouler, ou la souris qu'il souhaite voir revivre. Comme le dit très justement R. Thevenin, « après l'homme et le singe, après quelques lémuriens et quelques rongeurs, c'est le chat qui sait le mieux se servir de sa main ».

Les poils qui se trouvent à ses lèvres et autour des naseaux, et qui constituent les moustaches, jouent certainement un rôle très actif dans le toucher. En effet, celles-ci transmettent au bulbe dans lequel chaque poil est implanté l'impression des contacts que le chat perçoit. Leur sensibilité est telle qu'il suffit de toucher l'un des poils pour voir l'animal se rejeter en arrière. C'est-à-dire que ces vibrisses fonctionnent un peu comme des antennes, donnant au chat une notion très précise des obstacles qu'il rencontre. Priver l'animal de ses moustaches, c'est annihiler en lui toutes possibilités d'une perception indispensable à sa sécurité.

Le sens de l'orientation

Il nous faut, avant de terminer ce chapitre, vous entretenir de ce sens de l'orientation du chat qui fut tour à tour contesté ou décrit avec lyrisme.

Ceux qui nient tout sens d'orientation au chat se basent sur une observation faite il y a pas mal d'années par le docteur Claparède. Celui-ci cite le cas d'un jeune chat d'environ six mois perdu à 300 mètres environ de son domicile. Mais cette expérience négative ne prouve rien, car de nombreuses observations positives, réalisées dans la nature et non dans l'isolement d'un cabinet de travail, plaident en faveur, non de cet instinct, mais d'une forme de « savoir-faire ».

Comme de nombreux animaux, le chat retrouve son chemin, parfois même en parcourant de longues distances. Mais il ne paraît pas avoir un « sens particulier » de l'orientation, découlant d'organes inconnus ou de quelques mystérieuses influences du milieu extérieur comme la télépathie ou le magnétisme. Il est certain qu'il fait simplement appel à ses organes des sens, la vue, l'ouïe, l'odorat, et que sa mémoire emmagasine l'ensemble des facteurs lui permettant de retrouver son habitation ou un lieu de chasse.

Cette faculté doit également varier selon les individus. Il est un fait certain que le sens de l'orientation n'est pas identique pour chacun de nous. C'est ainsi qu'un tel, égaré dans une forêt, saura dans quelle direction se diriger, ayant, inconsciemment, enregistré la position du soleil, ou retrouvé des traces de son passage. Par contre, tel autre sera perdu dans un appartement autre que le sien et prendra la porte d'un placard pour celle de l'entrée.

Un chat à la campagne, dont la liberté est totale, parcourt un terrain de chasse très étendu. Il connaît parfaitement tout le pays autour de son habitation. Comment procède-t-il ? C'est très simple, et seule l'observation vous donnera la clef de l'énigme. Regardez avec quel soin il explore tous les recoins d'un lieu avant de s'y engager. Il ne perd rien des détails visuels, olfactifs et audibles. Il enregistre non seulement l'aspect général du paysage, mais aussi le chant d'un coq, l'aboiement d'un chien, l'odeur d'un poulailler, tous ces éléments s'emmagasinant au fur et à mesure dans son cerveau.

Si bien qu'il n'hésitera pas à reprendre le chemin du retour, même lorsqu'il est très éloigné de son domaine. Et vous n'avez donc plus aucune raison de vous émerveiller lorsque vous voyez revenir votre chat au bercail après une longue absence.

VIII

Comment comprendre les chats

Animal infidèle, ingrat, égoïste, disent les ennemis du chat... Ses amis par contre lui accordent un caractère indépendant mais affectueux, une nature fidèle mais jamais asservie. Qui a raison ?

N'adoptons pas sans comprendre les formules toutes faites. Tous les naturalistes ont décrit les mœurs du chat et Buffon, dans le tome VI de son *Histoire naturelle* qui date de 1769, en trace même un portrait peu flatteur. « Le chat, dit-il, est un domestique infidèle, qu'on ne garde que par nécessité, pour l'opposer à un autre ennemi domestique encore plus incommode et qu'on ne peut chasser... ; et quoique les chats, surtout quand ils sont jeunes, aient de la gentillesse, ils ont en même temps une malice innée, un caractère faux, un naturel pervers, que l'âge augmente encore et que l'éducation ne fait que masquer. De voleurs déterminés, ils deviennent seulement, lorsqu'ils sont bien élevés, souples et flatteurs comme les fripons ; ils ont la même adresse, la même subtilité, le même goût pour faire le mal, le même penchant à la petite rapine ; comme eux, ils savent couvrir leur marche, dissimuler leur dessein, épier les occasions, attendre, choisir, saisir l'instant de faire leur coup, se dérober ensuite au châtiment, fuir et demeurer éloignés jusqu'à ce qu'on les rappelle. Ils prennent aisément des habitudes de société, mais jamais des mœurs : ils n'ont que l'apparence de l'attachement ; on le voit à leurs mouvements obliques, à leurs yeux équivoques ; ils ne regardent jamais en face la personne aimée ; soit défiance ou fausseté, ils prennent des détours pour en approcher, pour chercher des caresses auxquelles ils ne sont sensibles que pour le plaisir qu'elles leur font. Bien différent de cet animal fidèle (qu'est le chien) dont tous les sentiments se rapportent à la personne de son maître, le chat ne paraît sentir que pour soi, n'aimer que sous condition, ne se prêter au commerce que pour en abuser ; et par cette convenance de naturel, il est moins incompatible avec l'homme qu'avec le chien dans lequel tout est sincère... On ne peut pas dire que les chats, quoique habitants de nos maisons, soient des animaux entièrement domestiques ; ceux qui sont le mieux apprivoisés n'en sont pas plus asservis ; on peut même dire qu'ils sont entièrement libres, ils ne font que ce qu'ils veulent et rien au monde ne serait capable de les retenir un instant de plus dans un lieu dont ils voudraient s'éloigner. D'ailleurs, la plupart sont à demi-sauvages, ne connaissent pas leurs maîtres, ne fréquentent que les greniers et les toits, quelquefois la cuisine et l'office lorsque la faim les presse... Lorsqu'on les transporte à des distances assez considérables comme à une lieue ou deux, ils reviennent d'eux-mêmes à leur grenier et c'est apparemment parce qu'ils en connaissent toutes les retraites à souris, toutes les issues, tous les passages et que la peine du voyage est moindre que celle qu'il faudrait prendre pour acquérir les mêmes facilités dans un nouveau pays. »

Comment peut-on peindre le chat sous d'aussi noires couleurs ? Ce texte, devenu classique sur les bancs des écoles, est apparu pour de nombreuses personnes comme un article de foi. Quelles accusations gratuites ! Le chat ne devient voleur qu'à force de privations, et si la bête est cauteleuse, c'est que son maître l'a rendue défiante à force de mauvais traitements. Lorsque vous accueillez chez vous un chat, que vous le traitez bien, il ne montre jamais de penchants à la petite rapine. L'erreur de l'homme est de vouloir obtenir l'obéissance de l'animal par la force. Cet état de fait demeure tout à l'honneur de l'animal. Il est impossible d'appliquer au chat les mêmes méthodes de dressage qu'au chien. Le chat ne se plie à aucune discipline, et rien n'est plus respectable qu'un caractère indépendant ainsi que le sentiment de la liberté. S'il n'accepte aucune contrainte, jamais il ne quémande de faveurs : il est donc logique avec lui-même. Et si, pour un peu de nourriture et le gîte, Sa Majesté le chat consent à nous protéger des rongeurs, il nous accorde aussi sa présence affectueuse mais discrète. De quoi peut-on se plaindre ? Ne sommes-nous pas largement payés ?

Combien de fois n'avons-nous pas entendu que le chat montre plus d'attachement pour sa maison que pour ses maîtres ? Cette phrase n'est vraie que pour l'homme qui le veut bien, c'est-à-dire pour celui qui refuse au chat toute vie intime au sein du foyer. Occupez-vous de votre chat, mêlez-le à votre vie familiale et il vous exprimera sa joie par des effusions. Il recherchera votre présence et il abandonnera sans l'ombre d'un regret un gîte pour un autre si, dans ce dernier, se trouve son ami, c'est-à-dire VOUS. Par contre, si vous êtes indifférent à sa personne, ne soyez pas étonné de le voir préférer les murs de la maison. Donnez-lui donc l'occasion de s'attacher à votre personne.

Enfin, nous croyons que les vrais amis du chat sont ceux qui respectent en lui le sentiment de liberté, d'indépendance et de résistance à tout asservissement.

Evidemment, on ne peut nier certains des reproches qu'on adresse au chat. Il est parfois capricieux, il a des sautes d'humeur, des exigences. Mais c'est par-là qu'il est vraiment intéressant pour peu qu'on ne cède pas à tous ses caprices. Il a parfois des inspirations soudaines qui lui font se tirer d'une situation difficile.

Nous entendons encore d'autres récriminations : sa fameuse ingratitude, sa perfidie, le coup de dents ou de griffes... mais vous-même, n'avez-vous jamais protesté lorsqu'on vous a pris à rebrousse-poil ? Et encore... vous, vous avez la parole pour vous faire comprendre, pour dire à l'importun que vous désirez le voir s'éloigner ! Mais l'animal que l'on agace dispose de peu de moyens, et s'il proteste, c'est à sa manière. Il s'agit là de la simple réaction d'un animal qui ne désire pas être ennuyé. D'ailleurs, ces instants de mauvaise humeur sont rares. Nous contestons donc le jugement de Buffon sur la perfidie du chat, sans pour autant vouloir lui chercher à tout prix des excuses. Il suffit simplement de connaître ses mœurs pour comprendre certaines manifestations intempestives qui ne peuvent être que l'expression d'une sensibilité très vive.

Il faut admettre que le chat, quand on parle de domesticité, ne peut en aucune façon être comparé au chien. Au lieu d'employer le mot « domestiqué », nous userons donc plus volontiers d'un terme plus juste : apprivoisé. La nourriture et les caresses qu'on donne au chat ne peuvent développer en lui de la reconnaissance. Il sait donner son affection, sans arrière-pensée, mais son instinct sauvage n'est jamais supprimé. Même s'il est suffisamment nourri, il peut courir les champs et les bois pour découvrir les couvées et les oiseaux. Très doux et très caressant pendant sa jeunesse, il peut le demeurer si vous le traitez avec bienveillance. Sinon, il reprend son naturel sauvage et il revient à ses mœurs solitaires. Son affection n'est pas égoïste ni intéressée. Elle est toujours sincère, et s'il s'attache à quelqu'un, ce n'est jamais par intérêt ou pour en retirer des caresses.

Une bonne mère

L'instinct de la maternité est bien développé chez la chatte. Avant de mettre ses petits au monde, elle cherche, en général, un endroit isolé pour y préparer son nid. Elle cache sa retraite, même au mâle, jusqu'à ce que ses chatons soient à même de marcher.

Dès la naissance, elle abandonne son coin familier pour surveiller ses petits. Vous ne la voyez que pour prendre ses repas. Finies les caresses, car elle retourne en hâte protéger, réchauffer et allaiter sa nichée. La chatte en semi-liberté cache avec soin le lieu où elle a déposé ses jeunes. Pour s'y rendre, elle change d'itinéraire et elle devient soucieuse lorsque sa retraite est découverte. Si ses chatons sont menacés, elle les saisit par le cou et déambule, la tête relevée : un à un, ils sont ainsi transportés au nouveau gîte qu'elle s'est choisi.

Lorsqu'ils commencent à marcher, elle les accompagne et ne relâche jamais sa surveillance. Elle les corrige lorsqu'ils désobéissent, mais sait les défendre farouchement en cas de danger.

La question de l'intelligence

Elle a fait l'objet d'un nombre considérable d'écrits, d'expériences et même de discussions. Cela suffit à montrer que le problème n'a pas été résolu.

Quelles sont les thèses en présence ? Les animaux et les chats en particulier sont-ils de purs automates ? Leur instinct est-il si subtil qu'il dépasse notre raison ? Chaque thèse fournit des arguments aussi sérieux que divers. En fait, comment imaginer ce qui se passe dans le crâne d'un animal ? Nous ne pouvons juger les réactions du chat que par comparaison avec ce qui se passe en nous dans une situation déterminée. Or, quel est le procédé courant d'investigation ? On prend un animal et on le place dans des conditions qui ne se retrouvent pratiquement jamais dans la nature. Les scientifiques observent son attitude et ils concluent ainsi sur ses qualités intellectuelles. A notre sens, ces procédés ne peuvent donner que des résultats erronés. Il faudrait au contraire avoir la possibilité de suivre le chat pas à pas dans son domaine, sans qu'il puisse s'en douter, faire preuve de patience et observer son comportement dans toutes les situations de sa vie naturelle.

Le chat est d'un naturel défiant. Si, après avoir commis quelque méfait, il se fait corriger, on peut le rappeler, lui présenter un morceau de viande : il regarde, écoute, mais se garde bien de se rapprocher. Ceci dénote une certaine forme d'intelligence. En outre, si l'on jette à un chat un morceau de viande, il accourt et le prend si l'on se trouve à quelque distance ; mais il n'ose saisir le morceau s'il est tombé près des pieds. Observez-le ! Il allonge la patte en hésitant, le tire vers lui tout en s'avançant le moins possible.

Le marquis de Nadaillac nous conte qu'un secrétaire de l'Ambassade de France en Angleterre, se promenant un jour dans les rues de Londres, remarqua un chat qui, doucement, vint se frotter le long de sa jambe. Il n'y fit d'abord point attention. Mais, l'animal renouvelant son manège à plusieurs reprises, il se mit à l'observer. C'est ce que le chat attendait certainement. Par l'expression de son regard, il demanda à être suivi, ce que fit le secrétaire, et, quelques mètres plus loin, il vit l'animal se poster devant une maison. Il se dirigea vers la porte d'entrée et sauta après la sonnette comme s'il désirait l'attraper. Très intrigué, le secrétaire sonna et raconta l'aventure à la personne qui vint ouvrir. Cette dernière lui confirma que le chat était coutumier du fait et qu'il agissait ainsi lorsqu'il voulait rentrer dans la maison de ses maîtres.

Un autre auteur, Conch, affirme avoir connu un chat qui avait trouvé le moyen d'ouvrir une armoire dans laquelle se trouvait la bouteille de lait.

Romanes possédait un chat qui, à plusieurs reprises, pouvait ouvrir une porte. L'animal se dirigeait vers celle-ci et, d'un bond, s'accrochait à la poignée en forme d'anse et faisait sauter la gâchette. Puis, il repoussait la porte.

Otto raconte qu'un chat appartenant à un certain M. Parker Bowman, étant habituellement enfermé dans une pièce n'offrant, comme issue, qu'une fenêtre à charnière fermée par une traverse à pivot, trouvait le moyen de prendre la clef des champs. Quand il voulait sortir, il sautait sur l'appui de la croisée, s'allongeait le plus possible afin d'atteindre la traverse, lui donnait alors une position verticale et pesait de tout son poids sur la fenêtre qui s'ouvrait.

M. James Stewens, juge au nouveau Brunswick, se promenant un jour d'hiver dans son jardin où la neige recouvrait le sol d'une couche épaisse, vit un rouge-gorge se poser sur l'une des basses branches d'un arbre, à environ un mètre du sol. Un chat qui rôdait l'aperçut et s'approcha doucement et à peu de distance de l'oiseau. Mais, comprenant que la neige l'empêcherait de prendre son élan pour atteindre cette proie, il chercha d'abord à la faire envoler vers un lieu plus favorable. Le rouge-gorge, engourdi par le froid, ne bougeait pas. Cependant, au bout d'un certain temps, il s'envola plus loin. Le chat le suivit aussitôt mais en faisant un détour. Il se cacha derrière des buissons puis, d'un bond, s'élança vers l'oiseau... et le manqua malgré ses ruses.

Citons encore un exemple, tiré de l'ouvrage de Romanes sur *L'intelligence des animaux* : un chat s'était pris d'amitié pour un perroquet. Celui-ci était resté seul dans la cuisine. Tout à coup, la cuisinière, qui était à l'étage supérieur, voit le chat venir vers elle, miaulant et la tirant par son tablier pour lui demander de descendre. Elle le suit et voit, dans la cuisine, le perroquet appelant et battant des ailes, empêtré dans une terrine de pâte qu'elle avait laissée pour la faire lever.

Bouviller rapporte également l'histoire d'un chat élevé dans un couvent. Il avait remarqué que lorsque la sonnette tintait, le moine portier, en même temps cuisinier, prenait de la nourriture et la portait à de pauvres gens qui attendaient à la porte. Un jour, le chat alla se pendre à la sonnette. Tandis que le cuisinier s'absentait, il en profita pour saisir un morceau de viande et l'emporta. Le manège se renouvela chaque jour et ces faits auraient pu durer longtemps si le chat n'était point gourmand. En effet, il jeta un jour son dévolu sur une grosse côtelette réservée au prieur. Ceci le perdit, car le cuisinier découvrit l'os laissé dans un coin de la cuisine, après la dégustation du larcin. Inutile de faire remarquer au lecteur que, depuis lors, la cuisine fut interdite à l'animal astucieux !

E. Menault, dans son ouvrage *Intelligence des animaux*, raconte qu'un chat allait se promener chaque soir sur les toits ; lorsqu'il désirait rentrer, il sautait après le cordon de la sonnette.

Ce ne sont là que des exemples. En fait, il est difficile d'étudier l'activité psychique d'un chat. On soumet, nous l'avons vu, l'animal à des expériences dans des conditions anormales, et les résultats ne peuvent être que viciés. Les tests en laboratoire sont faciles à employer, mais ils sont réalisés en dehors de la nature. Pourquoi diriger l'emploi des facultés de l'animal hors des réalités ? Chaque sujet possède une réaction particulière en fonction d'un problème, et c'est d'abord là qu'il faut, par l'observation, trouver une preuve d'intelligence. Un réflexe inconscient, dans tous les cas, demeure le même en fonction d'une situation provoquée artificiellement. Par contre les actes intelligents se manifestent dans les circonstances où les activités de l'animal s'exercent dans le cadre de sa vie habituelle, c'est-à-dire dans l'accomplissement de ses instincts.

Un compagnonnage inattendu !

Une mémoire excellente

C'est surtout exact en ce qui concerne la mémoire des lieux. Il est extrêmement difficile de désorienter un chat quand on veut s'en défaire. A plusieurs reprises, transporté, la nuit, à une vingtaine de kilomètres, un chat encombrant dont on voulait se défaire en le perdant dans les bois fut de retour au logis avant même l'arrivée de ses maîtres.

Fabre, qui fut amené incidemment, au cours de ses expériences sur le retour au logis de certains insectes, à s'occuper de chats, a vu, à deux reprises, ces animaux retrouver la maison, malgré la distance et l'inconnu des lieux à parcourir.

Ce phénomène est dû, chez le chat, à sa capacité de tout enregistrer. Toujours méfiant et sur le qui-vive, il écoute, observe et retient.

En cette matière, les faits positifs sont innombrables, mais ne croyez à rien de surnaturel. Le chat fait simplement appel à ses sens : vue, odorat, et ouïe. Observez-le dans la nature. Avant de s'engager en terrain inconnu, il en explore tous les recoins, tous les détours, car il sait que sa vie dépend de la connaissance des lieux.

Il se souvient aussi de celui ou de celle qui l'ont maltraité, même après plus d'un an. Mémoire sensorielle ? Mémoire affective ? Ce qui est certain, c'est qu'il éprouve des sensations, qu'il les retient et qu'il est à même de faire la part des choses.

Adroit et astucieux

Adresse, habileté, sens de l'équilibre... autant de qualificatifs qui désignent le chat.

Est-il encore besoin de souligner la sûreté de ses réflexes ? Chacun de nous peut conter à ce sujet sa propre anecdote. Regardez un chat circuler entre les potiches sur la cheminée et s'étendre, sans les renverser. Ses mouvements sont harmonieux et son agilité est surprenante. Il avance à pas souples, mesurés, marchant avec légèreté sur ses pattes veloutées.

Nous avons vu précédemment combien les chats sont habiles à se débrouiller pour atteindre leur but. Ils savent ouvrir des portes, s'adapter aux circonstances et même pêcher le poisson d'un rapide coup de patte !

Le chat nous prouve son astuce en toute occasion. Ne suffit-il pas de le surveiller et de l'observer lorsqu'il guette une souris ou un oiseau ? Ces jeux sont cruels, certes, mais n'en accusons point le chat qui suit son instinct. L'anecdote du docteur Lafourcade à ce propos est typique. Pour empêcher son chat de faire la chasse aux oiseaux, il attacha au cou de son matou un grelot. Bien entendu, dès le premier jour, les oiseaux furent avertis de l'arrivée de leur ennemi. Mais le chat comprit très vite que, s'il se précipitait tête baissée, la sonnette deviendrait muette.

Type de l'animal chasseur, il demeure toujours en alerte, aux aguets et à l'écoute. Suivez-le dans sa chasse. Ce qui frappe le plus, ce sont ses multiples détours, son utilisation du moindre obstacle pour se cacher avant de sauter sur sa proie. Il tire de ses dons naturels le meilleur parti, et ne se laisse jamais détourner de son but par des sollicitations extérieures et accessoires.

Curieux mais prudent !

C'est absolument vrai ! Le chat est curieux de tout objet nouveau et toujours disposé à explorer les moindres cachettes.

Investigateur, il lance prudemment un coup de patte. Puis, prudent, il s'approche en reniflant de l'objet qui attire son attention. Observez-le et vous verrez comment il s'intéresse à la nouvelle acquisition disposée dans la maison. Déposez un paquet par terre : il tourne autour d'un air circonspect, le renifle et tente une approche. Curieux du timbre de la sonnette, il est le premier à la porte, quitte à disparaître rapidement si le visiteur lui est antipathique. Se poste-t-il à la fenêtre, il observe les mouvements de la rue, de l'activité des passants à celle des voitures, et il peut y demeurer pendant des heures.

Mais curiosité n'empêche pas prudence !

Le chat ne s'aventure jamais sans prendre de multiples précautions. Face à un danger, il se mettra d'abord en sûreté, en quelque refuge. De cette situation élevée, il va considérer la position où il se trouve. Acculé, il n'hésitera pas à se défendre avec courage mais en essayant d'abord de faire peur à son attaquant. D'où le gros dos, la queue touffue, dressée, et les crachements.

Un ami fidèle

Très peu démonstratifs, les chats sont cependant attachés à leur entourage tout en demeurant, ataviquement, des solitaires.

Si leurs maîtres les traitent bien et leur montrent des attentions, leur affection ira croissant. Par contre, si on les délaisse,

Chien et chat peuvent faire bon ménage.

ils vont réagir en conséquence.

Quoi qu'en dise Buffon, le chat est fidèle, tout autant que le chien, mais d'une manière différente. De nombreux faits prouvent qu'il est capable d'attachement et de dévouement à ses maîtres.

Citons, parmi tant d'autres, ce fait réel, devenu classique chez les auteurs. Le célèbre cheval arabe Godolphin, l'un des créateurs du pur-sang anglais, était lié d'amitié avec un chat noir. En 1753, lorsque le cheval vint à mourir, le chat demeura près du cadavre de son ami jusqu'à ce qu'il fût enlevé. Peu de temps après, il fut ensuite retrouvé mort dans une grange voisine de l'écurie.

Combien de chats n'ont-ils pas attendu leurs maîtres et ce parfois durant de longues semaines ! Avaient-ils été « oubliés » volontairement à l'époque des vacances ? Amaigris, la peau collée aux os, ils étaient demeurés dans le voisinage du gîte où ils avaient été heureux, dans l'attente du retour des êtres chers.

Non servile, le chat demeure digne et fier. Jamais il ne viendra quémander des caresses. Si ses maîtres le négligent, il sera peut-être désorienté, mais il demeurera attaché.

Ce qui ne l'empêche pas d'être jaloux !

Les chats sont souvent jaloux pour des raisons étranges et inexplicables. Mais cette jalousie n'est pas démonstrative. Elle demeure discrète et peut se traduire par de simples bouderies.

Chat et chien

Le plus répandu des préjugés est celui qui, dit-on, oppose chien et chat. En fait, il suffit, pour les voir faire bon ménage, de les accoutumer très jeunes à ce mode de vie en commun et surtout de ne pas inutilement exciter ces animaux les uns contre les autres.

IX

Les races de chats

Ce qui nous intéresse, c'est de connaître de quelle manière apparaissent les chats et comment se créent les différentes races.

Il y a quelques années, les auteurs se basaient encore sur l'idée ancienne selon laquelle chaque type d'animal domestique aurait nécessairement eu un ancêtre sauvage. Cette idée aujourd'hui est écartée et, pour ce qui est du chat, comme nous l'avons vu précédemment, on ne sait pas avec exactitude d'où il vient.

Etablissons une distinction !

Le terme « race » n'a pas le même sens pour les éleveurs que pour les naturalistes.

Ceux-ci, lui donnant son exacte signification biologique, appliquent donc ce terme aux différentes variétés d'une même espèce qui sont fixées par l'hérédité.

Les éleveurs au contraire donnent au terme « race » une interprétation large et plus ou moins imprécise. C'est ainsi qu'ils y font entrer des notions de couleur, de pelage, de taille, de longueur du poil, de forme de la tête, de hauteur de l'animal et de poids. De ce fait, les races deviennent plus nombreuses pour les éleveurs que pour les zoologues.

On a pensé qu'il n'y avait dans nos pays qu'une seule race de chats, dite « ordinaire ». Cependant, certains auteurs en reconnaissent deux bien établies. On ne peut qu'accepter cette affirmation, car les arguments qu'ils font valoir, à la suite de R. I. Pocock, ont une valeur certaine.

Examinez les chats « communs » (nous ne leur donnerons pas

d'autre nom pour l'instant) qui vivent à nos côtés et, particulièrement, les formes tachetées ou rayées qui rappellent le type « sauvage ». Vous vous apercevrez qu'il existe deux sortes de pelages bien différents.

L'un présente des raies verticales sur les flancs. Plus ou moins visibles, elles se brisent souvent sur les cuisses en une série de petites taches. Une ligne descend des épaules sur la poitrine, en formant un collier. La raie dorsale est étroite.

L'autre type possède sur la tête quatre lignes minces, dont celles qui sont latérales s'écartent vers l'extérieur en descendant sur le cou. D'autres lignes, bien marquées, se retrouvent sur le dos, dont la médiane, plus étroite, se prolonge jusqu'à l'extrémité de la queue. Par contre, les raies transversales se détachent sur les membres, tandis que trois larges bandes obliques occupent les flancs : la bande supérieure est très marquée et doublée à l'arrière ; la bande inférieure est plus courte et la médiane souvent réduite à une simple tache. Ces trois rayures caractéristiques donnent une forme spiralée, ou encore une sorte d'anneau qui peut parfois être fermé. Les figures ci-dessous montrent bien les différences entre ces deux types de chats.

Selon l'auteur précédemment cité, le dernier spécimen — à

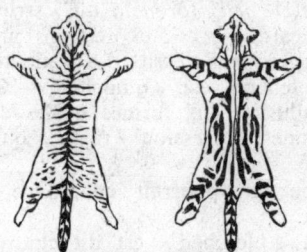

A gauche, le type « torquata » (chat tigré) ; à droite, le type « catus » (chat annelé).

bandes longitudinales — est celui qu'a décrit Linné et auquel il a donné le nom de *felis catus*. Il présente ainsi son signalement : « ... Corpore fasciis negretantibus ; dorsali lens longitudinalibus tribus ; lateralibus spiralibus... ». Ce sont justement ces trois lignes latérales qui sont caractéristiques et qui ne se présentent jamais chez aucun félidé sauvage.

Le premier spécimen, lui, se rapproche plus du chat africain et l'on pourrait en déduire que cette espèce serait à l'origine — mélangée ou non avec d'autres types — de notre chat commun rayé. En tout cas, il semble bien qu'il fut longtemps le seul connu dans nos pays si l'on se reporte aux représentations conservées.

R. I. Pocock propose de lui donner le nom de *felis torquata* appliqué par Cuvier à une variété indienne, mais plus justifié par la présence du « collier ».

Quant au *felis catus*, sa filiation est plus incertaine. On ne le voit apparaître en Europe qu'au XVIIIe siècle et sa domestication est récente. Est-il le produit d'un métissage avec une variété exotique ? Ou le descendant d'une espèce disparue ?

Toujours est-il que ces deux spécimens peuvent se croiser et donner par la suite des produits féconds. Mais on a remarqué que l'un des deux pelages domine toujours par rapport à l'autre, sans s'y mélanger, offrant ainsi toute une gamme de dessins intermédiaires que la science de la génétique commence à bien connaître. Mais nous n'allons point entraîner nos lecteurs dans les détails techniques d'une étude plus poussée, car ce travail dépasserait le cadre de ce volume. Disons simplement que les faits décrits précédemment sont bien la preuve de l'origine différente de ces deux types de chats.

En dehors des noms latins, on appelle encore le *felis catus* un « blotched cat », et le *felis torquata* un « striped cat ». En fait, la traduction française de ces expressions anglaises s'applique difficilement aux spécimens décrits. La traduction la plus directe pour le mot « blotched » est « moucheté ». C'est-à-dire que le mot anglais fait allusion aux formes ovales des rayures, tandis que « striped » donne l'expression « rayée » qui désigne les traits verticaux du pelage.

Pour le profane qui pourrait confondre tous ces termes, précisons donc que :
- le *felis catus* ou « blotched » est dit chat annelé ou encore marbré et porte trois raies dorsales parallèles et des marques spiralées sur le reste du corps, par opposition au
- *felis torquata* ou « striped cat », c'est-à-dire chat rayé ou, plus justement, chat « tigré », qui présente une seule raie dorsale et des tigrures transversales.

Ajoutons, puisque nous en sommes à ces distinctions verbales, que les Anglais emploient encore le terme « tabby » pour les chats rayés ou présentant des « tigrures » ou marbrures plus ou moins irrégulières, mais toujours détachées sur un fond clair homogène.

Quelle que soit l'origine de la race, comment se fait-il que des animaux ayant des ancêtres à robe fauve tigrée puissent donner des descendants de toutes couleurs ? A l'état sauvage, de nombreuses espèces présentent des cas de mélanisme, d'albinisme ou d'érythrisme. C'est-à-dire qu'un animal, né de parents de teinte fauve et lui-même de cette couleur, peut acquérir avec l'âge ou

Chat « tabby ».

en venant au monde un pelage noir, ou blanc, ou roux. Cela par suite de modifications chimiques internes des pigments. Ainsi des chats ont-ils pu finir par constituer des sous-races effectives.

Rappelons que le *mélanisme* est le résultat d'un excès de pigment, tandis que *l'albinisme* dépend de l'effet contraire. C'est souvent une véritable maladie. Quelles en sont les conséquences ? Elles s'étendent jusqu'aux yeux qui prennent alors une coloration rouge. Parfois les ongles deviennent blancs et mous. Les animaux demeurent en état d'infériorité soit par suite d'un affaiblissement général, soit parce que leurs teintes, non en rapport avec le milieu ambiant, les désignent comme une proie plus facilement visible.

L'érythrisme, lui, est une prédominance du pigment roux sur le noir. Le dessin des marbrures ou des rayures peut persister entièrement, mais alors ton sur ton : roux sur jaune, par exemple.

En partant ainsi de ces trois teintes primordiales, blanc, noir et roux, on obtient la gamme des autres teintes du pelage. En effet, en mariant les teintes noires et blanches, un sujet peut présenter un gris moyen, foncé ou clair selon les proportions de chaque couleur, ou encore un fond blanc marqué de noir ou un fond noir taché de blanc.

Vous pouvez continuer en mariant un sujet blanc avec un roux et les descendants présenteront des teintes de pelage dans les gris chauds, depuis la couleur café au lait jusqu'à l'isabelle. Les roux et noirs donneront des teintes allant du bistre au brun et au terre de Sienne brûlée. Si maintenant vous mêlez ces teintes secondaires aux primaires, ou bien encore entre elles, puis avec des sujets rayés, vous obtiendrez toute la gamme des pelages félins.

Toutes ces combinaisons ne sont pas simplement le fait du hasard ou totalement désordonnées. Elles obéissent à certaines règles. Il est difficile de vous entraîner encore une fois dans des détails, lesquels ont certes leur importance, mais regardent surtout les spécialistes en génétique. L'essentiel est de savoir que les chats possèdent dans leur génotype une dizaine au moins de gènes de coloration, dont les uns peuvent présenter à eux seuls telle ou telle teinte pour le pelage, tandis que les autres, pour se manifester, ont besoin des gènes voisins.

D'autres facteurs agissent également sur le pelage. La température et l'alimentation ont une influence très nette.

C'est pourquoi les différences de longueur entre les pelages ne sont pas un critère auquel on puisse se référer pour établir une distinction de races. Certes, il y a des chats à poils longs ou courts qui ont une origine particulière. Mais ils se reconnaissent bien sûr par d'autres caractères. Vous trouverez, chez une même espèce, une épaisseur de pelage variable selon les climats.

Un exemple frappant est celui des jeunes Siamois : si leur régime en protéines animales est important, donc si vous leur donnez trop de viande, vous remarquerez bientôt, lorsqu'ils deviennent adultes, que le blanc de la fourrure ira en s'assombrissant.

Comme le dit très justement le docteur Méry : « Il faut convenir que les principes de la distribution pigmentaire nous échappent, et c'est pourquoi la création ou la reproduction dirigée de tel ou tel pelage restent encore trop souvent du domaine de l'inconnu. »

Les races sauvages

Bien que seuls les chats domestiques doivent être envisagés ici avec le maximum de détails, il est toutefois indispensable de donner quelques indications au moins sur les principales espèces sauvages. Car quelques-unes peuvent être assez régulièrement apprivoisées. D'autres encore sont également apparentées aux espèces domestiques.

Dans son ensemble, la classification des félidés sauvages est hésitante, notamment pour les petites espèces du centre de l'Asie et de l'Amérique du Sud. Songeons au fait qu'il y a de grandes variétés individuelles dans les pelages et que les teintes des robes sont différentes entre le sujet jeune et l'adulte. De ce fait, toute classification basée sur ces indications (dessins du pelage) ne peut être satisfaisante. En outre, on risquerait de séparer ainsi des animaux qui sont très voisins.

Si l'on désire classer les chats sauvages d'après leur répartition géographique, l'on rencontre également quelques difficultés. En

Autrefois le chat sauvage fut largement répandu en France.

effet, si certaines espèces de l'Europe ne se rencontrent pas en Amérique, il ne faudrait surtout pas en conclure que les types américains forment un groupement particulier. De même, de nombreux petits félidés américains sont voisins des types asiatiques. Enfin, certaines espèces sont communes entre l'Afrique et l'Asie. Chez les petites espèces, les croisements sont aisés et, de ce fait, compliquent les choses.

Pour élucider la question, nous nous sommes basé sur un simple classement alphabétique, sans tenir compte des diverses origines. Cette méthode est arbitraire, mais elle a au moins un avantage : la liste se compulse comme un dictionnaire. Aussi, lorsqu'il sera question d'un chat sauvage d'une façon générale, chacun saura rapidement de quoi il s'agit, avec une précision suffisante pour éviter de graves confusions.

Le chat sauvage d'Europe

Il diffère du chat domestique par une plus grande taille et des membres plus longs en fonction de son corps. La tête est globuleuse avec des oreilles dressés. L'œil est grand avec un iris d'une teinte jaune verdâtre et veiné. Le pelage gris-jaune est parsemé de taches brunes. Cinq marques noires partent du sommet de la tête vers la nuque. Les oreilles ont les extrémités noires et l'intérieur jaunâtre. Le dos présente une ligne médiane foncée avec des rayures noires obliques et sinueuses se portant vers les flancs. La queue a un aspect caractéristique en forme de massue. Elle est courte et plus touffue à son extrémité. Le pelage de celle-ci porte de sept à neuf anneaux sombres et se termine par un anneau d'une teinte noire. Le pied est noir jusqu'au talon.

Le chat sauvage habite le nord et le centre de l'Europe. Il est actuellement en voie de disparition, bien qu'autrefois il ait été très commun dans les forêts. Où peut-on encore le rencontrer ? Dans quelques grands massifs montagneux, les Pyrénées orientales, en Ardenne.

Le chat sauvage attaque les animaux vivant en forêt. Son habitat est situé dans les troncs d'arbres, les crevasses des rochers et les terriers abandonnés. Il est redoutable et très nuisible.

Le chat sauvage d'Afrique

La description des espèces de chats sauvages d'Afrique et leur répartition géographique varie selon les auteurs. La plupart des espèces répertoriées ne constituent pas des races, mais des variétés dues à des différences de pelages.

Chat sauvage d'Afrique.

Le chat sauvage d'Amérique

L'Amérique est la terre d'élection des chats sauvages, notamment dans les régions tropicales. Certaines espèces y sont voisines de celles d'Afrique et d'Asie. D'autres sont d'un type bien particulier.

Le chat sauvage d'Asie

Plusieurs espèces y sont communes avec celles d'Afrique. Les plus particulières sont le Chat Manul et le Chat marbré.

Les naturalistes reconnaissent plus ou moins soixante-seize espèces de chats sauvages. Leur approche et leur observation sont très difficiles et la documentation à leur sujet est assez sommaire. De toute façon voici, dans les grandes lignes, des indications concernant les espèces.

ANDES - Chat des

Egalement appelé *Chat de montagne,* il est une espèce d'Amérique du Sud. Il vit dans les montagnes du Chili, du Pérou, d'Argentine et de Bolivie. Son pelage est d'une teinte gris-brun,

Chat des Andes.

semé de taches foncées sur les flancs. La queue présente des anneaux sombres. La longueur est d'environ 1,20 mètre. Le Chat des Andes capture des rongeurs de taille petite ou moyenne.

BENGALE - Chat du

Il est le plus commun des félins habitant le Sud-Est asiatique : Bornéo, Java, Sumatra, Birmanie, Malaisie. Ces petits félins tachetés vivent dans les régions tropicales. Leur fourrure, assez claire, présente des rangées de taches foncées qui les rendent peu visibles. La teinte et les taches varient.

Leur habitat est très varié, allant de la jungle aux savanes boisées, des prairies aux forêts. On les rencontre également au nord de l'Inde, en Chine, au Thibet et en Sibérie orientale. Bons grimpeurs, il se nourrissent de gros oiseaux et de petits mammifères.

Chat du Bengale.

BORNÉO - Chat de

L'habitat du Chat de Bornéo est très restreint puisqu'il ne vit que sur cette île. Ses habitudes sont mal connues du fait qu'il s'agit d'une espèce très rare, vivant dans des lieux pratiquement inaccessibles.

C'est la seule espèce d'Extrême-Orient qui présente une four-

Chat de Bornéo.

rure d'une teinte presque unie dans le brun jaunâtre. Tout au plus remarque-t-on quelques petites rayures sur la tête. La face postérieure des oreilles est noire avec une tache blanche, et l'on retrouve une marque de la même couleur sur le côté inférieur du bout de la queue.

Le Chat de Bornéo est un peu plus grand que le chat domestique.

CARACAL *(Felis caracal)*

Son habitat est fortement réparti. Il comprend les déserts sud de l'Union soviétique, mais surtout le nord de l'Inde, l'Arabie, le Moyen-Orient, ainsi qu'une grande partie de l'Afrique.

C'est une bête assez fine, dont la longueur ne dépasse pas 60 centimètres. Ce chat se distingue des autres spécimens par sa silhouette élancée, ses tarses hauts, et aussi par ses grandes oreilles terminées par de longues touffes de poils. Sa robe est uniforme, d'une teinte fauve rougeâtre ou brun rougeâtre, plus claire sur le ventre. Il est marqué de noir à la lèvre supérieure, près de l'œil et aux oreilles. A noter : son aptitude à varier la teinte de son pelage en fonction du sol. D'autres chats fournissent des exemples comparables ; nous le signalerons au moment de leur description.

Le Caracal est capable d'atteindre une grande vitesse sur de petites distances, et il se précipite sur sa proie. En Asie, il se nourrit de pigeons, de lièvres, d'écureuils. En Afrique, il peut s'attaquer aux oiseaux et aux antilopes.

Il se caractérise par sa férocité. Farouche, son regard est étincelant. Pourtant, il peut s'apprivoiser et s'utiliser pour la chasse.

Dans l'ancienne Egypte, il était connu car il fut représenté sur des monuments. Mais il n'est pas prouvé qu'il fut domestiqué.

CHAT-TIGRE *(Felis tigrina)*

Il est également appelé *Chat-tigre américain* afin de le distinguer du Chat doré africain.

Il vit dans les forêts de Costa-Rica jusqu'au nord de l'Amérique du Sud. Les observations sur cette espèce sont rares. Disons que son pelage est tacheté.

Il se nourrit de petits mammifères et d'oiseaux, car il est un excellent grimpeur.

CHAUS *(Felis chaus)*

Cette espèce, appelée aussi *Chat de jungle*, se rapproche sensiblement du lynx. Remarque intéressante, puisque le Chaus est cité par certains auteurs comme l'une des sources de nos chats domestiques.

Le Chaus habite une grande partie de l'Afrique, de l'Asie du Sud et de l'Ouest. Il vit plus particulièrement en Egypte, en Asie Mineure, en Inde, à Ceylan, au Népal, en Birmanie, en Indochine, en Thaïlande, ainsi qu'à l'ouest et à l'est de la mer Caspienne.

Son pelage est gris-brun avec quelques fines raies. Il présente des anneaux noirs sur la queue, qui est courte. La face inférieure

Chaus.

du corps est blanche. Signalons particulièrement la touffe de poils qui orne les oreilles.

Il habite les fourrés et les forêts marécageuses des plaines. Il est souvent très actif la nuit. Le Chaus mange des oiseaux, des lièvres, des canards, des faisans. Près de l'habitat humain, il dévore les volailles.

Lorsqu'il est capturé très jeune, il peut s'apprivoiser.

CHINE - Chat de *(Felis Cieti)*

Découvert seulement à la fin du XIXe siècle, l'on ne possède encore que peu d'informations à son sujet.

Sa taille est celle d'un chat domestique et il semble vivre dans

Chat de Chine.

les parties semi-désertiques de la Mongolie et des provinces chinoises du Kan-Sou et du Se-Tchouan.

Son pelage est clair avec un dos gris jaunâtre ; les flancs sont plus sombres et le ventre est moins foncé. Il présente quelques taches, mais aucune raie, sauf sur la face. Sa queue porte plusieurs anneaux foncés et l'extrémité en est noire.

DIARD - Chat de *(Felis Diardis)*

Il habite Java. Sa longueur est de 90 centimètres. Son pelage est gris jaunâtre avec des taches noires sur le dos, le cou et les membres. Il présente sur les épaules, les cuisses et les flancs des anneaux noirs à centre gris. Il montre sur la queue des anneaux gris foncé.

DORÉ ASIATIQUE - Chat *(Felis Temmicki)*

Appelé également *Chat de Temminck,* il est souvent confondu avec une autre espèce, le Chat doré africain.

Le Chat doré asiatique habite la Birmanie, l'Indochine, la Malaisie, la Thaïlande, Sumatra, le nord de l'Inde et la Chine du Sud-Ouest.

Le Chat de Temminck est plus grand que le chat doré africain. Son pelage est d'une teinte brun doré et la fourrure est rase. La coloration du dos est légèrement plus foncée, et les flancs portent des taches sombres. La queue est unicolore, sans anneaux ni marques.

Il vit dans les forêts, au creux des rochers.

DORÉ AFRICAIN - Chat *(Felis aurata)*

Chat doré africain.

Il s'agit d'une espèce élégante mais peu répandue. Elle vit dans les forêts d'Afrique occidentale, le long de la côte de l'océan Atlantique, entre la Sierra Leone et le Zaïre.

Son pelage est ras, d'une teinte brun doré. Certains sujets ont une fourrure plus grise. La couleur du dos est légèrement plus foncée et les flancs présentent des taches sombres. La queue ne porte pas d'anneaux. Les oreilles ont la face postérieure presque noire.

EYRA - Felis

On le rencontre dans les forêts du Brésil et du Paraguay. Il s'apprivoise très facilement.

Son pelage est roux clair avec la mâchoire et les vibrisses blanches. Il présente une tache blanche de chaque côté du nez. Sa longueur est de 55 centimètres environ.

FAUVE - Chat *(Felis libyca)*

Ce Chat sauvage africain habite l'Afrique, de l'Algérie au Cap. Il vit également en Syrie et en Arabie.

On trouve de grandes différences dans les caractéristiques des spécimens. Cela est dû à la dispersion de cette race dans toute l'Afrique, ainsi qu'aux conditions variées de ses habitats.

GANTÉ - Chat *(Felis libyca maniculata)*

Le Chat ganté ou *Chat de Cafrerie* est très proche du précédent. C'est pourquoi certains spécialistes estiment que l'un et l'autre forment une même espèce.

Il semble être le Caracal à oreilles blanches décrit par Buffon. Il fut aussi appelé *Chat de Lydie, de Nubie*.

On le trouve dans le Nord-Est africain, dans la vallée du Nil, en Arabie, en Asie Mineure ainsi qu'en Sardaigne.

L'on croit qu'il a été apporté de Méroé en Egypte par les prêtres et que, de là, il fut introduit en Arabie, en Syrie, puis en Grèce et dans l'Empire romain. Il est vraisemblable que les anciens Egyptiens aient pu domestiquer le Chat ganté. Il semble que l'on peut rattacher cette espèce à certaines figures. D'ailleurs ce chat s'apprivoise assez facilement.

La partie supérieure de son corps est d'un jaune fauve rougeâtre qui s'éclaircit sur les flancs et se transforme en blanc sous le ventre. Une longue bande noire s'étend sur le dos, d'où partent des rayures étroites et brunes, traversant le tronc transversalement. La tête présente sept à huit bandes noires étroites et arquées. Les cuisses sont également marquées sur leur face externe de cinq à six bandes de même couleur. La queue est longue, d'un jaune fauve, et se termine par une pointe noire à son extrémité, tout en étant précédée de quelques anneaux de même couleur. La plante des pieds est noire.

Le Chat ganté est plus haut sur pattes que le spécimen précédent et ses teintes peuvent varier. Quelques-unes de ses variétés ressemblent beaucoup au chat domestique à pelage rayé et marbré.

Sa longueur est d'environ 80 centimètres, c'est-à-dire à peu près la taille de notre chat domestique, et son poids peut atteindre 4 kilos.

Il aime les régions boisées et il se ménage une habitation souterraine sous les buissons.

Il se nourrit de petits mammifères et d'oiseaux.

GEOFFROY - Chat de *(Felis Geoffroyi)*

Il doit son nom à Geoffroy Saint-Hilaire, zoologiste français du XIXe siècle.

Ce chat sauvage vit en Bolivie jusqu'au nord de la Patagonie, c'est-à-dire le sud de l'Argentine.

Chat de Geoffroy.

Son habitat se trouve au pied des hauteurs, dans les régions montagneuses froides.

Il fréquente le voisinage des arbres où il dévore les oiseaux car c'est un excellent grimpeur.

HARET - Chat

C'est le chat domestique, éloigné des habitations, qui est redevenu plus ou moins sauvage. Mais ne confondez pas le chat sauvage, dont la queue est courte et en forme de massue, avec le chat « errant » ou haret, qui a la queue longue et cylindrique.

Le Chat haret est un animal très nuisible. Il détruit les petits oiseaux et le gibier. Des mesures de police sont prises contre cet animal.

JAGUARONDI *(Felis jaguarondi)*

Ce félin un peu particulier habite l'Amérique depuis les Corrientes, le Paraguay, jusqu'au nord de Mexico.

Il a le corps allongé. Sa tête est petite et les oreilles sont

Jaguarondi.

arrondies. Le pelage est court, d'une teinte grise. Le poil est foncé près de la racine, noir en son milieu, allant jusqu'au gris plus clair à son extrémité.

Le Jaguarondi se tient dans les broussailles et à la lisière des bois. Il se nourrit de jeunes mammifères. On peut l'apprivoiser facilement, mais il faut le tenir à l'attache pour éviter ses rapines.

KODKOD *(Felis guigna)*

L'habitat de cet animal se trouve sur les contreforts des Andes au Chili.

Cette espèce particulière de chat sauvage ne dépasse pas 68 centimètres de long.

Kodkod.

Son pelage, gris-brun, présente des rangées de taches sombres. La queue porte des anneaux noirs.

Le Kodkod fixe son domicile dans les bois. Il se nourrit de petits mammifères.

LONGUE QUEUE - Chat à *(Felis Wiedi)*

Cet animal est d'une espèce voisine de l'ocelot. Il vit dans les grandes forêts du Brésil.

Sa taille est celle d'un gros chat domestique ; son pelage est très beau et diversement coloré.

LYDIE - Chat de

Voir Chat ganté.

MALAIS À TÊTE PLATE - Chat *(Felis planiceps)*

C'est l'un des plus petits chats sauvages. Son poids ne dépasse guère 2 kilos.

Il vit en Malaisie, à Sumatra et à Bornéo.

Son pelage est brun, pratiquement uniforme. Le poil est plus sombre dans la région dorsale et blanc au ventre. La queue est courte.

Ce chat vit au bord des cours d'eau et il se nourrit de petits oiseaux, de poissons et de grenouilles.

Chat malais à tête plate.

MANUL - Chat *(Felis Manul)*

Appelé aussi *Chat des steppes* et *Chat de Pallas* car il doit son nom au naturaliste Pallas qui le découvrit en 1778.

Son habitat s'étend des rives orientales de la mer Caspienne jusqu'en Iran, en Mongolie, au Thibet, ainsi que dans l'ouest de la Chine.

Cette espèce est plus grande que celle de notre chat sauvage européen, et surtout il est plus haut sur pattes. Mais ses mœurs sont identiques.

Son pelage présente un mélange de teintes jaune blanchâtre et brunes. Sa tête est tachetée de noir avec deux bandes noires également sur les joues. Son menton est blanc.

La queue longue et touffue porte des anneaux noirs ; son extrémité est noire aussi.

MARBRÉ - Chat *(Felis marmorata)*

C'est un spécimen rare. Il vit au Népal, en bordure de l'Himalaya, à Bornéo, à Sumatra, sans oublier la Birmanie et la Malaisie.

Chat marbré.

Le Chat marbré ressemble à la panthère, mais est d'une taille beaucoup plus petite rappelant celle de notre chat domestique. Sa queue est très longue.

Ses terrains de chasse de prédilection sont les cours d'eau, les clairières et les arbres.

MARGAY

Proche parent de l'Ocelot, il est aussi appelé *Chat-tigre de Wied*.

Il est assez commun dans les forêts de l'Amérique centrale et on le rencontre également en Argentine et au Paraguay.

Sa taille en longueur est d'environ 90 centimètres.

Son pelage beige se nuance de gris sur la tête et devient plus

Chat Margay.

sombre dans la région dorsale. Les joues et le sommet du crâne sont d'une couleur plus jaunâtre avec quelques taches blanches entre les yeux. La fourrure présente des taches et des raies noires très apparentes qui se rejoignent à l'extrémité de la queue pour former des anneaux.

Il se nourrit d'oiseaux qu'il chasse dans les arbres.

MARGUERITE - Chat du Général *(Felis Margarita)*

Chat du Général Marguerite.

Cette espèce vit dans les régions semi-désertiques du Maghreb, d'Arabie, du Moyen-Orient et au Turkestan.

Sa taille est celle de notre chat domestique. Son pelage est unicolore, sauf sur les pattes qui présentent quelques faibles rayures. La teinte du pelage varie du beige au gris-brun. L'oreille porte une tache noire et la queue trois anneaux sombres dont le dernier recouvre l'extrémité.

Il chasse les lièvres, les écureuils et les petits rongeurs.

MINUTA - Felis ou Chat de Temminck

Voir Chat doré asiatique.

NUBIE - Chat de

Voir Chat ganté.

OCELOT *(Felis pardalis)*

Il vit dans les forêts épaisses de l'Amérique centrale et du Sud jusqu'au Paraguay. Il est plus rare au sud des Etats-Unis.

Cet animal de grande taille peut peser jusqu'à 17 kilos et sa longueur est d'environ 1,35 mètre. Sa fourrure est très belle, vivement colorée, parsemée de taches. Le dos est parcouru de raies longitudinales noires. Les membres présentent également des taches ainsi que la queue. Le ventre et la face interne des pattes sont blancs.

ONDÉ - Chat *(Felis undata)*

Il fut trouvé à Java et il a été décrit par Boitard.

Le Chat ondé présente un pelage gris mat rayé de petites bandes brunes. Il possède des pieds palmés : en effet, les doigts se trouvent réunis par une membrane.

Reportez-vous aussi au Chat Viverrin ou Chat pêcheur.

PALLAS - Chat de

Voir Chat Manul.

Chat de Pallas.

PAMPAS - Chat des *(Felis Colocolo)*

Appelé aussi *Kudmu*, c'est une espèce très mal connue.

Il est appelé à disparaître car ce chat ne s'adapte pas aux perturbations de la civilisation humaine. Autrefois, il était très courant dans les pampas d'Argentine et d'Uruguay.

Chat des pampas.

De la taille d'un chat domestique, son pelage est gris et cette teinte s'éclaircit au ventre. Il est parsemé de taches brunes. Sa taille est celle du chat domestique.

Il mange de petits mammifères et des oiseaux.

PÊCHEUR - Chat *(Felis viverrina)*

ou TARAI
ou CHAT VIVERRIN

Il habite les Indes, le Népal, le sud de l'Himalaya, le Siam,

Ceylan et Formose, l'Indochine, Java et Sumatra. On le trouve généralement près des fourrés humides, au bord des fleuves et des marécages, car il se nourrit d'animaux aquatiques, de mollusques d'eau douce et de poissons. Mais il peut aussi prendre comme proie des oiseaux et de petits mammifères. C'est un chasseur intrépide et un animal dangereux.

Sa longueur est de 80 centimètres et son poids atteint de 8 à 9

Chat pêcheur.

kilos. Son pelage est d'un gris fauve qui vire parfois au roux. Le ventre est clair. La région dorsale porte quatre rangées de taches noires qui se terminent en bandes sur le haut de la tête. Les joues sont rayées et une bande entoure la gorge. L'arrière des oreilles est noir. La queue porte de huit à neuf anneaux noirs. Ses doigts sont légèrement palmés.

PIEDS NOIRS - Chat à *(Felis nigripes)*

ou Chat à PATTES NOIRES

Ce chat, qui vit en Afrique, dans le désert du Kalahari et au Betchouanaland, représente la plus petite espèce de chat sauvage connue actuellement. Il est un des plus proches « parents » du chat domestique.

Son pelage est d'une teinte fauve pâle, devenant blanche au

Chat à pieds noirs.

ventre et sur la face intérieure des membres. Le corps présente des taches brunes ou noires qui se réunissent pour former des rayures sur la nuque et les épaules. La queue porte une raie médiane d'un brun noirâtre, avec trois anneaux et la pointe noire. Les soles des pieds sont noires.

ROUILLEUX - Chat *(Felis rubiginosa)*

Un peu plus grand que le chat du Bengale, il vit à Ceylan et dans les régions du sud des Indes.
   Son pelage roux présente des bandes de taches brunes.

Chat rouilleux.

Il vit dans les broussailles bordant la jungle, mais ne pénètre jamais dans celle-ci. Les jeunes s'apprivoisent facilement.

SCRIPTA - Felis

On le trouve en Chine occidentale où il habite les montagnes du Moupin.
   Son pelage est d'un gris fauve avec des taches en roses dont le centre prend une couleur fauve plus vive. La queue est peu touffue et annelée.

SERVAL *(Felis serval)*

Le Serval est très répandu dans toute l'Afrique, mais plus particulièrement au sud du Sahara.
   Son aspect général est légèrement différent de celui des autres chats, assez cependant pour qu'on en ait fait un type d'un genre spécial. En effet, il présente des caractères physiques qui le

situent entre les chats et les lynx. Sa silhouette est élancée. Sa tête est longue et porte de grandes oreilles pointues, mais sans touffe de poils dans leur prolongement. Sa queue est très courte. Son pelage est épais, rude et long. La teinte est généralement fauve clair. Les extrémités des membres sont blanches. Quatre bandes minces, qui se prolongent en taches allongées, marquent la tête, le cou, ainsi que le garrot. Les flancs sont tachetés. Les membres portent des marques transversales noires. Des bandes,

Serval.

noires également, se présentent sur les joues et s'étendent sous la gorge. La queue porte sept à huit anneaux noirs.

Le Serval s'attaque aux lièvres, aux oiseaux, et même aux jeunes ruminants, car un Serval de taille moyenne pèse environ 17 kilos.

Un point intéressant : il est très doux et il s'apprivoise facilement, à part de rares exceptions.

TARAI - Chat

Voir Chat pêcheur.

TEMMINCK - Chat de

Voir Chat doré asiatique.

TIGRILLO

Voir Chat-tigre.

TRISTIS - Felis

Ce chat de Chine, décrit par Milne Edward, présente une fourrure d'un gris ardoise, marquée de taches foncées disposées en larges rosaces. La queue est assez touffue et elle montre des bandes transversales annelées.

VIVERRIN - Chat

Voir Chat pêcheur ou Tarai.

Les races domestiques

D'après Trouessart, « le chat domestique se croise assez volontiers avec les espèces sauvages de même taille, habitant le pays où on l'introduit, surtout lorsqu'il retourne à l'état demi-sauvage, et ces unions, généralement fécondes, donnent naissance à des variétés nouvelles qui peuvent se multiplier à l'infini ».

Ces croisements ont été observés en Ecosse par Sir W. Jardine, et en Angleterre par Blyth. Ce dernier assure même qu'au moment de l'introduction du chat domestique en Angleterre, celui-ci, très rare, s'est croisé assez souvent avec le chat sauvage dit *felis sylvestris*.

J. G. Saint-Hilaire relate le croisement d'une chatte domestique avec le Chat sauvage ganté, le *felis lybica*, et Jeitteles signale le même fait en Hongrie. Sir W. Elliot a rencontré, près de Madras, des métis provenant du croisement du chat domestique avec le *Chaus*, caractérisés par une large rayure brune au côté interne de l'avant-bras. Il a souvent retrouvé cette rayure sur l'avant-bras des chats domestiques des Indes. A Hansi, également dans cette région, d'après le docteur D. Short, un grand nombre de chats domestiques ne peuvent plus être distingués du chat sauvage.

Les mêmes faits ont aussi été observés par E. Layard aux Indes et au Paraguay. D'après Darwin, à La Plata ainsi qu'en Europe, les chats qui reprennent la vie sauvage sont régulièrement rayés. Parfois, si leur taille est plus élevée, ils ne partagent aucune autre particularité avec le chat domestique.

Il faut reconnaître qu'on ne rencontre pas chez le chat des races aussi nettement différenciées que chez le chien, par exemple. Ceci tient aux mœurs vagabondes et nocturnes de l'animal. Il est difficile, pour ne pas dire impossible, de faire de la sélection sans surveiller les croisements.

Races à queue normale
- Oreilles petites et dressées
  - Pelage court, Peau blanche ou pie avec robe :
    - grise — *Chat commun*
    - fauve — *Chat d'Espagne*
    - gris clair, dessous des pattes noires — *Chat cypriote*
    - mélangée de rouge et de bleuâtre rappelant celle de l'isatis — *Chat du Cap*
    - — *Chat islandais*
  - Peau noire . . . — *Chat de Gambie*
  - Pelage long et laineux :
    - Robe grise avec reflets bleuâtres . . . — *Chat des Chartreux*
    - Robe uniformément rougeâtre . . . — *Chat de Tobolsk* / *Chat du Khorassan*
    - Robe brunâtre . . . — *Chat du Caucase*
  - Pelage long et soyeux :
    - Robe couleur crème, oreilles, masque, pattes et queue loutre . — *Chat de Birmanie*
    - Robe d'autres couleurs — *Chat d'Angora*
- Oreilles pendantes . . . . — *Chat chinois*

Race à queue courte, parfois déjetée de côté, conique ou terminée par une nodosité . . . — *Chat de Malaisie ou de Siam*

Race sans queue (anoure) . . . . . . — *Chat de l'île de Man*

La classification des chats

En tenant compte des faits exposés précédemment et comme, en plus, les origines du chat restent encore bien méconnues, vous voyez qu'il est malaisé d'établir un système de classification rigoureuse et définitive.

A titre d'exemple, nous vous donnons ci-après une classification du professeur Cornevin, établie selon la *morphologie* des différentes variétés de chats.

La classification des races domestiques est donc faite d'une façon tout arbitraire. Elle peut être également établie d'après la couleur et la longueur du pelage.

Classement du National Cat Club de Londres

Cette association, qui est une des plus importantes, distingue d'abord deux catégories principales : les *chats à poil court* et les *chats à poil long*.

Dans le premier groupe, ces spécialistes distinguent les Siamois, les « Manxes », c'est-à-dire les chats de l'île de Man, les Abyssins et quelques autres variétés secondaires. Parmi le second groupe, est réservée une place spéciale aux Persans ou aux Angoras.

Ensuite, ils reclassent chacun de ces groupes selon les dessins du pelage et les diverses colorations.

Les « tabbies » viennent en premier lieu ; puis les chats qui sont marqués irrégulièrement ou de teintes uniformes. Dans cette division, nous remarquons les nuances suivantes : noir, fumée, sable, bleu, orange, chamois, crème, argenté, écaille... Enfin, les Persans offrent également un choix semblable de teintes.

Reconnaissons que ce classement est logique, dès que l'on ne tient pas compte des règles scientifiques.

Classement de la Fédération féline française

Voici, à titre d'exemple, le classement proposé par cette Association :

1° CHATS À POIL COURT

EUROPÉENS
- couleur unie
  - blanc, yeux orange
  - blanc, yeux bleus
  - noir
  - crème
  - roux
- tricolore
  - écaille
  - écaille et blanc
- marbré (tabby)
  - roux
  - argenté
  - brun
- tigré
  - roux
  - argenté
  - brun
- Chartreux bleu (yeux orange)
- Bleu russe ou américain ou Chat de Malte (bleu, yeux verts)

SIAMOIS
- brun *(seal point)*
- bleu *(blue point)*

ABYSSIN

CHAT DE L'ÎLE DE MAN

2° CHATS À POIL LONG

PERSANS
- yeux orange
  - couleur unie
    - noir
    - blanc
    - bleu
    - crème
    - roux
  - coul. mélangées (2 couleurs)
    - bleu crème
    - fumé
  - coul. mélangées (3 couleurs)
    - écaille
    - écaille et blanc
  - coul. marbrée (tabby)
    - roux
    - brun
- yeux bleus
  - coul. unie — blanc
- yeux verts
  - coul. tiquetée — chinchilla
  - coul. marbrée (tabby) — argenté

BIRMANS

Pour compléter la classification, ajoutons-y le tableau des **races reconnues par la Fédération internationale féline d'Europe.**

PERSANS
- 1 - persan noir
- 1b - persan self chocolat
- 1c - persan self lilas
- 2 - persan blanc yeux bleus
- 2a - persan blanc yeux oranges
- 2b - persan blanc odd eyes
- 3 - persan bleu
- 4 - persan roux
- 5 - persan crème
- 6 - persan smoke (noir)
- 6a - persan smoke bleu
- 6b - persan chocolat smoke
- 6c - persan lilac smoke
- 6d SL - persan red shell cameo
- 6d SD - persan red shaded cameo
- 6d Sm - persan red smoke
- 6dd Sm - persan creme smoke
- 6dd Sl - persan creme shell cameo
- 6dd SD - persan creme shaded cameo
- 6e - persan ecaille smoke
- 6g - persan bleu crème smoke
- 6h - persan chocolat écaille smoke
- 6j - persan lilac écaille smoke
- 6e SL - persan shell écaille
- 6e SD - persan shaded écaille
- 6g SL - persan shell écaille bleu
- 6g SD - persan shaded écaille blue
- 6h SL - persan shell écaille chocolat
- 6h SD - persan shaded écaille chocolat
- 6j SL - persan shell écaille lilas
- 6j SD - persan shaded écaille lilas
- 7 - persan silver tabby
- 7a - persan silver tabby bleu
- 7b - persan silver tabby chocolat
- 7c - persan silver tabby lilas
- 8 - persan brown tabby (noir)
- 8a - persan blue tabby
- 8b - persan chocolat tabby
- 8c - persan tabby lilas
- 9 - persan red tabby
- 9f - persan crème tabby
- 10 - persan chichilla
- 10a - persan chinchilla bleu
- 10b - persan chinchilla chocolat
- 10c - persan chinchilla lilas
- 10SS - persan silver shaded
- 10SSA - persan silver shaded bleu
- 10SSb - persan silver shaded chocolat
- 10SSc - persan silver shaded lilas
- 11 - persan écaille de tortue
- 11b - persan écaille de tortue chocolat
- 11c - persan écaille de tortue lilas
- 12 - persan écaille de tortue et blanc
- 12b - persan écaille de tortue bleu et blanc
- 12ch - persan écaille de tortue chocolat et blanc
- 12l - persan écaille lilas et blanc
- 12a - persan bicolore noir et blanc
- 12a bl - persan bicolore bleu et blanc
- 12a ch - persan bicolore chocolat et blanc
- 12a l - persan bicolore lilas et blanc
- 12a r - persan bicolore rouge et blanc
- 12a cr - persan bicolore crème et blanc
- 13 - persan bleu crème
- 13b SP - persan colour point seal
- 13b BP - persan colour point blue
- 13b CHP - persan colour point chocolat
- 13 b LP - persan colour point lilas
- 13b RP - persan colour point red point
- 13b CrP - persan colour point crème
- 13b STP - persan colour point seal tortie
- 13b BTP - persan colour point blue tortie
- 13b CHTP - persan colour point chocolat tortie
- 13b LTP - persan colour point lilas tortie
- 13b TB SP - persan colour point tabby seal
- 13b Tb BP - persan colour point tabby blue
- 13b Tb CHP - persan colour point tabby chocolat
- 13b Tb LP - persan colour point tabby lilas
- 13x - persans autres couleurs par ex. : Golden chinchilla
- 13a - Main Coon - Rag Doll etc...

BIRMANS
- 13c SP - sacré de birmanie seal point
- 13c BP - sacré de birmanie blue point
- 13c CHP - sacré de birmanie chocolat point
- 13c LP - sacré de birmanie lilas point

CHAT TURC
- 13d - chat turc : auburn et blanc

CHAT DES BOIS NORVEGIENS
- 13 NF - chat des bois norvégiens avec facteur Agouti
- 13 NF - chat des bois norvégiens sans facteur Agouti

SOMALI
- 13 SO - Somali lièvre
- 13 SO k - somali Sorrel
- 13 SO bl - Somali bleu
- 13 SO fa - Somali beige faon

BRITISH
- 14 - blanc yeux bleus
- 14a - blanc yeux oranges
- 14b - blanc odd eyes
- 14 x - autres couleurs
- 15 - noir
- 15b - chocolat
- 15c - lilas
- 16 - bleu
- 17 - crème
- 17d - roux
- 18 btch - silver tabby blotched (noir)
- 18 a btch - blue silver tabby blotched
- 18b btch - chocolat silver tabby blotched
- 18c btch - lilac silver tabby blotched
- 18 tig - silver tigré
- 18a tig - blue silver tigré
- 18b tig - chocolat silver tigré
- 18c tig - lilac silver tigré
- 19 btch - red tabby (blotched)
- 19f btch - crème tabby blotched
- 19 tig - red tigré
- 19f tig - crème tigré
- 20 btch - brown tabby blotched
- 20a btch - blue tabby
- 20b btch - chocolat tabby
- 20c btch - lilac tabby
- 20 tig - brown tigré
- 20a tig - blue tigré
- 20b tig - chocolat tigré

- 20c tig - lilac tigré
- 21 - écaille de tortue
- 21b - écaille de tortue chocolat
- 21c - écaille de tortue lilac
- 22 - écaille de tortue et blanc
- 22 bl - écaille de tortue bleu et blanc
- 22 ch - écaille de tortue chocolat et blanc
- 22l - écaille de tortue lilac et blanc
- 28 - bleu-crème
- 30 - spotted noir
- 30a - spotted bleu
- 30b - spotted chocolat
- 30c - spotted lilac
- 30d - spotted roux
- 30f - spotted crème
- 30 S - Sv - spotted silver noir
- 30 Bl - Sv - spotted blue silver
- 30 CH - Sv - spotted chocolat silver
- 30 L - Sv - spotted lilac silver
- 31 - bicolore noir et blanc
- 31bl - bicolore bleu et blanc
- 31 Ch - bicolore chocolat et blanc
- 31 l - bicolore lilac et blanc
- 31r - bicolore rouge et blanc
- 31 cr - bicolore crème et blanc
- 36 - smoke
- 36a - blue smoke
- 36b - smoke chocolat
- 36c - smoke lilas

EUROPÉENS

Les mêmes variétés que les BRITISH avec une numérotation identique sauf qu'après le numéro d'ordre on intercale avant la signification de la variété la lettre « E » par ex/ Européen silver spotted noir : N° 30*E* S - Sv

AUTRES VARIÉTÉS DE POILS COURTS

- 16a - bleu russe
- 16F - chartreux
- 23 - abyssin lièvre
- 23a - abyssin sorrel
- 23 bl - abyssin bleu
- 23 fa - abyssin beige faon
- 25 - Manx (toutes couleurs)
- 25a - Manx stumpies (toutes couleurs)
- 27 - burmese zibeline (brune)
- 27a - burmese bleu
- 27c - burmese lilas
- 27b - burmese chocolat
- 27d - burmese rouge
- 27e - burmese écaille seal
- 27f - burmese crème
- 27g - burmese bleu-crème
- 27h - burmese chocolat tortie
- 27j - burmese lilac tortie
- 33 - Rex cornish (toutes couleurs)
- 33a - Rex Devon (toutes couleurs)
- 34 - Korat
- 26 - Autres variétés poils courts

SIAMOIS

- 24 - seal point
- 24a - blue point
- 24b - chocolat point
- 24c - lilac point
- 32a - red point
- 32c - crème point
- 32b SP - seal tortie point
- 32b BP - blue tortie point
- 32b CHP - chocolat tortie point
- 32b LP - lilac tortie point
- 32 SP - seal tabby point
- 32 BP - blue tabby point
- 32 CHP - chocolat tabby point
- 32Lp - lilac tabby point
- 32 STP - seal tabby tortie point
- 32 BTP - blue tabby tortie point
- 32 CHP - chocolat tabby tortie point
- 32 LTP - lilac tabby tortie point

TYPES ORIENTAUX

- 29 - brun : havana
- 29 sb - noir : Ebony
- 29a - bleu
- 29c - Lavendel : lilas
- 29d - roux
- 29e - écaille
- 29g - blue tortie
- 29h - chocolat tortie
- 29j - lilac tortie
- 29f - crème
- 35 - blanc : Foreign White
- 29 S Tb Btch - seal tabby blotched (noir)
- 29 B Tb btch - blue tabby blotched
- 29 CH Tb Btch - chocolat tabby blotched
- 29 L Tb btch - lilac tabby blotched
- 29 R Tb btch - roux tabby blotched
- 29 Cr Tb btch - crème tabby blotched
- 29 S Tb tig - seal tigré
- 29 B Tb tig - blue tigré
- 29 CH Tb tig - chocolat tigré
- 29 L Tb tig - lilac tigré
- 29 r Tb tig - roux tigré
- 29 Cr Tb tig - crème tigré
- 29 S Tb sp - seal spotted (tâcheté)
- 29 B Tb sp - blue spotted
- 29 CH Tb sp - chocolat spotted
- 29 L Tb sp - lilac spotted
- 29 R Tb sp - roux spotted
- 29 Cr Tb sp - crème spotted
- 29 S - Sv Tb btch - silver tabby
- 29 B - Sv Tb btch - blue silver tabby
- 29 CH-Sv Tb btch - chocolat silver tabby
- 29 L-Sv Tb btch - lilac silver tabby
- 29 S-Sv Tb tig - silver tigré
- 29B - Sv Tb tig - blue silver tigré
- 29 CH-Sv Tb tig - chocolat silver tigré
- 29 L-Sv Tb tig - lilac silver tigré
- 29 S-Sv Tb sp - silver black spotted
- 29 B-Sv Tb sp - blue silver spotted
- 29 CH-Sv Tb sp - chocolat silver spotted
- 29 L-Sv Tb sp - lilac silver spotted.
- 29 x - Autres couleurs.

Autre classement

La *forme de la tête* pourrait également servir de base à une classification des races. Remarquez que la tête du *Persan* peut s'inscrire dans un carré : ses oreilles sont petites, écartées et ses yeux sont ronds ; d'autre part, le nez est court, petit et plat.

Par contre, le *Chat européen* a la tête ronde avec des oreilles hautes et ouvertes à leur base. Ses yeux sont ronds et il présente un nez droit.

Le *Chat d'Abyssinie* et le *Siamois*, eux, possèdent une tête pouvant s'inscrire dans un triangle.

La forme de la tête permet de classifier les races : 1. Persan ; 2. Siamois ; 3. Européen.

La coloration

Nous avons déjà indiqué au début de ce chapitre les causes qui font que des sujets en provenance d'ancêtres à robe fauve tigrée ont pu donner naissance à des chatons de couleurs variées.

La plupart des teintes énumérées précédemment dans le tableau des races reconnues ne demandent pas d'explications. En effet, chacun de nous peut définir un chat *noir*. Cette robe, qui paraît assez commune, est cependant assez rare, surtout dans une teinte bien uniforme. Car le noir pur, sans reflet brun ou rouge, est très difficile à sélectionner. Souvent les chats noirs présentent sur la poitrine une minuscule touffe de poils blancs. Il arrive qu'un chat n'en possède que six à huit. N'essayez pas de les enlever, car de toute façon ils repousseront.

Ne croyez pas que le mot *sable* fasse allusion à la teinte jaune pâle du désert. Ce terme désigne, en héraldique, parmi les émaux, le noir ; pour l'expliquer, il faut aller plus loin en étymologie, jusqu'au terme slave « sobol » qui désigne la zibeline. En outre, dans la langue anglaise, cet animal s'appelle « sable » et, par extension, a servi à désigner la teinte reconnue dans les standards.

La *teinte bleue* d'un pelage se rapproche plutôt du gris ardoise. Il s'agit, à des stades variés, de fourrures situées entre le blanc et le noir unis. Buffon attribuait déjà cette couleur au chat

Chartreux : il s'agit d'un chat commun au poil court, qui fut peut-être croisé avec le Persan et sélectionné sans doute par ces religieux qui lui ont donné son nom.

L'*argenté* ne peut être confondu avec le gris-bleu très clair. Ce mot s'applique à un pelage qui présente certains reflets, comme pour les renards dits « argentés ». Ces reflets sont dus à des mélanges de poils colorés différemment. Il y a des argentés ombrés, masqués, fumés. Les plus beaux pelages de cette teinte sont ceux qui rappellent le chinchilla.

Une variété mérite une attention spéciale. Il s'agit de l'*écaille* ou *tortue*. C'est un mélange de trois couleurs où l'orangé, le noir et le gris se mêlent pour donner plus ou moins heureusement une fourrure harmonieuse. La particularité de ce pelage est qu'il ne peut se transmettre et se maintenir par double hérédité. Seules les femelles le possèdent. Quand, dans une portée, se présente un mâle possédant cette qualité tricolore, il est souvent stérile. Pour continuer la race, il faut avoir recours à des mâles noirs ou rouges, se fier au hasard et accepter les insuccès.

Ces quelques observations étant faites, nous pouvons à présent examiner les diverses « races » de chats domestiques telles que les conçoivent les éleveurs.

ABYSSIN

Le chat Abyssin est de l'espèce dite à poil court. Son origine est assez difficile à définir. Pour certains auteurs, il serait ainsi nommé « Abyssin » parce qu'il aurait été importé d'Abyssinie par un voyageur anglais en 1874. Pour d'autres, il serait le produit d'une chatte de Caffrerie avec le plus banal de nos chats domestiques. Les amateurs américains considèrent le chat Abyssin comme une race particulière ; il paraît être une forme du *felis ocreata* originel, aussi voisine que possible du type sauvage. Quoi qu'il en soit, ce chat fut sélectionné en 1882 en Angleterre, puis en 1926 par l'Abyssinian Cat Club, qui a fait beaucoup d'efforts en ce sens.

Le chat Abyssin, dit-on, est celui qui présente le plus de ressemblance avec les chats sacrés de l'ancienne Egypte. C'est un fort bel animal qui se rapproche de notre chat sauvage, sauf au point de vue caractère.

En effet, il est très doux, souvent timide. Il ne s'attache pas très vite, mais quand il donne son affection, celle-ci est complète, sans restrictions.

Abyssin.

Vif, turbulent, il ne s'adapte pas à une étroite captivité. Sa distinction est naturelle. Son allure est élégante et altière.

Relativement rare en France, le chat Abyssin ne paraît pas très prolifique.

C'est en somme un animal très intéressant et qui mérite de retenir l'attention des amateurs.

Standard

La couleur : Elle est d'une importance capitale dans les jugements portés sur ce chat. C'est celle du lièvre de nos contrées, mais le pelage, à la base, doit être rouge doré au lieu de gris. La couleur la plus appréciée est chaude, dorée, et non terne, uniforme, sans taches ni rayures. Un cou blanc est reconnu comme un défaut. La race est caractérisée par le *ticking*, formé par deux à trois zones de coloration sur le pelage. Il doit avoir les trois quarts de la longueur du poil de teinte fauve dorée, et le quart en deux parties brunes, la plus sombre à l'extrémité du poil. L'arrière et le centre des pattes antérieures ne peuvent pas être tiquetés, mais d'une belle couleur fauve dorée.

La tête et les oreilles : La tête est fine et triangulaire. Les oreilles sont larges à la base.

Les yeux : Ils sont ronds, grands et expressifs. La teinte en est verte, noisette ou jaune.

La queue : Elle se termine en pointe. Elle est longue et bien fournie.

Les pattes et les pieds : Les pattes sont très fines et terminées par de petits anneaux de coloration noire, débordant à l'arrière des pattes postérieures.

La taille : Elle est moyenne.

Echelle des points : Couleur et forme : 40 / tête et oreilles : 15 / yeux : 10 / pattes et pieds : 5 / fourrure : 10 / taille : 5 / queue : 5 / condition : 10 / Total des points : 100.

ABYSSIN LIÈVRE

Ce chat se caractérise par son poil brun rougeâtre tiqueté de noir ou de brun foncé, à la manière du lièvre dont il tire son nom.

Standard

La couleur et le type : Brun roux, tiqueté de noir ou brun foncé. Un triple ou double « ticking », c'est-à-dire deux ou trois bandes de couleur sur chaque poil est préférable à un seul « ticking ». Aucune barre ou autre tache, à l'exception d'une ligne sombre sur la colonne vertébrale, ne peut faire écarter un chat, excellent par ailleurs. L'intérieur des pattes et le ventre doivent être d'une couleur qui s'harmonise avec la couleur principale. La préférence sera donnée au brun-orange. L'absence de taches, c'est-à-dire : bandes sur la tête, la queue, la figure, la poitrine, est d'une très grande importance. Moins il y a de taches, mieux c'est. Le juge ne doit pas accorder une plus grande importance à ce caractère qu'aux autres. Par exemple, il ne s'ensuit pas qu'un chat non marqué, mais d'une stature massive n'ayant pas un bon « ticking » ni une bonne couleur, non marqué, soit meilleur qu'un chat svelte, bien « ticked » et d'une bonne couleur, mais handicapé par une certaine quantité de raies sur la queue et les jambes.

La tête et les yeux : La tête est longue et pointue. Les oreilles sont pointues mais grandes et larges à la base. Yeux grands, brillants et expressifs, de couleur verte, jaune ou noisette.

La queue : Assez longue et pointue.

Les pieds : Petits, coussinets noirs, cette couleur remontant à l'arrière des pattes postérieures.

La robe : Elle est courte, fine et serrée.

La taille : Jamais grande ni grossière.

N.B. Quoique des chats imparfaits puissent être récompensés, aucun Abyssin ne doit avoir un certificat de champion (C.A.C.) s'il a des raies sur les pattes et la queue. Le menton blanc est indésirable et les autres marques blanches sont interdites.

Echelle des points : Couleur du corps : 30 / couleur du « ticking » : 20 / type, tête et oreilles : 15 / yeux : 5 / forme du corps, queue, robe allure générale : 20 / condition : 10 / Total des points : 100.

ABYSSIN ROUX

Il ne diffère du précédent que par la couleur de sa robe qui est d'un roux cuivre chaud. La couleur pâle est un défaut grave.

Standard

Mêmes caractéristiques que le standard des autres Abyssins, à l'exception de la couleur qui doit être comme suit :

La couleur : Roux, cuivre chaud avec un double ou triple « ticking » de préférence. Ticketée avec des couleurs plus foncées. Défaut : manque de contraste distinct dans le « ticking ». Plus la couleur du corps est roux foncé, mieux c'est. Une couleur pâle sera considérée comme un défaut grave.

Le ventre et l'intérieur des jambes doivent être d'une couleur abricot profond, qui s'harmonise avec la couleur principale. La pointe de la queue est brun foncé et peut se continuer par une ligne le long de la queue. Une ligne de couleur plus foncée est permise le long de la colonne vertébrale. La pointe du nez doit être rose, les coussinets sont roses, les pieds bruns, la couleur remontant à l'arrière des pattes postérieures.

La couleur des yeux est la même que pour les autres Abyssins.

N.B. Comme pour les Abyssins « lièvre », un menton blanc est considéré comme indésirable. Les autres marques blanches sont considérées comme des défauts.

Echelle des points : Identique à celle de l'Abyssin « lièvre ».

ANGORA

C'est sous ce nom que l'on a, pendant de longues années, désigné tous les chats à poils longs. Ce terme n'a cours qu'auprès des profanes pour désigner ces chats à la « longue fourrure » : les Persans. Ce terme a d'ailleurs été adopté par les Anglais, en tout premier. Mais aucune de ces désignations n'a un rapport quelconque avec une origine géographique.

Plusieurs auteurs ont cru faire remonter les Angoras aux Persans du Manul dont ils se rapprochent. Ce qui rend la filiation plus difficile, c'est que le Manul présente des caractères dentaires qui font défaut chez l'Angora. Ses oreilles sont plus petites et largement écartées et la pupille de son œil se contracte en disque et non en fente sous une forte luminosité.

En outre, le caractère du type Angora se manifeste en de nombreuses espèces animales, par suite de causes encore assez inconnues, tels la chèvre, le lapin. D'autre part, lorsque ce même caractère Angora se manifeste dans d'autres races, dont plusieurs n'ont pas de représentants en Orient, il est impossible de prétendre que l'Angora est apparu dans telle contrée plutôt que dans telle autre. Il s'agit simplement d'une particularité advenue sans crier gare dans une progéniture et que l'homme a ensuite, par la sélection, perpétuée. Ce que l'on peut quand même affirmer, c'est que dans certaines zones d'Asie, les conditions du milieu, de l'habitat sont nettement plus favorables à la manifestation de ce caractère Angora.

ANTIGUA - Chat Créole d'

Ce chat est petit et il présente une tête allongée.

ARGENTÉ OMBRÉ

Les argentés ombrés ne constituent pas un groupe d'une coloration spéciale. Ils semblent n'être pas autre chose que des Chinchillas purs, à une certaine époque durant la mue.

BI-COLOUR *(Européen deux couleurs)*

Standard

Les couleurs et dessins : N'importe quelle couleur solide et du blanc. Les taches de couleur doivent être nettes et bien distribuées ; pas plus de taches que les deux tiers de la robe en couleur solide et pas plus de la moitié en blanc. La couleur solide et le blanc doivent être bien séparés en taches dans le visage. Une flamme blanche sur le nez est désirable.

La robe et la condition : Le poil doit être court et de texture fine. Le corps doit être ferme et musclé, donnant une impression générale d'activité.

La tête : Elle est ronde et large, avec un grand espace entre les oreilles, qui doivent être petites et bien placées. Le nez est petit, les joues sont pleines et le museau est large avec un menton solide.

Le corps et les jambes : Corps trapu et massif, jambes courtes et droites.

Les yeux : Ils sont grands et ronds, bien écartés, de couleur orange foncé, jaune ou cuivre.

La queue : Courte et forte.

Les fautes graves : Marques tabby, queue longue, yeux verts, taches mouchetées.

Echelle des points : Couleurs et dessins : 25 / robe et condition : 15 / tête : 25 / corps et jambes : 15 / yeux : 15 / queue : 5 / Total des points : 100.

BIRMAN *(Chat sacré de Birmanie)*

Le chat Birman ou de Birmanie est une espèce à poil long. Les légendes sont fort nombreuses à son sujet. Très souvent, on qualifie de Birmans des chats demi-siamois à poil long.

En effet, le chat de Birmanie assure la liaison entre le Persan et le Siamois, mais il n'est pas plus l'un que l'autre.

D'où vient-il ? Le premier chat Birman, « Son Altesse Manou de Maldapour », a été introduit en France vers 1926, par Madame Marcelle Adam, présidente de la Société centrale féline. Ce chat, très rare, qui venait des montagnes du Lugh, garde le secret sur son origine.

Cette race est élégante, gracieuse. Sa fourrure est mi-longue ou longue selon les parties du corps. Sur la face, les poils sont courts mais plus longs sur les joues. La queue longue se donne en panache. Le Birman présente des taches brunes qui rappellent celles du Siamois. Le reste du pelage demeure d'un crème très clair. Ce qui est caractéristique, ce sont les marques blanches qui prennent la forme de gants aux pattes.

Standard

Le corps : Il est allongé, mais massif. Le Birman est bas sur ses pattes, qu'il possède courtes, fortes et bien proportionnées. La taille est moyenne.

La tête : Elle est allongée comme celle du Siamois, d'une forte ossature rappelant celle du Persan, avec le nez court et le front bombé. Mais absence de « stop ».

Les yeux : Ils sont d'un bleu pur soutenu, foncé, et ronds.

La robe : La fourrure est longue avec une abondante collerette. La queue forme un panache très fourni. La texture est soyeuse et le poil est légèrement frisé sous le ventre.

La couleur et le gantage : La couleur des marques du Birman sont celles du Siamois (seal point — blue point — chocolat point). La face, la queue et les pattes sont marron, bleu ou chocolat. Le corps beige clair est légèrement doré. Particularité : pieds blancs. Aux antérieurs, ne dépassant pas la naissance de la jambe. Aux postérieurs, comme pour les antérieurs, mais se terminant en pointe sur la plante du pied.

Echelle des points : Corps : 20 / tête et yeux : 20 / couleur et gantage : 30 / queue : 15 / robe et condition : 15 / Total des points : 100.

BLEU-CRÈME ou British blue

C'est un chat gris-bleu, assez clair, au poil court, aux larges yeux jaunes ou orange. Le corps est harmonieux. D'après les spécialistes anglais, le British blue serait issu du vulgaire chat domestique, donc européen, apparu quasi mystérieusement dans une portée ! Est-il bien fixé et peut-on reconnaître en lui une race proprement dite ? Pas toujours, car il porte parfois les marques discrètes du tabby dans le bleu. Le standard rejette ces nuances.

Standard

Le type : Forme du corps, tête comme pour le Chartreux.

Les yeux : Ils sont cuivre, orange ou jaunes, *non verts*.

La robe : Les couleurs sont bien mélangées, sans tache, d'une texture fine et courte.

Echelle des points : Type comme pour le Chartreux (British blue) : 40 / couleurs et mélange : 35 / yeux : 20 / condition : 5 / Total des points : 100.

BLEU RUSSE *(Américain ou chat de Malte)*

Sous ces noms, l'on désigne un chat européen, à poil court, unicolore, de teinte bleue et de type élancé. N'ayant rien de commun avec le chat de Tobolsk, il est surtout répandu en Angleterre, en Scandinavie et aux Etats-Unis.

Il ne faut pas non plus le confondre avec le Bleu Chartreux : les deux races sont différentes, car les yeux du Bleu russe sont verts alors que ceux du Chartreux sont jaunes.

Le Bleu russe est élancé comme les chats de l'ancienne Egypte, d'une ligne fine qui lui donne une allure vraiment féline. La tête est du type triangulaire comme celle du Siamois. Le cou est mince, dégagé sur les épaules ; le corps est long et il se termine par une queue mince. Le poil est court, couché et lustré. Les teintes vont par toute la gamme des gris perle ou gris-bleu. Les yeux sont légèrement fendus et leur couleur est d'un beau vert émeraude.

Standard

Le corps : Il est haut sur pattes, très élancé et gracieux. Les jambes sont longues. Les pieds sont petits et ovales. Le cou est fin, un peu courbé. La queue est longue, mince, lisse.

La tête : Elle est portée haute. Elle demeure cunéiforme, courte, avec un crâne plat, un front et un nez droits, formant néanmoins un angle au talon du nez. La base des moustaches est saillante. Les oreilles sont grandes et pointues mais larges à la base et posées verticalement sur la tête. La peau des oreilles est fine, transparente et l'intérieur à peine couvert de poils.

Les yeux : Ils sont en forme d'amande, légèrement en oblique, du type asiatique, de couleur vert vif.

Le poil : Il est court, légèrement couché, lustré.

La couleur : Unicolore, la fourrure est gris-bleu avec toute la gamme des bleus moyens qui est admise. Aucun poil blanc ni dessin ne sont tolérés.

Echelle des points : Couleur : 20 / robe et condition : 25 / corps, forme et queue : 25 / yeux : 15 / tête et oreilles : 15 / Total des points : 100.

BURMESE BRUN

Appelé anciennement « Chat zibeline », les chats Burmese sont d'origine américaine. Il ne faut pas les confondre avec les Chats sacrés de Birmanie.

Standard

La couleur du corps : En pleine maturité, la couleur du corps doit être un riche brun-seal, foncé, se dégradant vers la poitrine et le ventre. Aucune marque blanche ou « tabby ». Quelques poils blancs sont admis, bien qu'indésirables.

Les oreilles, le masque et les pattes marqués sont légèrement plus foncés que le dos.

Les hautes qualifications seront refusées aux adultes présentant un contraste trop important entre la robe et les marques. Pour les chatons et les jeunes chats, toutes les couleurs sont d'une nuance plus claire. Un contraste plus important est permis entre la robe, la couleur du masque et les marques. Les très jeunes sont encore plus clairs et peuvent présenter quelques barres.

Le corps, la forme et la queue : La taille est moyenne, élégante, longiligne (pas aussi longue que chez les Siamois), avec une nuque flexible, longue et mince. Les pattes sont fines, les postérieures légèrement plus hautes que les antérieures. Pieds petits et ovales. Queue longue à l'extrémité effilée : une queue en forme de fouet est incorrecte. Un très léger nœud invisible à l'œil, à l'extrême pointe seulement, est toléré, bien qu'indésirable.

La tête et les oreilles : Tête courte et triangulaire. La mâchoire est étroite, mais cependant plus large que chez le Siamois. Le dessus du crâne demeure légèrement bombé. De profil, le menton est prononcé. Le nez présente à la base une dénivellation. Les oreilles sont grandes et larges à la base, légèrement rondes aux extrémités. Les bords extérieurs des oreilles suivent la ligne triangulaire de la tête. Faute : mâchoire pincée.

Les yeux : Les yeux doivent être larges et brillants, bien séparés, placés en oblique vers le nez à l'orientale. Ils doivent être clairs, intenses dans la couleur jaune doré, mais la plupart des Burmeses bruns d'aujourd'hui ont des yeux jaune chartreuse. Parce que la couleur des yeux n'est pas intense chez le Burmese celle-ci dépend énormément de la lumière dans laquelle on les observe. Il est nécessaire de les juger dans une lumière de jour moyenne.

La robe : Elle est brillante, fine, courte, couchée sur le corps. L'éclat brillant du poil est une des caractéristiques des Burmeses bruns et indique une parfaite santé.

La condition : Le chat doit être bien musclé et sans graisse. En soulevant l'animal, on doit sentir un corps bien solide et ferme.

N.B. Les Burmeses aux yeux bleu-vert ou ayant un crochet à la queue ne peuvent recevoir un C.A.C. Un chat excellent (principalement âgé) présentant quelques poils blancs peut néanmoins recevoir le C.A.C. Un chat présentant des taches blanches ne peut recevoir de C.A.C.

Echelle des points : Couleur du corps : 25 / corps, forme et queue : 25 / tête et oreilles : 15 / yeux : 15 / robe : 10 / condition : 10 / Total des points : 100.

BURMESE BLEU

La couleur du corps : La couleur du corps d'un adulte doit être gris-bleu dominant, plus foncée sur le dos, l'effet général étant celui d'une teinte chaude avec un éclat argent de la fourrure. La queue a la même couleur que le dos. La robe ne doit pas avoir de marques blanches ni tabby. Quelques poils blancs sont admis. Les oreilles, le masque, les pattes sont gris argent. Les chatons sont plus clairs et les très jeunes montrent quelques barres.

Le corps, la forme et la queue : Mêmes caractéristiques que pour le Burmese brun.

La tête et les oreilles : Mêmes caractéristiques que pour le Burmese brun.

Les yeux : Mêmes caractéristiques que pour le Burmese brun.

Le pelage (robe) : Fin, brillant, court, couché sur le corps. L'éclat brillant, une des caractéristiques du Burmese brun, n'est pas aussi apparent chez les bleus.

La condition : Mêmes caractéristiques que pour le Burmese brun.

N.B. Mêmes remarques que pour le Burmese brun.

Echelle des points : Identique à celle du Burmese brun.

BURMESE CRÈME

Standard

La couleur : Un crème riche qui s'éclaircit vers la poitrine et le ventre. Pas de taches ni de barres. Chez un chat excellent on tolère des ombres légères. Les oreilles sont un peu plus foncées que le dos. Pas de taches blanches. Les chatons sont d'une nuance plus claire.

Le corps, la forme et la queue : Forme du corps et de la queue comme celle du Burmese brun. Tête et oreilles comme pour le Burmese brun.

Les yeux : Les yeux doivent être grands, brillants, largement séparés et inclinés vers le nez. Chaque couleur du jaune jusqu'à l'ambre est permise. Des yeux verts ne sont pas tolérés. Les chatons gardent leurs yeux bleus plus longtemps que chez le Burmese brun ou bleu.

La robe : La robe doit être courte, fine et serrée. Elle doit avoir un éclat luisant.

La condition : Comme pour le Burmese brun.

Echelle des points : Couleur de la robe : 25 / forme du corps et queue : 25 / tête et oreilles : 15 / yeux : 15 / robe : 10 / condition : 10 / Total des points : 100.

BURMESE BLEU-CRÈME

Standard

La couleur : Bleu et crème entremêlés sans barres (voir notes).

Le corps, la forme et la queue : Forme du corps et queue comme pour le précédent. Tête et oreilles comme pour le précédent.

Les yeux : Yeux comme pour le précédent.

La robe : Robe comme pour le précédent.

La condition : Condition comme pour le précédent.

N.B. La couleur et les marques sont moins importants que le type qui doit être excellent puisque le chat bleu-crème est le pas intermédiaire entre les bruns/bleus et les rouges/crème.

Echelle des points : Couleur du corps : 15 / forme du corps : 30 / tête et oreilles : 20 / yeux : 15 / robe : 10 / condition : 10 / Total des points : 100.

CAP DE BONNE-ESPÉRANCE dit :

Chat rouge du cap de Bonne-Espérance, dans lequel la couleur rouge peut être limitée à une simple raie dorsale allant de la tête à la queue. N'est pas courant dans nos contrées.

CAROLINES - Chat de l'archipel des

Comme le précédent, ce chat n'est pas courant dans nos régions. Son pelage est jaune-rouge et il présente des pattes très longues.

Au cap de Bonne-Espérance, l'on rencontre encore un chat ardoisé ou gris-bleu, au poil court, aux oreilles petites et dressées. La queue est d'une longueur moyenne et de teinte rousse ou rouge et bleue.

CAUCASE

Le Chat caucasien ou Chat de Roumanie montre une robe bleu brunâtre et à fourrure courte. Il n'est pas courant. Aucun rapport avec le Bleu russe.

CEYLAN

Le Chat de Ceylan est de petite taille et il présente des poils couchés. Sa tête est petite, avec un front fuyant et des oreilles larges et minces.

CHARTREUX

Le Chat des Chartreux (*felis catus cœruleus* ou *felis catus carthusianorum*) est une des plus anciennes races de notre pays, déjà connue de Buffon. Son origine a donné lieu à des légendes. C'est ainsi que certains auteurs prétendent qu'il serait originaire de l'Afrique du Sud, d'où des moines de l'Ordre des Chartreux l'auraient amené en France. D'après Fitzenger, il serait un métis du Chat égyptien et du Chat Manul. On le retrouve aux Etats-Unis sous le nom de Chat maltais. D'autres auteurs précisent qu'une certaine dame Léger, s'étant installée à Belle-Isle, fut étonnée de la beauté des chats de la région, que les gens appelaient « Chats de l'Hôpital » tenu par des religieux. Elle en tenta l'élevage et ramena sur le continent les Chats Chartreux.

Quoi qu'il en soit, c'est un chat de forte taille, bien proportionné. Il présente une queue sans nodosité. La tête est forte avec de grands yeux, des oreilles moyennes et dressées, ainsi que le nez court. Son poil est très fin, laineux, un peu long, présentant partout une couleur gris ardoisé uniforme, à reflets bleuâtres. Les lèvres et la plante des pieds sont noires. Ce chat, assez gros, est très élégant mais indolent.

Depuis quelques années, le Chat Chartreux jouit d'une vogue justifiée. Il demeure l'objet d'une sélection très poussée.

Standard

Le corps : Il est massif, lourd, avec des membres musclés. La poitrine est large. Le ventre est très fourni en poils.

La tête : Elle est large à la base, avec le nez droit, sans « stop ». Les oreilles sont moyennes et placées en haut d'un crâne rond. Les joues sont pleines. Les yeux sont de couleur jaune cuivre, ou orange. La truffe est gris argent, plus ou moins foncée selon la teinte de la robe. Les lèvres et le palais sont bleu foncé, presque noirs.

La robe : Toutes les teintes allant du gris argent au gris ardoisé sont admises. La teinte la plus recherchée est un beau gris-bleu très clair. Aucune rayure ou ombre, même nuancée, n'est admise. Les poils blancs sont pénalisés. Ne pas confondre avec le Bleu russe.

Chartreux.

Le poil : Il est légèrement laineux et serré, d'où une toison très dense.

Echelle des points : Forme et taille : 25 / tête : 25 / yeux : 25 / couleur : 25 / Total des points : 100.

CHINCHILLA

Le chatoiement du pelage est dû à la coloration de chaque poil qui, blanc argenté à la racine, est teinté faiblement à son extrémité d'un gris violacé. L'ensemble du pelage donne des reflets moirés changeants d'un effet merveilleux qui expliquent son succès. Toute rayure ou teinte brune est exclue. L'œil est d'un très beau vert.

CHINOIS

Le Chat chinois (*felis catus sinensis* ou *felis catus auriculosa*) se présente principalement en Chine. Il est de grande taille ; la tête est plutôt forte, avec des oreilles tombant sur le côté. Sa fourrure est soyeuse, demi-longue, noire ou jaune avec des taches sur les flancs. La queue est épaisse, d'une longueur moyenne, sans nodosité ni cassure. Chose remarquable : autrefois, il était consommé par les Chinois qui l'engraissaient dans ce but.

COLOURPOINT LONGHAIR

Standard

La robe : La fourrure doit être très fournie, longue, de texture soyeuse. Collerette abondante.

La couleur :
1) Pour le Seal point (marques brunes foncées) le corps doit être de couleur crème ;
2) Pour le Blue point (bleu) le corps doit être de couleur blanche glace ;
3) Pour le Chocolat point le corps doit être de couleur ivoire ;
4) Pour le Lilac point (marques lilas) le corps doit être de couleur blanche nuancée (magnolia) ;
5) Pour le Red point (marques rouges) le corps doit être de couleur blanche avec ombres, s'il y en a, couleur abricot ;
6) Pour le Tortie point (écaille de tortue) le corps doit être de couleur crème.

Les couleurs 1—5 : Marques denses et des ombres, s'il y en a, dans un ton des marques et du masque.

La couleur 6 : La couleur écaille de tortue est limitée sur le masque et les marques comme chez le Seal point. Ombres du corps, s'il y en a, dans un ton atténué des marques.

La tête : Elle est large et ronde, avec des oreilles très écartées. La face et le nez sont courts, avec des oreilles petites, touffues, et des joues bien développées.

Les yeux : Grands, ronds et ouverts, clairs, brillants et nettement bleus, ils sont de préférence bleu foncé.

Le corps : Trapu et bas sur pattes.

La queue : Petite et fournie, non effilée. Un nœud (Kink) sera considéré comme un défaut.

La condition : Tout type similaire au Siamois poils courts sera considéré comme indésirable et incorrect.

Echelle des points : Robe : 15 / couleur des marques et du corps : 10 / tête : 25 / Forme des yeux : 10 / couleur des yeux : 10 / corps : 10 / queue : 10 / condition : 10 / Total des points : 100.

COMMUN

Le Chat commun *(felis catus domesticus)* ou Chat domestique tigré possède un corps souple et gracieux, très bien proportionné. La tête est moyenne, le nez long et assez large. Les oreilles sont petites, dressées, velues à l'extérieur, glabres à l'intérieur. Les yeux sont bleus, orange ou verts. La queue est longue, effilée. Le poil est court, la peau blanche. Il présente une robe de teintes variées, mais le plus souvent tigrée, avec des rayures, des zébrures et des taches fauves, blanches, grises et noires. Les lèvres et la plante des pieds sont noires.

La taille moyenne du Chat domestique est de 40 à 55 centimètres dont une trentaine pour la queue. La hauteur est de 27 centimètres et son poids d'environ 4 kilos.

Fitzenger pense que le Chat rayé serait le produit du croisement du Chat d'Espagne avec le Chat sauvage d'Europe.

CYPRIOTE

C'est un chat gris clair. Le dessous des pattes est noir. Son poil est court. Les oreilles sont petites et dressées. Il existe toutefois quelques variétés à poils longs.

ESPAGNE

Le Chat d'Espagne *(felis catus hispanicus)* présente un poil assez court et brillant. La robe est tachée, par plaques irrégulières, de blanc, de noir et d'orange sur les parties latérales et supérieures du corps. Elle est de teinte fauve au ventre. Les lèvres et la plante des pieds sont couleur chair. Dans cette race, c'est la femelle seule qui est tricolore. Généralement, le mâle ne présente que deux couleurs, du blanc et du noir, avec parfois une teinte fauve ou du blanc et de l'orange.

D'après Fitzenger, ce serait le Chat d'Espagne qui se rapprocherait le plus du Chat égyptien. Plus petit que le Chat commun, il est doux et attachant.

Européen

Cette dénomination est accordée aux chats domestiques vivant dans l'intimité des hommes, plus spécialement en Europe que dans les autres parties du monde. Le Chat européen (voir également Chat commun) est l'espèce la plus connue des campagnes et des villes. L'élevage de ces spécimens est souvent livré au hasard.

Quels en sont les caractères généraux les plus nets ? La tête est ronde, les oreilles sont hautes et ouvertes à leur base, les yeux sont ronds et le nez est droit. Ajoutons qu'il existe deux types de Chats européens selon leur conformation : l'un est élancé et haut sur pattes, tandis que l'autre est nettement plus ramassé, plus trapu, avec un cou assez court.

A la suite de R.I. Pocock, au début de ce chapitre, nous avons distingué deux races parmi les Chats communs : l'une « marbrée » et l'autre « tigrée ». Les deux formes peuvent se croiser et donner des produits féconds.

EUROPÉEN MARBRÉ

C'est le chat le plus commun et le plus répandu. En France comme en Belgique, on le rencontre partout, aussi bien en ville qu'à la campagne, en ami indolent ou en chasseur de rats. Il est robuste et de forme allongée.

Il existe une infinité de pelages ; mais il y a lieu de donner la préférence aux chats qui présentent des marques extrêmement nettes et symétriques.

Pour qu'un marbré soit impeccable, il doit porter trois bandes foncées tout au long de la colonne vertébrale jusqu'à la queue. Cette dernière est, par contre, annelée, comme les pattes. La tête ne peut présenter de régions claires et les rayures convergent vers le nez. La poitrine est traversée de trois barres noires horizontales dont l'une se trouve près du cou. Les anneaux des épaules et ceux des flancs se combinent pour former divers dessins, un peu comme les veines du marbre. Un ventre blanc et une tache blanche sous le cou sont des défauts.

Le chat marbré existe en plusieurs teintes :
- Européen marbré brun, c'est-à-dire d'une couleur fauve à dessins d'un roux plus chaud.
- Européen marbré argenté, c'est-à-dire d'une couleur gris pâle

avec des dessins d'un gris-bleu foncé.
- Européen marbré brun, c'est-à-dire d'une couleur fauve à dessins bruns.

Standard

La couleur : Les marques sont bien dessinées, mais légèrement fondues. Couleur chaude et brillante. Fond de la couleur : sable pur, beige clair, régulier sans aucun blanc.

Le corps : Allongé. La queue est épaisse.

La tête : Elle est fine et triangulaire.

Les yeux : Ils sont ronds, bien ouverts, souvent verts, orange, noisette et quelquefois jaunes. Les différentes couleurs sont admises. La forme est ronde.

Le poil : Il est brillant et serré.

Echelle des points : Couleur et dessin : 25 / corps : 25 / tête : 25 / yeux : 10 / poil et condition : 15 / Total des points : 100.

EUROPÉEN TIGRÉ

Il se distingue nettement du marbré, car sa robe, comme son nom l'indique, consiste en lignes ou rayures donnant un dessin qui rappelle celui du tigre. Ces rayures partent de la colonne vertébrale pour aller rejoindre le bas du corps. D'autre part, l'Européen tigré est plus ramassé, plus fort que le marbré. Les épaules sont larges et le cou fait bloc avec la tête.

Les teintes du pelage sont les mêmes que celles du marbré ou annelé.

Standard

La couleur : Marques bien dessinées et légèrement fondues. Couleurs chaudes.

Le corps : Il est ramassé et fort. La nuque est courte et forte. La queue est épaisse.

La tête : Elle est massive avec des bajoues. Nez droit ou légèrement courbé. Oreilles petites et pas trop étroites.

Les yeux : Ils ont une forme ronde et les deux teintes, verte et jaune, sont admises.

Le poil : Il est brillant, serré et lustré.

Echelle des points : Standard général : 50 / dessins : 50 / Total des points : 100.

- *Européen tigré fauve.* Les rayures sont interrompues et contrastent peu avec la teinte fondamentale. Le poil est assez fourni, gros. Les yeux sont généralement verts et parfois jaunes. Les oreilles sont assez poilues à l'intérieur.
- *Européen tigré gris ardoise.* Les rayures de cette variété contrastent fortement sur la teinte fondamentale. Les yeux sont verts. Les poils sont veloutés.
- *Européen tigré argent.* Les poils sont également veloutés mais plus courts que chez les autres variétés. La queue est aussi plus fournie. Les yeux sont verts.
- *Européen tigré marron.* Les rayures sont brunes sur la teinte fondamentale gris clair. La racine du poil peut être très claire. Les yeux sont orange ou couleur de l'ambre.
- *Européen tigré bleu.* Comme pour le tigré argent, les poils sont courts et veloutés. Les yeux vont de la teinte verte au jaune foncé.

EUROPÉEN TRICOLORE

Ces spécimens de Chats européens présentent une robe composée de poils de trois teintes qui, selon leur répartition, donnent deux variétés. A savoir :
- *Européen tricolore écaille.* La teinte de leur robe rappelle celle de la carapace de la tortue. Le pelage présente de légères touches de roux, de crème et de noir qui s'harmonisent.
- *Européen tricolore écaille et blanc.* La teinte de leur robe est composée de noir, de crème ou de rouge et blanc. Cette dernière couleur domine généralement mais les plus beaux spécimens ont des teintes qui s'équilibrent.

Standard

La couleur : La meilleure cotation est donnée à un animal présentant un équilibre de teintes. Un membre ou le poitrail blanc constituent un défaut.

Le corps : Il est musclé mais de ligne fine, de petite taille mais haut sur pattes.

La tête : Elle est ronde, fine, avec un museau droit. Les oreilles sont rondes.

Les yeux : Ils sont ronds et de teinte verte ou jaune.

Le poil : Il est brillant et très doux.

Echelle des points : Couleur : 50 / corps : 20 / tête : 10 / yeux : 10 / poil : 10 / Total des points : 100.

EUROPÉEN UNICOLORE

C'est la variété la plus répandue. C'est un animal élancé, haut sur pattes. L'on admet les couleurs suivantes : le blanc, le noir, le crème et le roux.
- *Européen unicolore blanc*. Le pelage se doit d'être d'un blanc neigeux, sans tache ni mouchetage de couleur. Les yeux peuvent être bleus, orange ou cuivre. Parmi cette variété, ce sont les chats avec les yeux bleus qui sont les plus recherchés.

Voici les standards :

1) Blanc yeux bleus :

La couleur : Blanc pur, aucune trace de jaune.

Les yeux : Bleu saphir.

Echelle des points : Standard général : 50 / couleur : 25 / yeux : 25 / Total des points : 100.

2) Blanc yeux orange :

La couleur : Blanc pur, aucune trace de jaune.

Les yeux : Orange ou cuivre.

Echelle des points : Standard général : 50 / couleur : 25 / yeux : 25 / Total des points : 100.

- *Européen unicolore crème*. Comme pour l'unicolore blanc, la robe crème ne peut présenter de marques ou de raies.
- *Européen unicolore noir*. Voici un bel animal, à la condition que ses lignes soient parfaites ainsi que sa couleur. En effet, il ne peut présenter de taches ou de poils blancs, ni de reflets roussâtres. Le poil est serré et bien lustré. Les yeux sont orange ou cuivre, sans trace de vert, grands, ronds et bien ouverts.

Ce chat est très populaire, mais il se doit d'être de proportions et de teinte parfaites.

Echelle des points : Standard général : 50 / couleur : 25 / yeux : 25 / Total des points : 100.

- *Européen unicolore roux.* Cette variété est très rare. La couleur du pelage doit être d'un roux fauve, foncé et lustré, sans marques ou rayures. Haut sur pattes, il porte la queue mince et lisse. La tête est haute, le museau droit et les oreilles sont assez grandes.

GAMBIE

Le Chat de Gambie ou Chat nègre *(felis catus nigritia)* se rencontre en Gambie, en Guinée ainsi que sur la côte occidentale de l'Afrique. Il montre une peau noire et ridée, des poils courts d'un gris-bleu. Les oreilles sont un peu dénudées. Les proportions sont celles du Chat commun. La queue est effilée.

HAVANA *(Chestnut brown foreign)*

Les Havanas sont d'un type unique. Ils ont un corps fin flexible et de proportion élégante. La robe est d'un châtain chaud, égal, et pur. Le nez et les moustaches doivent être de la même couleur que la robe. Les coussinets sont roses. Les yeux sont verts.

Standard

La robe : Elle est courte et lustrée. Toutes les nuances de brun châtain chaud sont permises, pourvu que la couleur soit égale et pure jusqu'à la racine.

La tête et les oreilles : La tête est longue et bien proportionnée, se rétrécissant jusqu'à un museau fin. Les oreilles grandes et dressées sont bien ouvertes à la base et largement écartées.

Le corps, les jambes et la queue : Le corps est long, souple et bien musclé, gracile en apparence. Les jambes sont fines et délicates, les postérieures plus hautes que les antérieures. Pieds graciles et ovales. La queue reste longue, formée en fouet, sans nœud ou crochet.

Les yeux : De forme orientale, ils sont inclinés vers le nez et d'une couleur verte prononcée.

Défauts : Marques tabby ou autres, ombres foncées. Taches ou poils blancs, corps trapu, tête ronde, queue courte, épaisse ou avec nœud.

Les chatons ont souvent des rayures en changeant la fourrure mais cela n'est pas de grande importance.

Echelle des points : Robe : 30 / tête : 15 / corps : 15 / jambes : 15 / queue : 5 / yeux : 10 / condition : 10 / Total des points : 100.

ILE DE MAN

Dans la petite île anglaise de la mer d'Irlande, isolée dans son autonomie, avec ses coutumes locales, existe une race de chats, les fameux « Manxes » *(felis catus anura)* qui véritablement naissent sans queue !

Leur origine est fort mystérieuse et a donné lieu à de nombreuses interprétations. Car ce n'est qu'en 1823 qu'on s'est aperçu de leur présence. Certains commentateurs expliquèrent, avec sérieux, que cette race provenait d'un croisement entre chats et lapins ! Cette explication ne pouvant longtemps se justifier — et pour cause — un auteur anglais, le Révérend Clarke, entreprit une enquête et voulut prouver que, en l'année 1820, un navire en provenance de la Baltique avait fait naufrage et que les marins avaient abandonné sur la côte quelques-uns de ces chats anormaux et d'une origine inconnue. Quelques années plus tard, la race s'était multipliée et propagée même hors de l'île, jusqu'en Cornouailles. D'autres humanistes vont jusqu'à prétendre qu'un seigneur aurait établi un impôt par queue de chat et que c'est cela qui aurait décidé les habitants à amputer leurs compagnons de cet appendice. D'autres auteurs ont pensé à une importation possible d'Extrême-Orient, car on en retrouve encore sur les côtes du Japon. Certains encore pensent à des survivants transportés par la Grande Armada ! Légendes ou réalités, tous ces renseignements ne nous donnent point la connaissance de la couche originelle. Des études plus récentes tendent à prouver qu'il ne s'agit pas d'une espèce, mais plus probablement de chats communs, atteints de cette anomalie à la suite d'une mutation qui se transmet, du moins en partie, héréditairement. En effet, en Angleterre où ils ont été introduits et accouplés avec des chats à queue longue, ils ont donné des produits féconds chez lesquels on pouvait retrouver l'absence de queue soit à la première génération, soit dans les générations suivantes.

Leur conformation générale est très curieuse et même assez bizarre. Outre la privation de l'appendice caudal qui les distingue, ces chats se font remarquer par la longueur de leurs membres postérieurs, plus élevés que les antérieurs. Ce qui donne, à leur allure, le sautillement caractéristique de la démarche du lapin. Leur tête ressemble à celle des Chats européens. L'échine est courte, les flancs sont profonds. Les poils sont semi-longs et ces chats présentent un pelage tigré ou marbré, parfois uniformément noir, bien que cette dernière couleur soit rare.

Ils sont d'excellents ratiers, doux et affectueux pour leurs maîtres. Ce sont des compagnons parfaits.

Standard

La queue : Elle doit être totalement absente. On tolère une petite touffe au bas de la colonne vertébrale.

L'arrière-train : Celui-ci doit être très développé et présenter un décalage important entre la hauteur des pattes antérieures et celle des pattes postérieures.

L'échine : Sa forme doit être courte.

La fourrure : Elle sera double, moelleuse et fine.

La tête : Celle-ci, avec les oreilles, est semblable au standard du Chat européen.

La couleur : Le pelage demeure identique à celui de l'Européen, c'est-à-dire unicolore marbré ou tigré.

Les yeux : Ils sont de la même couleur que ceux de l'Européen.

N.B. L'absence de queue doit être totale pour un sujet d'exposition. Un creux caractéristique à la fin de l'épine dorsale doit remplacer le commencement de la queue pour un autre chat. La partie postérieure n'est jamais trop haute, de même que le dos jamais assez court, pour donner aux flancs la profondeur.

La tête est grande et ronde, mais sans nez retroussé, ni type persan. Le nez est un peu long, mais les joues, bien développées, doivent éviter de donner un visage pointu (ce qui serait un grand défaut). Les oreilles sont assez larges à la base, se réduisant légèrement aux extrémités.

La couleur des yeux ne doit pas être prise en considération et ne doit compter que si les autres caractères sont égaux. Quand c'est le cas, il suit le standard général des poils courts dit « Européens » : des yeux bleus pour les blancs, cuivre ou orange pour les noirs, roux, écaille de tortue, etc.
Toutes les couleurs sont permises pour la robe.

Echelle des points : Queue (absence de) : 15 / hauteur des membres postérieurs : 15 / dos court : 15 / arrondi de la croupe : 10 / profondeur des flancs : 10 / robe « double » : 10 / tête et oreilles : 10 / yeux : 5 / couleur et dessins : 5 / condition : 5 / Total des points : 100.

ISLANDAIS

Le pelage du Chat islandais est gris-bleu.

KHORASSAN - Chat du

Voir Persans.

KHMERS

Leur origine est certainement indochinoise. L'éleveur J. Rieger a introduit cette race en Europe. Le chat Khmer a des caractéristiques qui le rapprochent du Birman. Les qualités qui en font un compagnon parfait sont une nature calme, un caractère doux et une intelligence au-dessus de la moyenne.

Standard

La tête : Elle est forte et ronde. Le nez est court. Les moustaches sont blanches, tachetées de brun et longues.

Les yeux : Le regard est vif. Les yeux sont légèrement en amande, d'une teinte bleu vif.

Les oreilles : Elles sont longues avec un duvet à l'intérieur.

Le corps : Il possède une bonne ossature. Il est long et les reins ainsi que l'arrière-train sont solides et bien conformés.

Les pattes : Le Khmer présente des pattes fortes, musclées. Les pattes de devant sont légèrement arquées. Les pieds sont longs et garnis de poils.

La queue : Elle est longue et sans cassure.

Le poil : Il est sec, long et donnant une belle collerette autour du cou. Il est ondulé sur le ventre.

Les teintes : Elles vont du crème foncé au brun de la loutre sur la tête, les épaules et les pattes. Sur celles-ci, la teinte demeure toujours brun loutre foncé.

KOUMANIE

Voir Chat du Caucase.

MALAIS

Il est un peu plus petit que le Chat européen. Le Chat malais présente un profil élégant. Son poil est court et lisse. La tête est petite avec de grandes oreilles, tapissées à l'intérieur de poils blancs. La robe est d'un gris isabelle très clair fonçant jusqu'au brun foncé, uniforme vers les pattes et la queue. Celle-ci présente une cassure à son extrémité. Elle est parfois pelée sur le côté et se termine par une nodosité.

MALTE

Voir Bleu russe.

NÈGRE

Voir Chat de Gambie.

NU

Le Chat nu ne porte aucun poil. Il est apparu, assez rarement faut-il le dire, dans des portées de chats normaux, comme cela arrive pour d'autres races d'animaux domestiques (chiens, porcs, lapins, etc.).

La peau du Chat nu est très plissée, fine, souple, assez grasse et la teinte en est variable. Le corps, sans pelage, paraît maigre, avec des oreilles démesurées et des membres grêles. Son aspect est peu agréable. Son élevage est rarement entrepris ; aussi, il a été très peu étudié. Pourtant, il est aussi affectueux, caressant et familier qu'un chat d'une autre race.

Cependant, des études génétiques entreprises, l'on peut conclure que le résultat « nu » est léthal. Il détermine un affaiblissement tel de l'organisme que ce dernier ne peut faire naître des jeunes viables d'un couple de ces chats. Autrement dit, c'est le résultat d'une combinaison héréditaire incompatible avec la vie. Il ne s'agit, et nous insistons sur ce point, en aucune manière d'une espèce singulière. C'est une simple mutation qui peut se produire chez n'importe quelle race, à la suite d'influences peu connues.

PARAGUAY

Le Chat du Paraguay est plus petit que le Chat européen, allongé et bas sur pattes. Son corps est plus grêle, le poil est court, brillant, fortement couché sur la queue. Par certains de ses caractères, il rappelle les chats sauvages de l'Amérique du Sud. Il n'est pas impossible que le Chat du Paraguay soit le résultat d'un croisement entre ces espèces et le Chat domestique commun. Mais on dispose de peu de données.

Persan

Son origine se situe quelque part au Moyen-Orient, en Perse, en Turquie ou en Arménie.

Buffon explique qu'il devait provenir de la province perse du Khoraman où ce chat menait une vie plus ou moins sauvage. D'autres thèses voient une analogie entre son ancienne appellation d'Angora et le nom de la capitale de la Turquie. Il n'est certes pas aisé de conclure.

On peut cependant affirmer que cette race passe pour avoir été introduite en Italie vers 1551 ou 1626 par un gentilhomme romain, Pietro della Valle, qui voyagea en Perse et aux Indes.

Il semble aussi qu'au XVIIe siècle, le nom d'Angora était réservé à un chat à longs poils entièrement blanc.

Quoi qu'il en soit, cette race ne tarde pas à faire son

apparition en France en 1632 grâce à un conseiller du Parlement d'Aix, Nicolas Fabri de Peirese, un amateur éclairé. Cent ans plus tard, le Français Menard passait frauduleusement la frontière avec la première chatte à poils longs.

Le Persan a été décrit en 1874 par Gray sous le nom de *felis candata*, qui l'apparente au Chaus. Il est peu éloigné du chat sauvage d'Europe et du chat de Lybie. Il a du premier l'épais pelage et la queue touffue et divers caractères du second. Il faut ajouter que de nombreux chats à longs poils, dits de Perse, sont importés d'Afghanistan où la race domestique, selon Blyth, a d'étroites affinités avec le chat sauvage de l'Himalaya.

Les Persans, aujourd'hui forts à la mode, sont classés par les éleveurs d'après la couleur de leur pelage. Actuellement, la F.I.F.E. admet pour le Persan quatorze robes de couleurs différentes, allant de l'unie à la quadricolore, et exige pour chaque variété une teinte des yeux spécifique.

Quel est l'aspect général du Persan ? Le corps est trapu, massif et ramassé. La queue, généralement courte, s'étale en panache ; elle est très fournie en poils longs. En règle générale, le Persan la porte basse, dans le prolongement de son corps : c'est la queue qui lui donne son allure noble. L'ossature de la tête est petite, mais elle paraît puissante grâce aux longs poils. Les oreilles sont petites, arrondies, plantées bas et bien garnies de poils. Les yeux sont ronds et grands, de couleurs pures, bleus, verts ou orange. Les pattes sont larges et courtes. La fourrure est longue, soyeuse, quelle qu'en soit la teinte ; elle est dense, développée en forme de collerette autour de la tête.

Voici les diverses sélections :

PERSAN ARGENTÉ MARBRÉ *(Persan Silver tabby)*

Autrefois très apprécié, il tend aujourd'hui à disparaître. Pourtant la fourrure en est très belle, car elle rappelle celle du Chinchilla, c'est-à-dire l'argenté pâle. Ce Persan porte des raies sur la tête, comme tout tabby, avec des anneaux foncés aux pattes et sur la queue, ainsi que la marque du papillon sur les épaules et la coquille marbrée sur les flancs. La teinte des yeux est verte ou brun noisette.

Standard

La couleur : Elle est gris argenté avec les marques noires du tabby. Chaque trace de brun est considérée comme un défaut.

La tête : Elle est ronde, forte avec de petites oreilles espacées. Le nez est court.

Les yeux : Verts ou noisette.

Le corps : Il est trapu, massif et bas sur pattes.

La queue : Elle demeure courte et bien fournie.

La robe : Elle se présente avec une texture soyeuse, longue et bien fournie. Le jabot est long.

Echelle des points. Couleur : 40 / tête : 20 / forme : 10 / yeux : 10 / robe et condition : 15 / queue : 5 / Total des points : 100.

PERSAN BLANC AUX YEUX BLEUS

Son ancêtre pourrait être l'Angora blanc d'Asie Mineure, contrée où cette espèce était assez commune.

Le Persan blanc sans défaut est rare, car cette variété doit avoir un pelage de la pureté de la neige. Les amateurs anglais tiennent les « White persians » en grande faveur et, grâce à une sérieuse sélection, ils obtiennent des sujets qui remportent tous les premiers prix dans les concours.

La fourrure présente une texture soyeuse. Elle est longue, dense en même temps que légère, avec une belle collerette. La queue se porte en panache. Le pelage est d'un blanc pur, sans trace de crème. Au cours des expositions, les juges ne peuvent trouver sur les poils de traces de poudre blanche, car la bête serait disqualifiée.

Rappelons que les Persans blancs aux yeux bleus naissent sourds : comme nous l'avons déjà expliqué, il existe en effet une liaison entre la teinte du pelage et la couleur des yeux qui produit cette infirmité. Ces dernières années, une sélection sévère permet d'écarter cette tare.

Standard

La couleur : Elle doit être d'un blanc pur, sans ombre, tache ou marque.

La robe : Elle est longue, soyeuse, avec collerette et queue fournies. Le poil doit être serré, souple mais jamais laineux.

Le corps : Il est trapu, bas sur pattes, avec une forte ossature. La queue doit être courte et large.

Persan blanc.

La tête : Elle est ronde, large, avec de petites oreilles espacées et recouvertes de longs poils. Le nez est court, les joues sont pleines et le museau est large. Le prognathisme est à considérer comme un défaut.

Les yeux : Ils sont grands, ronds et ouverts. La couleur exigée est le bleu saphir profond.

Echelle des points : Couleur : 25 / robe : 25 / corps : 15 / tête : 15 / yeux : 20 / Total des points : 100.

PERSAN BLANC AUX YEUX ORANGE

Les Persans blancs aux yeux orange rencontrent actuellement une grande faveur auprès des amateurs. Les yeux demandent une teinte orange ou crème foncé. Leur forme doit être parfaite, c'est-à-dire que s'ils sont petits et ovales, les sujets sont disqualifiés.

Standard

La couleur : Elle est toujours d'un blanc pur, sans marque, ombre ou tache.

La robe : Elle est soyeuse, avec une collerette, et la queue demeure très fournie. Le poil ne peut être laineux.

Le corps : Il est également ramassé, trapu et supporté par des pattes fortes et courtes.

La tête : Elle est ronde, large avec de petites oreilles espacées. Le nez est court, les joues sont pleines et le museau est large.

Les yeux : Ils sont grands, ronds et ouverts. La couleur est orange foncé. Les yeux jaune pur sont tolérés.

N.B. Les blancs ont souvent tendance à avoir des traces jaunes sur la queue, par séborrhée et accumulation des poussières. Cette particularité est défavorable, on doit y veiller soigneusement en les lavant avant l'exposition.

Bien souvent aussi, les chatons blancs présentent une tache grise sur la tête. Ne pas s'inquiéter, ces taches disparaissent lorsque les chatons grandissent.

Echelle des points : Couleur : 25 / robe : 20 / corps : 20 / tête : 20 / yeux : 15 / Total des points : 100.

PERSAN BLANC AUX YEUX IMPAIRS

Mêmes caractéristiques que ci-dessus, excepté la couleur des yeux. Il faut qu'un œil soit d'un bleu profond et l'autre orange ou cuivre. Pas de C.A.C. à donner. Le prognathisme est à considérer comme un défaut.

Echelle des points : Couleur : 25 / robe : 20 / tête : 20 / corps : 20 / yeux : 15 / Total des points : 100.

PERSAN BLEU

Les Persans bleus sont, avec les blancs, les plus anciennement connus. En effet, comme nous le savons maintenant, ce sont ceux qui furent importés par Pietro della Valle, et qui auraient vécus à l'état naturel en Perse, dans la province de Khoranam. Ils ne furent cependant bien connus dans nos régions qu'à dater de la fin du XIXe siècle. Les Anglais furent les premiers à les présenter lors de l'Exposition, en 1888, du Crystal Palace. La sélection a été surveillée et c'est cette variété qui comporte les plus beaux sujets.

Persan bleu.

A ses origines, ce fut la couleur bleu foncé qui était la plus prisée. De nos jours, la couleur bleu pâle, sans tache ni ombre, aux yeux cuivrés, est celle qui est la plus appréciée.

Un beau Persan bleu ne s'obtient pas sans difficultés, même si les parents sont eux-mêmes d'un excellent modèle. Pour mériter un prix dans une exposition, il doit être bien poilu, d'un gris-bleu franc, sans la moindre rayure, sans ombre et sans trace blanche. Les yeux sont cuivrés et d'autant plus prisés qu'ils sont foncés.

D'un caractère agréable, le Persan bleu est un aimable compagnon, qui semble d'ailleurs très heureux de faire apprécier son élégance et sa beauté.

Standard

La couleur : Toute la gamme des bleus et des bleu-gris est admise à la condition qu'ils soient purs. Pas de poils blancs ni d'ombres.

La robe : La fourrure doit être longue, bien fournie, d'une texture douce, avec une collerette longue et abondante.

La tête : Elle est large, ronde avec des oreilles très petites, écartées l'une de l'autre et garnies de poils longs. Les joues sont bien développées. La face et le nez sont courts.

Les yeux : Ils sont de teinte orange ou cuivre foncé. Ils sont ronds, grands et purs, sans trace de vert.

Le corps : Celui-ci est trapu et court sur des pattes fortes.

La queue : Elle est très fournie et courte, se terminant légèrement en un arrondi. Un nœud (Kink) est considéré comme un défaut.

Echelle des points : Robe : 20 / tête : 25 / yeux : 20 / corps : 15 / queue : 10 / condition : 10 / Total des points : 100.

N.B. Les éleveurs ne devront pas craindre d'exposer à cause du standard sévère, même si les chats n'atteignent pas les définitions demandées.

PERSAN BLEU-CRÈME

Jusqu'en 1930, cette variété était considérée comme irrégulière, quoique très difficile à obtenir. Les éleveurs se servent du bleu-crème pour améliorer la variété crème, plus rare encore et qui, de nos jours, est très recherchée.

La couleur du standard, fixée depuis lors, doit être un mélange de bleu et de crème, réalisé uniformément sans aucune marque trop nette. Il faut signaler que les mâles sont rares et généralement stériles.

Standard

La couleur : Elle résulte d'un délicat mélange entre le bleu et le crème, sans marque ou tache trop nette ou trop étendue.

La robe : Elle est épaisse, très douce et soyeuse.

La tête : Elle est large, ronde, portant de mignonnes oreilles bien placées et touffues. Le nez reste large, court avec toujours les joues pleines.

Les yeux : Ils sont également ronds, ouverts, de couleur orange foncé ou cuivre.

Le corps : Il demeure massif, trapu et bas sur des pattes puissantes. Queue courte et bien fournie.

Echelle des points : Couleur : 30 / robe et condition : 20 / tête et type : 20 / yeux : 15 / corps : 15 / Total des points : 100.

PERSAN CRÈME

Cette variété est d'origine récente. Elle est fortement recherchée et appréciée. A ses débuts, la coloration était plus foncée. Ce que les éleveurs recherchent de nos jours, c'est une teinte très délicate. En effet, la couleur crème ne peut ni être prononcée par une tonalité chaude, ni tendre vers le jaune et rejeter le blanc trop pur. De plus, il ne peut y avoir la moindre tache, marque ou ombre. Le standard du Persan crème est actuellement bien fixé, mais il est rare d'en trouver un dont la robe soit absolument parfaite.

Standard

La couleur : Elle doit être d'un crème pâle, pur, uniforme, sans ombres ni taches.

La robe : Elle est longue, épaisse et soyeuse. La queue est courte, bien fournie. Si le sujet porte une touffe de poils blancs à la queue, c'est une faute.

Le corps : Il est trapu, d'une bonne ossature, avec des pattes courtes.

La tête : Elle est forte, large et ronde. Les oreilles sont petites, touffues et bien placées. Les joues sont pleines et rondes. Le nez est court et large.

Les yeux : Ils sont ronds, larges, bien ouverts et d'une couleur orange foncé ou cuivre foncé.

Echelle des points : Couleur : pâle jusqu'à moyen : 30 / robe et condition : 20 / corps : 15 / tête : 20 / yeux : 15 / Total des points : 100.

PERSAN BRUN MARBRÉ *(Brown tabby)*

Il s'agit d'une variété très rare en France et qui a eu une vogue plus ou moins variable. De nos jours, elle est très recherchée. Le pelage variant avec l'âge, la sélection des chatons est difficile. La teinte de fond du pelage doit être fauve, légèrement cuivrée, avec des raies noires bien marquées. Les noirs non profonds et les tigrures grises sont éliminés, ainsi que les marques mal déterminées. Aucune tache blanche n'est acceptée.

Persan crème.

Standard

Couleurs et marques : Teinte de fond sable sombre, fauve et chaud. La tête est rayée de noir et les joues sont traversées de deux à trois spirales bien délimitées. La poitrine est barrée de deux lignes minces. Le chat porte un papillon sur les épaules. Les quatre pattes sont rayées. Le dos est marqué de trois lignes allant de la tête à la queue, qui est annelée. Les flancs présentent des cercles.

La robe : Elle est longue et soyeuse.

La queue : Elle est courte et bien fournie.

La tête : Elle demeure large et ronde, avec de petites oreilles espacées.

Les yeux : Ils sont ronds et larges, d'une couleur cuivre ou orange foncé mais jamais verts.

Echelle des points : Robe : 50 / corps : 15 / tête : 20 / yeux : 15 / Total des points : 100.

PERSAN CHINCHILLA

C'est le plus beau de tous les Persans et l'une des variétés récemment fixées. Le Persan chinchilla dérive des argentés et il ne s'en différencie que par un pelage non rayé. A ses débuts, la teinte tendait vers une nuance foncée, puis la mode imposa une apparence inimitable : blanche, légèrement tiquetée, sans taches sombres, ce qui lui donne un aspect d'argent brillant. Comme pour d'autres variétés, la sélection des jeunes est difficile, puisqu'ils naissent foncés et même rayés. Ce n'est que vers sept à huit mois que l'on peut se rendre compte de leur beauté.

Standard

La couleur : Celle du sous-poil doit être d'un blanc pur. Les ombres et les taches sont à éliminer ainsi que tout poil noir. La tête, les oreilles, la queue et les côtes sont légèrement tiquetées de noir. Les pattes peuvent être légèrement ombrées. Par contre, le menton et les touffes des oreilles, la poitrine et le ventre doivent être d'un blanc pur. Toutes marques de tabby ou poil brun ou crème sont à éliminer.

La tête : Elle est ronde, large avec de petites oreilles largement espacées, larges à la base et bien touffues. Le nez est camus et les joues sont pleines.

Le corps : Il demeure massif, trapu et les pattes sont courtes et fortes.

Les yeux : Ils sont grands, ronds, expressifs, de couleur émeraude ou bleu-vert.

La robe : Elle est longue, fine, soyeuse, épaisse, avec une belle collerette bien fournie.

La queue : Elle est courte, épaisse et bien touffue.

Echelle des points : Couleur : 25 / tête : 20 / corps : 15 / yeux : 15 / Robe et condition : 15 / queue : 10 / Total des points : 100.

PERSAN DEUX COULEURS *(Bi-colour)*

Standard

Les couleurs et dessins : N'importe quelle couleur solide et du blanc. Les couleurs doivent être nettes et bien distribuées, pas

Persan chinchilla.

plus que deux tiers de la robe en couleur solide et pas plus que la moitié en blanc. La couleur solide et le blanc doivent être bien séparés en taches sur le visage.

La robe : Longue, soyeuse et souple, elle est extra-longue sur la collerette et la queue.

La tête : Ronde et large, avec un grand espace entre les oreilles, qui doivent être petites et bien placées et touffues. Nez court et large, joues pleines, museau large et menton solide (denture parfaite).

Le corps et les jambes : Le corps est trapu et massif. Les jambes sont courtes et fortes.

Les yeux : Ils sont grands et ronds, bien écartés, de couleur orange foncé ou cuivre.

La queue : Courte et fournie.

Les fautes graves : Marques tabby, queue longue, yeux jaunes ou verts.

Echelle des points : Couleurs et dessins : 25 / robe : 15 / tête : 25 / corps et jambes : 15 / yeux : 15 / queue : 5 / Total des points : 100.

PERSAN ÉCAILLE ET BLANC

De cette très belle variété, il n'existe que des femelles. La teinte idéale du pelage est un marquage bien réparti de noir, roux, crème et blanc sur la tête, le dos et la queue. Le poitrail est blanc. L'animal présente quelques touches blanches aux lèvres, aux membres et à la collerette.

Standard

La couleur : Les teintes noires, blanches, rousses et crème sont bien distribuées et séparées du blanc. Une légère touche blanche est permise sur le menton, mais de préférence aucune tache blanche sur le dos.

La robe : Elle est longue, soyeuse, avec une collerette très fournie et longue. De même pour la queue.

Le corps : Il demeure toujours trapu, massif et court sur pattes.

La tête : Elle est large, ronde, avec de petites oreilles bien placées et touffues. Le nez est large, court. Les joues sont pleines et rondes.

Les yeux : Ils sont ronds, grands et leur teinte est orange foncé ou cuivre.

Echelle des points : Couleur : 50 / corps : 15 / tête : 20 / yeux : 15 / Total des points : 100.

PERSAN ÉCAILLE DE TORTUE

Il n'existe aussi que des chattes dans cette très belle variété, très recherchée par les amateurs.

Les Persans écaille de tortue s'obtiennent par croisement d'un Persan roux avec un Persan noir. Une chatte peut donner dans une portée des chatons de couleurs différentes. La beauté de leur couleur réside dans l'équilibre de la répartition des trois teintes suivantes : noir, roux et crème, bien séparées, sans trace de blanc. L'Ecaille de tortue a les caractéristiques générales du Persan.

Standard

La couleur : Elle est faite de trois teintes : noir, roux et crème.

Ces trois couleurs seront équilibrées et séparées en taches, sans qu'il y ait de larges marques, ni de blanc, en teintes riches et brillantes.

La robe : Elle est longue et fournie, très longue à la collerette et à la queue.

Le corps : Il demeure massif, trapu avec une forte ossature. Les pattes sont courtes.

La tête : Elle est large, ronde avec de petites oreilles bien placées et touffues. Nez large et court, joues pleines et rondes.

Les yeux : Ils sont grands, ronds, de couleur orange foncé ou cuivre.

Echelle des points : Couleur : 50 / corps : 15 / tête : 20 / yeux : 15 / Total des points : 100.

- *Persan écaille de tortue bleu.* Mêmes caractéristiques que ci-dessus, sauf que la couleur noire est remplacée par du bleu.
- *Persan écaille de tortue bleu et blanc.* Mêmes caractéristiques que ci-dessus, sauf que la couleur noire est remplacée par du bleu.

Echelle des points : Robe : 50 / corps : 15 / tête : 20 / yeux : 15 / Total des points : 100.

PERSAN FUMÉ *(Smoke)*

Il est l'objet d'une sélection récente. Le Persan fumé est un très beau chat, mais peu répandu en France. Son élevage est très difficile. Il s'obtient par croisement et son pelage se fixe péniblement. Certains éleveurs l'obtiennent en croisant un Persan noir avec un argenté ; d'autres une femelle noire avec un fumé, ou encore une femelle bleue.

Le Fumé est un chat de contraste. La racine des poils doit être d'un blanc de cendre et le reste du poil doit être noir. Les pointes noires sur le dos, la tête et les pattes doivent être spécialement bien marquées, de même les marques claires à la collerette, aux flancs et aux touffes des oreilles.

Les chatons ne peuvent être sélectionnés qu'après sept à huit mois, lorsque la robe obtient sa teinte définitive. Il existe deux variétés de Fumé : le bleu et le noir.

Standard

La couleur : Le corps est noir ou bleu, ombré d'argent sur les côtés et les flancs, le masque et les pieds sont noirs ou bleus. Pas de marque, mais la collerette et les touffes des oreilles sont argentées. Le sous-poil est aussi près du blanc que possible.

La robe : Elle est longue, dense et soyeuse, avec la collerette longue et bien fournie.

Le corps : Il est massif et court sur pattes.

La tête : Elle est large, forte avec de petites oreilles touffues, bien plantées et très écartées.

Les yeux : Ils sont grands, ronds et de couleur orange ou cuivre ; expression agréable.

La queue : Elle est fournie et courte.

Echelle des points : Couleur : 40 / robe, texture et condition : 10 / tête avec les oreilles : 20 / corps : 15 / yeux : 10 / queue : 5 / Total des points : 100.

PERSAN NOIR

S'il fut longtemps négligé et peu apprécié en France, il se voit à présent de plus en plus recherché. Mais les sujets purs sont exceptionnels. Souvent le pelage a des reflets roux. Le poil doit être d'un noir jais parfait et les yeux doivent être cuivrés. Aucune trace d'autre couleur n'est admise. Si le chat possède une petite marque blanche au poitrail, il n'est peut-être pas déclassé, mais il se trouve certainement en état d'infériorité vis-à-vis d'autres congénères.

L'élevage des Persans noirs est très difficile. En effet, rares sont les chatons qui naissent avec la bonne couleur. La présentation demande aussi beaucoup de soins et leur toilettage est minutieux.

Standard

La couleur : La couleur noir corbeau doit être brillante jusqu'à la racine du poil. Aucune trace de poil gris, blanc ou marron.

La robe : Elle est longue, soyeuse, avec une collerette et une queue courte et bien fournie.

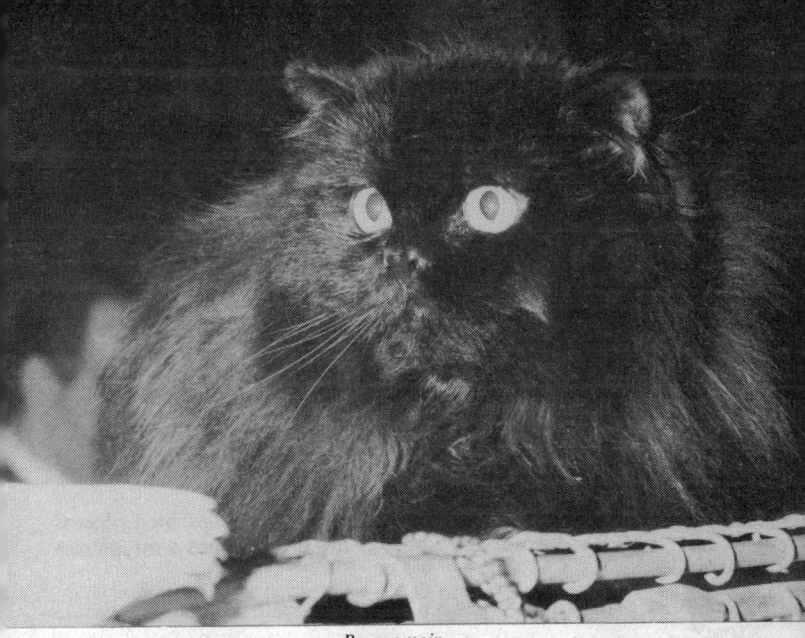
Persan noir.

Le corps : Il demeure trapu, massif, sans pourtant être grossier, avec une forte ossature. L'animal est court sur pattes.

La tête : Elle est ronde, large et présente de petites oreilles recouvertes de poils, bien écartées et nettes. Les joues sont pleines et le museau est large. Le prognathisme est à considérer comme un défaut.

Les yeux : Ils sont grands, ronds et bien ouverts. La teinte en est orange foncé ou cuivre. Aucune trace de vert n'est tolérée.

N.B. Les chatons noirs poils longs ont souvent une très vilaine couleur jusqu'à cinq ou six mois, leur poil étant gris avec parfois quelques taches de poils blancs. Les éleveurs ne doivent pas les écarter pour cela, s'ils sont bons sur tous les autres points, car ces chatons, fréquemment, sont les meilleurs noirs lorsqu'ils atteignent l'âge adulte.

Echelle des points : Couleur : 25 / robe : 20 / corps : 20 / tête : 20 / yeux : 15 / Total des points : 100.

PERSAN ROUX *(Red self)*

Il est extrêmement rare et parfois on le confond avec le Persan roux marbré (Red tabby).

La difficulté est d'obtenir des sujets d'un roux profond et uniforme et non pas dans les teintes crème.

Standard

La couleur : Elle est d'un roux chaud, sans marques tabby ni taches claires. La teinte doit être bien unie.

La robe : Elle est longue, épaisse et soyeuse. La queue est courte et bien fournie.

Le corps : Il reste trapu, bien entendu, et assez lourd, porté par des pattes fortes et courtes.

La tête : Elle est large, ronde avec de petites oreilles bien placées et très touffues. Le nez est large, court et les joues sont pleines et rondes.

Les yeux : Ils sont larges et bien ouverts, de couleur cuivre foncé.

Echelle des points : Robe : 50 / corps : 15 / tête : 20 / yeux : 15 / Total des points : 100.

PERSAN ROUX MARBRÉ *(Red tabby)*

Cette race est particulièrement recherchée et développée en Angleterre ainsi qu'aux Etats-Unis.

La teinte de la robe doit être d'un roux profond, très chaud, cuivrée même. De nombreux sujets sont beaucoup trop pâles. Les marques plus claires et ton sur ton sont celles du Tabby européen.

Standard

Couleur et marques : Il doit présenter un roux profond avec des marques claires et bien définies sur l'ensemble du pelage, c'est-à-dire se continuant sur la poitrine, les pattes et la queue.

La robe : Elle est longue, soyeuse et bien fournie. La queue est courte, fournie, mais ne peut avoir de pointe blanche.

Le corps : Il est massif, trapu et bas sur pattes.

La tête : Elle est large, ronde avec des oreilles petites, touffues et bien placées. Le nez est large, court et les joues sont pleines.

Les yeux : Les yeux sont larges, ronds et de teinte orange foncé ou cuivre foncé.

Echelle des points : Robe : 50 / corps : 15 / tête : 20 / yeux : 15 / Total des points : 100.

PERSAN BRUN TABBY *(Brown tabby)*

La couleur et les marques : La teinte est sable fauve, chaud avec de délicates rayures noires, descendant sur la face, les joues traversées de deux ou trois spirales bien marquées. La poitrine est barrée par deux lignes étroites et ininterrompues. Marques en forme de papillon sur les épaules ; devant des pattes rayé régulièrement. Le long de la selle et des flancs courent des bandes foncées et la queue doit être régulièrement annelée.

La robe : Elle est longue et fournie, avec la queue courte et fournie.

Le corps : Il est massif et trapu, et les pattes sont courtes.

La tête : Ronde et large, avec des oreilles petites bien placées et touffues ; le nez est large est les joues sont pleines et rondes.

Les yeux : Grands et ronds, noisette ou cuivre.

Echelle des points : Robe : 50 / corps : 15 / tête : 20 / yeux : 15 / Total des points : 100.

PERSAN À FACE DE PÉKINOIS *(Peke-face)*

Ils existent dans les roux uniformes ou marbrés. Comme le nom l'indique, ils présentent le museau aplati et raccourci comme les chiens de la race dite « Pékinois ». Cette complication dans la sélection n'embellit en rien cette race dont la beauté naturelle suffit largement aux amateurs.

Pie- Chat-

La robe de cette race est formée de larges taches colorées sur un fond blanc. Cette curieuse variété de chats n'a donné lieu, à notre connaissance, à aucune sélection et n'est pas présentée aux expositions.

REX *(Cornish)*

Standard

La robe : Courte, dense, un peu comme de la peluche, sans poil de jarre, elle est frisée, bouclée ou ondulée, principalement sur le dos et la queue. Les moustaches et les sourcils doivent être frisés et de bonne longueur. Toutes les couleurs de la robe sont acceptées. Les taches blanches, s'il y en a, doivent être symétriques, excepté chez les écailles et blancs.

La tête : Elle est cunéiforme, de longueur moyenne d'environ un tiers en plus de la largeur maximum de la tête, qui se rétrécit en un menton fort. Le crâne doit être plat. On doit voir de profil une ligne droite partant du centre du front jusqu'à la pointe du nez.

Les yeux : De forme ovale, de grandeur moyenne ; la couleur s'accorde avec celle de la robe.

Les oreilles : Grandes, posées haut sur la tête, larges à la base, elles vont en s'arrondissant jusqu'aux extrémités, bien couvertes d'un poil fin.

Le corps et les jambes : Le corps est dur et musclé, gracile et de longueur moyenne. Les jambes sont longues et droites, donnant une apparence de hauteur. Pieds petits et ovales.

La queue : Longue, fine et pointue, elle est couverte d'un poil bouclé.

Les fautes :
1. Taches blanches qui ne sont pas symétriques, sauf pour les écailles et blancs.
2. Robe trop courte, ébouriffée.
3. Endroits nus, une faute chez les chatons, pis chez les adultes.
4. Type de tête « européen », ou cunéiforme trop longue.
5. Oreilles petites.
6. Manque de fermeté des muscles.
7. Corps ramassé.
8. Queue courte ou nue.

Echelle de points : Robe : 50 / tête : 5 / yeux : 5 / oreilles : 10 / corps et jambes : 25 / queue : 5 / Total des points : 100.

REX (Devon)

La robe : Très courte et fine, elle est douce et ondulée, sans poil de jarre. Les moustaches et les sourcils doivent être frisés, assez rêches et de longueur moyenne. Toutes les couleurs de robe sont permises, à l'exception des bi-couleurs. Toutes les taches blanches sont considérées comme une faute, à l'exception des écailles de tortue et blancs et des chats entièrement blancs.

La tête : Elle se présente d'une manière cunéiforme avec joues pleines. Le museau est court avec un menton fort et entaillé de moustaches. Le nez est marqué par un fort « stop ». Le front se courbe vers un crâne plat.

Les yeux : Bien écartés, grands, ils sont de forme ovale, oblique vers le bord extérieur de l'oreille. La couleur s'accorde avec la teinte de la robe ou alors elle est chartreux, verte ou jaune, sauf pour les Rex-Siamois.

Les oreilles : Grandes posées bas, elles sont très larges à la base et finissant rondes à l'extrémité. Elles doivent être bien couvertes d'un poil fin avec ou sans plis de la peau poilue derrière la base de l'oreille (ear muffle).

Le corps, les pieds et la nuque : Le corps est dur et musclé, gracile et de longueur moyenne, avec un large thorax qui est haut porté sur des jambes longues et minces, les postérieures étant plus hautes que les antérieures. Pattes fines et ovales. La nuque est mince.

La queue : Longue, fine et pointue, elle est couverte d'un poil court.

Les fautes :
1. Robe droite ou ébouriffée.
2. Taches blanches sauf chez les écailles de tortue et blancs.
3. Des endroits nus sont une faute chez les chatons, pis chez les adultes.
4. Tête étroite, longue, ou type européen.
5. Corps ramassé.
6. Manque de fermeté des muscles.
7. Oreilles petites et haut placées.
8. Queue courte, nue ou touffue.

N.B. Si le Devon Rex a le ventre couvert seulement de duvet, cela ne doit pas être interprété comme nu.

Echelle des points : Robe : 40 / tête : 15 / yeux : 5 / oreilles : 10 / corps, jambes et nuque : 25 / queue : 5 / Total des points : 100.

Siamois

Quelle est l'origine du « Royal sacred Siamois » ? Il n'est pas possible de retrouver dans la nature, au Siam ou ailleurs, une espèce sauvage qui puisse affirmer leur ascendance. Le docteur Trouessart le fait dériver du « felis badia » de Bornéo, dont la fourrure est marron-acajou, avec les pattes et la queue fauves et dont les oreilles sont brunes. Mais cette parenté est contestée par les spécialistes. Certains auteurs pensent même que sa robe aurait pu être rayée, car il arrive parfois que dans une portée, de jeunes Siamois présentent des raies. Mais le mystère reste entier.

Par contre, le seul fait certain que l'on puisse émettre, c'est que sa domestication remonte sans aucun doute à une époque très ancienne et qu'une sélection sévère a dû modifier la race première. Enfin, rien ne prouve que ce chat soit originaire du pays qui lui a donné son nom.

Le Siamois a d'abord fait son apparition en Angleterre. Les premiers Siamois importés semblent avoir été le couple amené de Bangkok en 1884 par un certain Monsieur O. Gould qui offrit un mâle « Pho » et une femelle « Mia » à sa sœur Mistress Weley. Leur progéniture remporta les premiers prix à l'exposition du Crystal Palace en 1885. Au cours de cette même année, deux autres Siamois, Tiam O'Shian et Susan, furent importés, appartenant à Miss Forestier Walker. A Paris, un peu plus tard, Monsieur A. Pavie, ministre résident de France à Bangkok, a fait don d'une portée à la ménagerie du Jardin des Plantes. La première étude scientifique sur ces chats parut en 1893 ; elle est due au professeur Oustalet du Museum de Paris.

Les adultes importés se sont fort bien acclimatés puisque, d'après le Registre anglais des chats siamois, la moitié des chats actuels du Royaume-Uni seraient leurs descendants.

Le Siamois est un chat à poil court, présentant des caractères bien particuliers. Il est un peu plus petit que le Chat européen. Il présente un profil élégant et gracieux. Le poil est court et lisse. La tête demeure petite, avec des oreilles assez grandes tapissées à l'intérieur de poils blancs. La queue et les pattes sont d'un brun foncé uniforme. La robe est d'un gris isabelle très clair, lavée sous le ventre et fonçant davantage vers les extrémités. Les lèvres ainsi que la plante des pieds sont noires. L'iris de l'œil montre le plus souvent une teinte gris-bleu ou saphir. Les moustaches sont d'un blanc pur et le museau est d'un rose foncé.

◀ *Ces trois Rex Devon cachent un Siamois Seal point.*

La queue du Siamois a fait couler beaucoup d'encre sur le fait de savoir si un animal de pure race devait présenter une queue longue ou courte, c'est-à-dire avec une cassure à son extrémité. Pour ramener un peu d'ordre parmi les éleveurs, le Siamese Club d'Angleterre établit le standard définitif : les chats siamois doivent avoir la queue longue. On peut tolérer — au pis aller — un crochet à l'extrémité.

En outre, ce qui donne au Siamois une allure particulière et une expression de vivacité dans la démarche, c'est que ses pattes de derrière sont plus longues que celles de devant.

Rappelons que la teinte de la robe varie non seulement avec l'âge, mais aussi avec la température. Lors de sa naissance, le chaton est presque blanc et les premières marques brunes apparaissent après quelques mois. L'évolution de la coloration est fixée après un an.

Il y a un point sur lequel nous devons insister, à savoir le fait que les Siamois ont besoin d'espace. En outre, ils doivent être tenus en un parfait état de propreté. Il faut aussi tenir compte de la psychologie de la race : s'ils sont restés fiers et indépendants, ils demeurent étroitement attachés à leurs maîtres. Comme tout autre chat, ils aiment être caressés. Il faut simplement faire preuve d'attention à leur égard et posséder de la patience. Certains auteurs assurent qu'ils sont jaloux. Ces traits font des Siamois des chats vraiment intéressants.

Standard

La taille et la forme : La taille est moyenne, avec un corps long et svelte. Les pattes postérieures sont plus longues que les pattes antérieures. La queue est longue, mince et en forme de fouet. La queue avec un léger crochet est tolérée.

La tête : Bien proportionnée, elle s'inscrit dans un triangle renversé, dont la base est à la hauteur des yeux et la pointe vers le museau. Les oreilles sont grandes, larges à la base et pointues à l'extrémité. Elles sont assez rapprochées.

Les yeux : Ils sont grands, purs, de forme orientale et espacés. La couleur est un bleu saphir.

Couleurs et marques : La teinte de la robe est crème, pâlissant sous le ventre. Les extrémités des pattes et des pieds ainsi que le masque et la queue sont de couleur marron et nettement délimités. Aucun tache blanche n'est tolérée.

Siamois.

Le poil : Il est court, fin, luisant et plat.

Echelle des points : Type et forme : tête : 15 / oreilles : 5 / yeux : 5 / corps : 15 / pattes et pieds : 5 / queue : 5 / couleur yeux : 15 / marques : 10 / corps : 10 / poil : 10 / conditions générales : 5 / Total des points : 100.

Les éleveurs ont sélectionné des nuances exceptionnelles :

SIAMOIS BLUE POINTED ou Blue point

C'est un chat siamois comme les autres, mais la teinte varie. En effet, la robe est bleutée, dégradée sur les pattes qui sont d'un gris-bleu. Le dos doit être légèrement ombré, mais sans trace de crème.

Standard

Mêmes caractères que le SP à l'exception de :

La couleur des marques : Bleue ; masque, oreilles, jambes, pieds et queue de la même teinte bleue. Les oreilles ne doivent pas être plus foncées que les autres marques.

La couleur du corps : Blanc de glace, s'ombrant jusqu'au bleu. Sur le dos le même ton froid que pour les marques, mais d'un ton plus clair.

Les yeux : Limpides, brillants, d'un bleu vif.

Echelle des points : la même que chez les SP.

SIAMOIS BURMESE POINTED ou Burmese cat

Ses yeux sont jaunes et ronds au lieu d'être ovales. C'est un animal extrêmement rare.

SIAMOIS CHOCOLATE POINTED ou Chocolat point

Le standard de cette variété demeure identique, à l'exception de la couleur chocolat au lait pour les pattes, les pieds et les oreilles. Le corps est d'une teinte ivoire devenant plus foncée jusqu'à la couleur des masques.

Standard

Mêmes caractères que le SP à l'exception de :

La couleur des marques : Chocolat au lait ; oreilles, masque, jambes, pieds et queue de même couleur. Les oreilles ne doivent pas être plus foncées que les autres marques.

La couleur du corps : Couleur ivoire sur tout le corps, avec des ombres, s'il y en a, qui s'accordent à la couleur des marques.

Les yeux : Limpides, brillants, d'un bleu vif. La même que chez le SP.

Echelle des points : Type et corps : tête : 15 / oreilles : 5 / yeux : 5 / corps : 15 / jambes et pattes : 5 / queue : 5 / Total 50 points. Couleur : yeux : 15 / marques : 10 / corps : 10 / robe : 10 / condition : 5 / Total 50 points, soit 100 pour l'ensemble.

SIAMOIS GOLD POINTED

Cette variété n'est pas encore officiellement admise. Encore très rare, ce Siamois est ganté et chapeauté d'orange. La queue est droite et les yeux sont ronds et de couleur bleue.

SIAMOIS SEAL POINTED ou Seal point

C'est le plus classique des Siamois dont le standard a été défini précédemment.

Depuis quelques années, au gré de la fantaisie des éleveurs, se sont ajoutées d'autres variétés

Standard

La forme (corps et queue) : Grandeur moyenne, corps long, svelte et souple. Les jambes sont longues et proportionnellement fines. Les postérieures sont plus hautes que les antérieures. Les pieds demeurent petits et ovales. La queue est longue, effilée, droite, une tolérance est acceptée si elle est légèrement nouée à l'extrémité. Cou long et gracile. Corps, jambes, pieds, tête et queue doivent être bien proportionnés et donner l'impression d'un équilibre parfait.

La tête et les oreilles : La tête est longue et bien proportionnée, large entre les yeux, se rétrécissant en ligne parfaitement droite jusqu'à un museau fin. Oreilles grandes et dressées, larges à la base et bien écartées. Le menton est fort, et le nez long.

Les yeux (couleur et forme) : Ils sont limpides, brillants et d'un bleu foncé. De forme orientale, ils sont inclinés vers le nez. Aucune tendance au strabisme.

La couleur du corps : Crème, fonçant jusqu'à une couleur brun clair chaud sur le dos. Les chatons sont plus clairs.

Les marques : Masque, oreilles, jambes, pieds et queue marqués nettement par un brun foncé dense (seal). Le masque complet est joint aux oreilles par des traces brunes foncées. (Sauf chez les chatons.)

La robe : Très courte et fine de texture, elle est lustrée et serrée.

N.B. Le Siamois doit être un chat très harmonieux avec une tête, des oreilles et un cou portés sur un long corps gracile, soutenu par des jambes et des pieds fins avec une queue bien en proportion. La tête et le profil sont triangulaire, ni ronds, ni pointus. Le masque complet est lié par des traces foncées jusqu'aux oreilles, sauf chez les chatons. Les yeux sont bleu foncé. Une lueur verte est considérée comme une faute. Expression alerte et intelligente. Un orteil ou des orteils blancs font disqualifier un chat exposé. Il est important de noter que le Standard au point de vue type et forme est le même pour toutes les autres couleurs de Siamois.

SIAMOIS LILAC POINTED (Marques lilas)

Le corps est blanc avec de légères ombres. Le masque est d'un gris pâle teinté de rose.

Mêmes caractères que le Siamois Seal point à l'exception de :

Standard

La couleur des yeux : Bleu vif, pur et clair (non pâle).

La couleur des marques : Un gris rosé. Bout du nez et coussinets lilas fané.

La couleur du corps : Blanche nuancée. Des ombres, s'il y en a, s'harmonisent avec la teinte des marques.

Echelle des points : Comme pour les autres Siamois.

SIAMOIS TABBY POINT

Il porte des barres de couleur brunâtre sur le masque, les pattes et la queue. Les oreilles sont terre de Sienne brûlée tachetées de roux ou rousses tachetées de brun. C'est un chat de grandeur moyenne avec une apparence élégante.

Standard

Le type : Siamois.

La tête : Large au sommet et se rétrécissant vers un museau fin, menton fort.

Les oreilles : Grandes et dressées, larges à la base et bien écartées.

Le nez : Long et nettement défini.

Les yeux : Forme orientale, inclinés vers le nez.

Le cou : long et gracieux mais vigoureux.

Le corps : Long et svelte.

Les jambes : Longues et fines.

Les pattes : Petites et ovales.

La queue : Longue et effilée.

La couleur : Restriction de la couleur des marques comme chez tous les Siamois : couleur de base seal, bleu, chocolat, lilac ou écaille de tortue.

La couleur générale du corps : Clair, de préférence sans barres ou marques, conforme au standard des Siamois, particulièrement pour la couleur des marques.

Les oreilles : Solides sans barres. On y voit une tache de la grandeur d'une empreinte digitale (du pouce) en couleur de base du corps, sauf pour les écailles tabby, qui doivent avoir les oreilles marbrées avec du rouge et/ou du crème comme le Siamois écaille de tortue.

La peau du nez : Conforme au standard général, particulièrement pour la couleur des marques, ou rose.

Le masque : Des barres clairement définies, spécialement autour des yeux et du nez. Les dessins sont distincts sur les joues. La base des moustaches a des taches foncées.

Siamois tabby point.

Les yeux : Ils sont brillants et nettement bleus. Les paupières ont des bords foncés dans un ton atténué des marques.

Les jambes : Plusieurs grandeurs de barres cassées. La couleur de la semelle des antérieures et des postérieures est solide. Dans les Tabby points écaille, les jambes ont quelques taches mêlées rouges et/ou crème.

La queue : Des anneaux de plusieurs grandeurs bien définies sont représentatifs. Le bout de la queue se termine en couleur unie.

Les coussinets : Les Siamois écaille tabby ont les coussinets marbrés.

La robe : Elle est serrée et ferme.

Echelle des points : Type et corps : tête : 15 / oreilles : 5 / yeux : 5 / corps : 15 / jambes et pattes : 10 / Total 50 points. Couleur : anneaux sur la queue : 10 / yeux : 10 / couleur du corps : 10 / marques : 10 / robe : 5 / condition : 5 / Total 50 points, soit 100 pour l'ensemble.

SIAMOIS RED POINTED (Marques rouges)

Dans cette variété, la robe est blanche avec une légère teinte abricot sur le dos. Les marques de la face, des pattes et de la queue sont plus foncées mais toujours d'une même couleur.

Standard

			Points
Mêmes caractères que le Siamois seal point à l'exception de :			50
La couleur	du corps :	Blanc. Des ombres, s'il y en a, en couleur abricot sur le dos. Les chatons sont plus clairs.	10
	de la peau du nez :	Rose	
	des oreilles :	Or rougeâtre vif	
	du masque :	Or rougeâtre vif	
	des jambes et des pieds :	Or rougeâtre vif ou abricot	10
	de la queue :	Or rougeâtre vif	
	des yeux :	Bleu vif, pur	15
	de la robe :	Très courte et fine de texture, lustrée et serrée	10
	Condition :		5
		Total des points :	100

Modification : Des barres et des rayures sur le masque, les jambes ou la queue ne sont pas jugées comme fautes.

SIAMOIS MARQUES ÉCAILLES DE TORTUE

Standard

Type et forme : Mêmes caractères que le Siamois seal point

Points 50

La couleur : Restriction de la couleur écaille de tortue aux marques comme chez tous les Siamois : couleur de base seal, bleu, chocolat ou lilac.

du corps :	Comme chez le Siamois avec la couleur de base solide	10
de la peau du nez :	Comme chez le Siamois avec la couleur de base solide (note ci-dessous)	
du masque :	Seal, bleu, chocolat ou lilac ; tacheté ou entremêlé avec du rouge et/ou du crème	
des oreilles	La couleur de base s'accordant au masque tacheté et entremêlé avec du rouge et/ou du crème et clairement visible	10
des jambes et des pieds :	La couleur de base s'accordant au masque, tacheté et entremêlé avec du rouge et/ou du crème	
de la queue :	La couleur de base s'accordant au masque, tacheté et entremêlé avec du rouge et/ou du crème	
des yeux :	Bleu comme chez le Siamois avec couleur de base solide	15
de la robe :	Très courte et fine de texture, lustrée et serrée	10
Condition :		5

Total des points : 100

N.B. La répartition des taches sur les marques et la peau du nez est sans importance pour les Siamois écaille de tortue. Des marques tigrées sont à considérer comme un défaut.

SPOTTED (Européen)

C'est une race proche du Tigré mais dont le pelage présente des différences. Les taches ne sont pas alignéés, mais elles se dessinent sous forme de marques séparées comme celles de la panthère.

Pour juger ces chats il est à considérer la netteté des taches foncées sur fond clair. Ces taches peuvent être rondes, ovales ou en forme de rosette. Toutes ces taches sont d'égale valeur, à la condition cependant qu'elles soient nettes, ne se chevauchant pas. Ces chats peuvent être de toutes couleurs pourvu qu'ils soient conformes à la couleur de base. La couleur des yeux doit être en accord avec la couleur du poil.

Fautes : Rayures, barres (sauf sur le visage et la tête), pointillage.

Echelle des points : Standard général : 50 / Répartition et couleur des taches : 50 / Total des points : 100.

TABBY

Voir Chat européen.
- *Tabby tigré*. Voir Européen tigré.
- *Tabby brun* ou Brown tabby. Voir Européen marbré brun.
- *Tabby rouge* ou Red tabby. Voir Européen marbré rouge.
- *Tabby marbré*. Voir Européen marbré.

TOBOLSK

Le chat de Tobolsk est roux, aux poils longs et laineux. Il se rattache aux chats du Khorassan ou chats persans. Il n'est qu'une forme géographique légèrement modifiée par la sélection.

TURC - Chat *(Reconnu par le G.C.C.F.)*

Standard

La couleur et la robe : La couleur doit être un blanc de chaux sans trace de jaune. Dans le visage des taches châtain-roux apparaissent avec une flamme blanche. Les oreilles doivent être blanches. La pointe du nez, les coussinets du pied et l'intérieur des oreilles doivent être d'un rose délicat. La robe doit être longue, douce et soyeuse jusqu'à la racine. Aucun poil de dessous laineux.

La tête : Elle se présente en un triangle court, avec des oreilles longues et poilues, placées étroitement et droit sur le crâne. Le nez est long.

Les yeux : La forme doit en être ronde et la couleur ambre pâle. Les paupières doivent être cerclées de rose.

Le corps : Il est long mais trapu, avec des pattes de longueur moyenne et des pieds gracieux et ronds, avec des touffes entre les doigts de pied. Les mâles doivent être spécialement musclés sur la nuque et les épaules.

La queue : Touffue, de longueur moyenne, sa couleur est châtain-roux avec des anneaux pâles. La couleur des anneaux est plus forte chez les chatons.

N.B. Certains chats ont parfois de petites taches irrégulièrement placées et de teinte châtain-roux. Un tel sujet ne doit pas être disqualifié.

Echelle des points : Couleur et robe : 35 / tête : 25 / yeux : 10 / corps : 10 / queue : 10 / condition : 10 / Total des points : 100.

ZIBELINE - voir Burmese

Créé en Amérique. Il ne faut pas établir de confusion avec le Birman ; en effet, son nom U.S.A. est Burmese.

C'est un chat à poil court, au pelage uniformément brun chocolat, avec un dégradé sur le ventre. Les yeux sont jaunes. La queue est longue.

X

Comment choisir son chat

Vous désirez devenir propriétaire d'une charmante bête, débordante de qualités, jolie, affectueuse, obéissante, propre... Bref, vous rêvez du plus attachant des chats ou de la plus attachée des chattes.

Il n'y a rien de plus difficile que de choisir un chat ! Car avant de procéder à une adoption ou à un achat, il convient de réfléchir et d'envisager certains facteurs essentiels.

Un chat, comme n'importe quel autre animal domestique, n'est pas une mécanique ou un objet inanimé. Il faut se rendre compte qu'il s'agit d'un être sensible, vivant et si vous n'envisagez pas cette chose essentielle, n'apportez pas chez vous, dans votre intimité, un petit animal qui ne demande qu'à vous aimer. Car vous allez être lié pendant plusieurs années au compagnon que vous avez adopté.

Aussi, c'est avant de le prendre qu'il faut réfléchir à sa nature, à son caractère, à ses mœurs. Pensez également à votre genre de vie, à vos habitudes, au lieu où vous habitez. C'est là un ensemble de données, de facteurs qu'il vous faut prendre en considération.

Quelle sorte de chat souhaitez-vous ? Un simple compagnon, un chasseur de rongeurs ou un animal avec pédigrée destiné aux expositions ? Désirez-vous faire de l'élevage ?

Avant d'acquérir un chat, envisagez tous les problèmes qui se posent ainsi qu'un certain nombre de facteurs objectifs. Choisissez en connaissance de cause.

Un chat ou une chatte ?

Voici posée une question importante. En réalité, il s'agit de choisir entre des inconvénients de natures diverses.

Peut-on considérer comme une indication le fait qu'une chatte, dans une portée, coûte moins cher qu'un chat ? Nous ne le pensons pas. Songeons simplement à ceci : une chatte amoureuse peut amener la révolution en tenant tous vos voisins éveillés durant la nuit. Elle peut aussi avoir des petits dès l'âge de huit mois puis deux portées par an ! Si vous la faites stériliser, cette opération est plus délicate chez elle. La stérilisation peut parfois engendrer des séquelles quant à son comportement.

Mais vous pouvez peut-être songer à faire de l'élevage en tant qu'amateur. Alors, le problème ne se pose plus.

Le mâle non castré, comme d'ailleurs sa compagne, ne peut être gardé. D'autre part, l'urine du mâle dégage une odeur assez forte !

La chatte n'est pas plus délicate que le chat, ni moins réceptive aux maladies.

A poils longs ou courts ?

Vous devez pouvoir consacrer une heure par jour rien qu'à votre chat s'il est issu d'une race à poils longs. Ces chats sont une véritable splendeur mais ils exigent d'être toilettés longuement, une ou deux fois par jour. Ce n'est pas seulement une question de beauté, mais aussi un problème de santé.

Evitez de garder un chat Persan si vous habitez la campagne ou si vous avez l'intention de le laisser errer à la rue : l'animal n'a aucun scrupule et il peut traîner dans la boue !

Vous habitez la campagne ?

Votre choix va s'orienter plutôt vers une race résistante, un chat bien « gaillard » et non un bibelot décoratif qui demande des soins attentifs en raison de sa fragilité.

Si vous aimez vous promener avec un chat en laisse, choisissez un Siamois. C'est un chat intelligent, fidèle, mais attention : son caractère indépendant peut l'amener à faire des fugues. En outre, il peut se révéler, à la campagne, comme un spécialiste de la maraude.

Vous habitez la ville ?

Votre habitation et votre mode de vie sont des facteurs qui

conditionnent la race du chat.

Si vous habitez dans un petit appartement, ne choisissez pas un sujet d'une race éprise d'indépendance. Vous aurez du mal à le garder car il aura besoin d'exercices fréquents indispensables à sa santé. Un chat doux et soumis y sera plus à sa place. Le chat Abyssin peut retrouver ses instincts de chasseur et s'éloigner des journées entières. Prenez plutôt un Persan, véritable bibelot, très décoratif.

Vous souhaitez un compagnon agréable ?

En ce cas, la plupart des races vous offrent ce compagnon rêvé. Il suffit de mêler le chat ou la chatte à votre vie familiale. Le Chartreux est très doux avec les enfants, très intelligent, et il s'attache beaucoup à ses maîtres.

Vous désirez un chat doux et soumis ?

Il s'agit ici d'un élément psychologique très difficile à déterminer lorsque l'on se trouve en présence d'une portée. L'expérience recommande de choisir, par exemple, le chaton qui joue à l'écart des autres.

Vous souhaitez un chat « gaillard » ?

Sans aucun doute, choisissez celui qui marque déjà une personnalité propre. C'est le chaton qui marche sur ses frères et qui les écarte pour obtenir vos caresses, ou encore pour être le premier à la tétée. Il s'est déjà imposé.

Vous voulez un chat résistant ?

Les chats Européens improprement appelés « chats de gouttières » sont les plus résistants. Ils sont très faciles à élever, demandent moins de soins. Les plus fort sont les tigrés. Les marbrés sont plus intelligents, et les roux marbrés les plus doux.

Et le troisième âge ?

La compagnie d'un chat peut beaucoup pour une personne âgée.

Bien entendu, il ne s'agit pas qu'il soit pour elle une source de fatigue : c'est donc vous qui allez vous en occuper. Vous devez avoir assez de temps pour le nourrir régulièrement et le toiletter.

Vous êtes très occupé ?

Un chat doit demeurer propre. Même si les profanes prétendent qu'il ne nécessite aucun entretien. Il faut lustrer son poil, lui laver les yeux et éventuellement les oreilles. Si vous ne disposez pas du temps nécessaire, ne choisissez pas une race à poils longs qui demande peignage et brossage. Prenez plutôt un chat à poils courts, d'un entretien plus facile. Inutile de choisir un chat à collerette et à panache si vous n'avez point l'intention de le soigner. Un poil long, négligé, perd de son lustrage et donne des nœuds.

La couleur du chat compte également. Il serait bien peu raisonnable de choisir un chat blanc ou de couleur crème si le temps vous manque pour le maintenir dans cet état. Rien de plus négligé qu'un chat à poils blancs devenu d'une teinte jaunâtre !

Si vous êtes soigneux !

Comme les chiens, les chats muent. Il vous faut donc penser à retirer les touffes de poils longs, ou même les poils courts, de vos tapis et de vos fauteuils. La race qui vous donne le plus de facilité est le chat Européen, dit aussi le vulgaire « chat de gouttière ».

N'êtes-vous point égoïste ?

Aurez-vous la patience de soigner votre chat s'il devient malade ? Etes-vous prêt à vous occuper de sa nourriture, ou abandonnerez-vous les corvées du « plat à ordures » aux autres membres de la famille ? Est-ce vous qui ferez disparaître des pièces de l'habitation les traces de pattes humides ?

Vos proches sont-ils d'accord ?

Votre prestige ou votre autorité ne sont pas en jeu ! Mais un membre de votre famille peut refuser d'accepter un compagnon à quatre pattes, ne fût-ce que par phobie ou allergie ! Aucun argument n'est valable pour imposer « votre » chat. Car celui-ci mènerait une vie pénible. En effet, admis par les uns, rejeté par les autres, son existence deviendrait infernale. Il n'est pas à même de comprendre ces attitudes différentes.

Un chat heureux et en bonne santé

Si vous habitez la campagne et que votre chat passe la plus grande partie de sa journée à l'extérieur, veillez à lui réserver un lieu bien abrité pour la nuit. Le chat est sensible aux courants d'air et aux refroidissements.

S'il passe toutes ses journées dans votre appartement, réservez-lui un emplacement pour son panier, son écuelle, son bol et... son plat à ordures.

Un chat a aussi besoin, lors de sa croissance, d'une nourriture saine, variée et bien équilibrée. Reportez-vous au chapitre traitant de son alimentation.

Si vous avez des rongeurs chez vous

Si vous espérez que votre chat vous débarrasse des rongeurs, choisissez une race particulièrement résistante et à poils courts. Surtout, puisque vous lui demandez un effort, nourrissez-le sans rechigner. Le chat peut manger le produit de sa chasse. Mais un animal bien nourri rapporte le plus souvent avec fierté ses proies encore vivantes.

Vous préférez un chat de luxe ?

Cherchez alors dans les races à poils longs, surtout si vous vivez en appartement. Les amateurs de chats à la fois élégants, intelligents et doux préféreront le Bleu russe dont le pelage assez court est bien plus facile à entretenir. Le Persan chinchila est somptueux, mais faites attention aux poils longs.

Etes-vous prudent ?

Un chat errant, en fugue ou abandonné dans la rue sans surveillance provoque des désastres. Si le chat fouille les poubelles, qu'il les renverse ou s'il fait choir un pot de fleurs du balcon, il peut être la cause d'accidents. Votre aimable compagnon peut aussi attaquer la chatte de la voisine, griffer des enfants. Demandez à votre assureur-conseil une assurance en responsabilité civile. Le prime annuelle ne vous ruinera pas.

Si vous habitez un appartement, songez à vos voisins lorsque votre chatte arrive à la saison des amours ! Ses gémissements prolongés et ses miaulements exacerbés peuvent ne pas être du goût de tout le monde !

D'autre part, les pieds des chaises, des tables ou les garnitures de vos fauteuils peuvent être griffés. Aussi, donnez un grattoir à votre chat.

Vous voulez lui apprendre des tours ?

N'insistez pas. Forts intelligents, les chats pourraient certainement apprendre très vite quelques tours. Mais leur esprit d'indépendance, leur orgueil et leur nonchalance font qu'ils n'acceptent généralement d'apprendre que ce qu'ils veulent bien, et dans la limite de leurs activités naturelles. Dans les cirques, les chats dressés sont rares. Nous n'en avons jamais vus...

Vous envisagez de voyager avec votre chat ?

Si vous désirez l'emmener en voiture avec vous, sachez qu'il n'y a pas de races particulièrement recommandées. C'est seulement le tempérament naturel et individuel du chat qui est en cause. Un seul conseil : habituez-le très jeune à de petits voyages dans de bonnes conditions et donnez-lui confiance par un contact humain.

Un autre problème existe et c'est celui de l'accueil dans les hôtels, surtout si vous y séjournez régulièrement. Renseignez-vous auprès des Syndicats ou Offices de tourisme pour connaître ceux qui acceptent votre compagnon.

Vous avez des enfants ?

Tous les enfants manifestent une attirance pour les animaux. S'il existe une inexplicable affinité entre l'enfant et le chien, le chat demeure aussi un bon compagnon malgré son caractère indépendant. Un chat âgé ou grognon manquera peut-être de patience devant des petits garnements qui lui tirent la queue. Aussi une certaine éducation est-elle souhaitable.

Les devoirs des enfants envers les chats...

Ils ne peuvent considérer le chat comme un jouet. S'ils aiment leur compagnon, cette affection n'implique pas la nécessité de l'écraser entre leurs bras sous prétexte d'effusions. Ils doivent éviter de l'énerver en jouant avec lui durant des heures et surtout de l'acculer dans un coin de la pièce ou encore de lui faire peur.

Il faut leur apprendre à soigner leur chat, à le nourrir. Ils doivent éviter de le réveiller lorsqu'il dort. Ils ne peuvent jamais retirer la pâtée lors des repas, ni le rudoyer. Ils n'ont pas à partager son biscuit ou son verre de lait.

... et ceux de l'adulte

Le jeune chat doit être élevé avant de devenir le compagnon de jeu des enfants. Il faut maintenir une surveillance car le chat peut involontairement griffer l'enfant en jouant avec lui. Or, certaines maladies sont transmissibles. Rappelez-vous aussi qu'un chat bien traité ne griffe ni ne mord jamais gratuitement.

Apprenez à vos enfants à ne pas caresser les chats étrangers.

En conclusion

Ces points principaux ayant été traités, nous demeurons persuadé d'en avoir omis. Renseignez-vous ! Vous trouverez toujours des races qui répondront à vos goûts et à vos affinités personnelles. Ce sont ces critères qui influenceront votre décision dans le choix de l'aimable compagnon que vous souhaitez.

XI

Comment acquérir un chat

Il existe de nombreuses possibilités pour trouver le chat idéal que vous souhaitez voir près de vous. Il n'est pas toujours aisé d'acquérir un chat d'une race déterminée en fonction de vos désirs, de votre habitat, de vos projets et aussi... de votre budget ! Il vous reste à persévérer dans vos recherches et les pages qui suivent ont pour but de vous rendre service, de vous aider à vaincre certains obstacles.

Le chat qu'on adopte

Vous pouvez laisser parler votre cœur et adopter un chat recueilli par la Société protectrice des animaux ou dans l'un des refuges tenus par des Sociétés ou des particuliers.

Il ne sera pas toujours un animal de pure race, mais celui qui vous sera proposé est en bonne santé. Soyez certain que le chat adopté vous sera reconnaissant. Visitez donc l'un de ces refuges et si vous n'y rencontrez pas le champion rêvé, vous y découvrirez sans doute un aimable compagnon.

Sachez que, dans ces refuges, les chats de race pure sont rarement proposés. De plus, ils sont remis sans pédigrée. Par contre, le choix d'un « chat de gouttière » est des plus aisé.

Nous vous conseillons d'adopter un chat encore jeune, mais pas un chaton. Vous pourrez ainsi vous rendre compte de ses dispositions. Malgré tout, les hasards de l'hérédité peuvent vous réserver des surprises. L'aspect de l'animal n'est pas toujours une certitude d'un bon caractère.

Le chat qu'on trouve

Ne vous laissez pas faire ! N'acceptez chez vous aucun vagabond, aussi sympathique soit-il. Ne vous faites pas le complice de votre enfant qui vous ramène un de ces chats errants. Et si vous avez le cœur trop tendre, soyez en tout cas prudent. En effet, un chat perdu peut être porteur d'une maladie contagieuse ou de parasites. N'hésitez pas : consultez le vétérinaire.

Soyez également au courant du fait suivant : un chat n'est pas toujours abandonné, et il peut être tout simplement perdu. Essayez alors d'expliquer votre geste au propriétaire de l'animal !

Rappelez-vous enfin que tout chat trouvé — *dura lex, sed lex* — doit être apporté aux autorités pour être mené à la fourrière. Nul n'est censé ignorer la loi... mais n'a-t-il pas un maître dès l'instant où vous l'avez recueilli ?

Le chat qui vous est donné

Le chaton est une toute petite « chose », douce, tendre et qui tient au creux de la main. Comme il sait se faire caressant ! C'est ainsi qu'avant d'avoir compris, vous voilà propriétaire d'une petite vie. Refusez avant qu'il ne soit trop tard ! Car les ennuis seront pour vous.

En effet, vous ne connaissez pas les antécédents de ce chaton. Il peut devenir grognon, sournois. Son éducation est peut-être mal faite et il peut s'oublier sur vos tapis ou fauteuils. Trois mois après l'adoption, il peut faire sa maladie du jeune âge ou encore porter en lui les germes du typhus ! Un seul conseil : laissez à vos connaissances le soin de s'occuper de la portée de leur chatte. Sinon, portez le chaton chez le vétérinaire qui est le seul habilité à vous donner toutes les garanties.

Le chat qui s'achète

Si vous désirez acquérir un chat d'une race courante, vous rencontrerez très peu de difficultés. Le meilleur mode d'approche est de visiter une exposition féline. Celle-ci rassemble de nombreuses races. Les exposants ne sont pas tous des vendeurs mais ils peuvent facilement vous remettre des adresses utiles et sérieuses. N'oubliez pas que le but de toute exposition est d'informer le visiteur.

Une plus vaste source d'informations demeure à votre disposition. Il s'agit des Fédérations et des Clubs affiliés de différents pays qui tiennent des listes d'éleveurs et de chatteries reconnus et qui offrent toutes les garanties. A la fin de ce volume, vous trouverez diverses adresses utiles. Celles-ci peuvent être recommandées, car ces sociétés sont fondées et animées par des éleveurs et des amateurs passionnés. Certains tiennent un fichier de disponibilités et de ventes possibles.

L'achat d'un chat ne doit jamais se faire rapidement et il est utile de procéder à des comparaisons. Vous disposez certainement de plusieurs adresses. Même si à la première vous obtenez satisfaction, il est nécessaire d'aller voir ailleurs malgré tout. Examinez soigneusement les chats proposés et prenez tout votre temps avant de vous décider. Rappelez-vous l'adage : hâtez-vous lentement. Ce n'est pas du temps perdu que celui consacré à la recherche d'un animal, si vous le désirez vigoureux et en bonne santé.

Si vous souhaitez un chat de race pure, il faut s'assurer que l'animal possède bien tous les critères de sa race et qu'il est bien, à tous points de vue, un parfait spécimen.

Sachez que toutes les races pures sont garanties par un standard donnant toutes les caractéristiques physiques indispensables ou souhaitées. Ce standard décrit également les défauts ou les vices plus ou moins graves rejetant le chat.

Il faut donc prendre connaissance de ces standards de la race dont vous avez fait choix. Nous vous les avons d'ailleurs renseignés précédemment. Attention : ces standards sont donnés pour des chats adultes et, dans certaines races, les chatons n'ont pas le même aspect. Les teintes du pelage évoluent. Renseignez-vous et demandez des avis aux personnes compétentes.

Comme il existe de nombreux facteurs individuels, le problème du choix doit demeurer personnel. D'ailleurs, les experts en matière féline ne vous recommanderont jamais une seule race. En outre, le professionnel ne peut attirer votre attention que sur un fait non envisagé, mais cependant réaliste, comme par exemple en vous remettant en mémoire qu'un chat Persan crème a besoin d'être toiletté tous les jours.

L'essentiel est de faire cadrer les caractéristiques d'une race avec vos habitudes et vos goûts. C'est cet aspect du problème qu'il ne faut pas perdre de vue.

Cette mise en garde étant faite, nous ne pouvons qu'admettre les éléments affectifs non raisonnés. C'est-à-dire le coup de foudre, une soudaine affinité entre vous et un chat. Qu'importe la race, si cette attraction est réelle et si elle ne peut s'expliquer rationnellement.

Ajoutons même, au risque de nous contredire, que le côté affectif est indispensable dans le choix d'un chat. En plus, c'est la manière personnelle que vous aurez de le soigner et de l'aimer qui fera de votre chat un compagnon proche de vous.

Les critères du choix

Si vous ne pouvez consulter sur place des amateurs éclairés ou un expert, nous vous donnons quelques indications susceptibles de vous aider au moment de choisir ou d'acheter un chaton.

Du caractère et de la santé du chaton

Il est difficile de se faire une idée de la nature propre et de la constitution d'un très jeune chat. Son caractère secret permet mal de discerner, de comprendre sa « psychologie » et ses défauts lorsqu'il n'est âgé que de deux à trois mois. Ce n'est pas à cet âge que l'on peut remarquer de mauvaises conditions physiques.

La première des règles est qu'il ne faut pas choisir un chaton amorphe, qui ne tente pas de jouer ou de mordiller le doigt qui lui est tendu. Car un tel chaton peut être malade et, dans ce cas, il ne survivra que quelques jours ; ou bien, par suite d'une naissance difficile, son cerveau peut être lésé. Toutefois, s'il ne participe pas aux ébats de la portée, c'est parfois aussi par excès de timidité. Il n'est pas malade pour cela. Il faut lui laisser un certain temps d'adaptation. Mais soyez quand même prudent.

Une bonne disposition se manifeste par la curiosité et même par une forme d'agressivité amicale. Ne condamnez pas pour autant un jeune chat peu sociable au premier abord.

Pour être certain de la bonne condition d'un chat, il est préférable de le prendre vers trois mois. A cet âge, il annonce déjà des penchants représentatifs de l'animal adulte. Si vous avez des doutes sur son âge, il suffit de regarder sa dentition : les deux mâchoires doivent être entièrement tapissées de petites dents. La bonne santé se vérifie également à l'aspect potelé de l'animal ; il ne peut montrer ni hanches, ni côtes proéminentes. Un chaton maigre et pansu est toujours parasité. Le ventre doit présenter une élasticité au toucher et il ne peut être ballonné. D'autre part, le poil doit être soyeux. Les pelages des chatons à poils longs sont denses et drus. La peau ne peut en aucun cas montrer des taches ou des plaques éruptives. Une sécrétion de la muqueuse des yeux est un symptôme sérieux de maladie, car ils doivent être clairs. Les signes de diarrhée révèlent toujours des troubles digestifs et un mauvais comportement. Veillez donc particulièrement à ces troubles.

Si vous pouvez être présent au repas des chatons, rappelez-vous qu'un animal sain montre un bon appétit. Si vous doutez de sa santé, réclamez une prise de sa température. Tout éleveur digne de ce nom possède un thermomètre médical, et s'il est de bonne foi, il accédera à votre demande. La température entre 38°5 et 39°C est normale. De légers écarts sont tolérés car ils sont sans grande signification.

Les penchants à la surdité

Les éleveurs ont souvent vérifié une certaine corrélation entre la dépigmentation et la surdité. Celle-ci est constatée chez les races de teinte blanche, notamment chez les Persans, qui sont parfois totalement ou en partie atteints de surdité.

Comment se rendre compte qu'un chaton a une prédisposition à la surdité ? C'est très simple. Eloignez-le de ses compagnons et épiez ses réactions à un bruit inhabituel, comme un claquement des doigts ou un coup de sifflet, dont il ne peut fixer l'origine en un lieu déterminé par la vue. S'il tourne la tête vers l'endroit où le son s'est produit, c'est que son audition est bonne. Dans le cas contraire, elle est défectueuse.

Les informations utiles

Vous devez toujours vous renseigner pour savoir si des précautions ont été arrêtées pour protéger le chat de la maladie du jeune âge. Demandez également si des traitements ne sont pas en cours. Si oui, quels sont-ils (antivers, antiparasites) et quand doivent-ils être renouvelés. Notez également le menu-type de l'animal. Il est toujours important d'en prendre connaissance, afin de rendre aisée son acclimatation chez vous.

Qui choisir dans une portée ?

Très souvent les amateurs « éclairés » recommandent de ne pas choisir, dans une portée, le plus petit ou le plus grand des chatons. Si vous voulez un chat en bonne santé et de bonne race, sans plus, ne prenez pas ce conseil à la lettre. Si le chaton le plus grand deviendra certainement le plus robuste et le moins timide, le plus petit ne sera pas pour autant sans montrer quelques qualités. En effet, une intelligence plus éveillée fera — en principe — contrepoids à une taille inférieure. En outre, le plus faible, s'il est convenablement nourri et soigné, peut rapidement chez vous rejoindre les autres chatons de la portée.

Vous pouvez également effectuer un choix par élimination. C'est ainsi que si vous avez décidé de prendre un mâle, vous isolerez a priori toutes les femelles. Recherchez ensuite et discutez avec soin les bonnes ou les mauvaises qualités, les perfections ou les défauts des chatons ainsi sélectionnés. Repoussez ceux qui vous paraissent les moins éveillés puis celui dont l'expression vous déplaît. Votre choix devient déjà limité à deux ou trois sujets. Si vous hésitez encore, sélectionnez le plus caressant, le plus avenant.

La teinte du pelage

Ne vous laissez pas séduire à première vue par la robe d'un jeune chat. Certaines races varient de couleur en atteignant l'âge adulte. Seules les teintes appuyées ne changent pas, c'est-à-dire le brun foncé, le roux et les tonalités fauves.

Les dernières constatations

Le chaton a de sérieuses propensions au rachitisme si les articulations des pattes sont gonflées. Les oreilles doivent être sèches et roses, sans marques d'irritation. Il en sera de même pour les gencives qui supporteront des dents bien blanches. Le chaton peut avoir une hernie ombilicale s'il porte un petit renflement au nombril.

Où acheter ?

Nous vous conseillerons toujours d'acheter un chat dans un centre d'élevage agréé par la Fédération des pays où vous habitez. Car chaque éleveur reconnu promet de maintenir les règles de la profession, de même que les modalités générales de sélection.

Les chatteries

Les propriétaires de chatteries sont pour la plupart affiliés à des sociétés félines reconnues par la Fédération. C'est la meilleure des garanties qu'ils puissent vous donner. Ils sont l'objet de contrôles sévères et les chatons qui viennent à naître sont obligatoirement enregistrés. Les pédigrées qui sont remis au nouveau propriétaire sont les seuls valables. Ils vous garantissent la race du chaton, vous donnent ses origines. Si vous avez des doutes — car certains pédigrées sont falsifiés (reportez-vous au chapitre de la félinotechnie) — vous pouvez toujours vérifier les « actes de naissance » à la Fédération.

Sachez qu'une chatterie de bon renom est aussi toujours nette et propre. Les lieux ne libèrent jamais d'odeurs puissantes ou nauséabondes. Les écuelles sont propres, exemptes de reliefs de la veille. Ne vous laissez pas tromper par une odeur trop forte de désinfectant : celle-ci peut masquer d'autres odeurs dues à l'absence de propreté. Ces quelques conseils vous aideront à vous faire une idée d'une chatterie à propos de laquelle vous ne possédez pas de renseignements. Ajoutons que les lieux doivent donner une impression de netteté. Examinez attentivement les chats qui vous sont proposés. Rappelez-vous les conseils que nous vous avons donnés précédemment.

De nombreuses chatteries se préparent pour les expositions, mais tous les chats ne sont pas des champions en puissance. Malgré la fréquence des portées annuelles, l'éleveur ne peut garder qu'un très petit nombre de sujets susceptibles de paraître dans des expositions. Les autres chatons, même s'ils possèdent le standard de la race, sont cédés à des prix raisonnables. Ils peuvent toutefois être considérés cependant comme de futurs champions et vous allez ainsi acquérir des animaux de bonne présentation et en parfaite santé. Dès leur naissance, ils ont été traités en vue de leur meilleure forme.

En visitant fréquemment les chatteries, vous connaîtrez rapidement leurs usages et coutumes. Ne soyez pas surpris si un éleveur n'accepte pas de vous faire examiner ses locaux ni de vous présenter tous ses chats. Ses raisons sont justes et simples. Généralement, une chatterie possède une petite pièce pour la présentation des sujets et c'est en cet endroit que vous ferez la connaissance de votre futur compagnon. Songez qu'une continuelle « procession » d'étrangers peut agacer les chats. Mais la raison principale de toute interdiction est celle-ci : les visiteurs ou les éventuels acheteurs peuvent, d'autres locaux, amener des germes ou des microbes. Certains éleveurs demandent également que les animaux ne soient pas touchés : cela toujours par crainte d'une contamination possible, cette restriction ayant pour but de protéger les pensionnaires de tous risques de maladie. Le typhus par exemple, peut ruiner une chatterie. Ne reprochez donc pas aux éleveurs leur extrême prudence.

D'autres obligent l'acheteur à un accord préalable lors de l'inscription de l'animal dans une exposition. Cette manière d'agir n'est pas exagérée. Si cette mesure est demandée, c'est que l'éleveur désire maintenir sa réputation.

Toutes les chatteries ne peuvent être visitées selon votre bon plaisir. C'est surtout une question de temps et de main-d'œuvre. Songez que les pensionnaires doivent être toilettés, nourris ; dès lors, il est mieux de convenir d'un rendez-vous.

Les chatteries importantes peuvent proposer toute l'année une plus large sélection que certains petits éleveurs. Mais ceux-ci vous donnent par contre un avantage : en effet, le jeune chat, élevé dans une atmosphère familiale, va mieux s'adapter à un nouvel intérieur que celui éduqué dans un vrai élevage.

Si certains chats montrent des défauts qui les excluent définitivement des expositions félines, les éleveurs peuvent ne pas désirer les garder et ainsi les vendre. Dans tous les cas, ils admettent les défauts, attirent votre attention sur ceux-ci, et vendent donc les animaux à moindre prix. Supposons qu'un éleveur veuille passer outre et vendre à un prix supérieur : il y a « dol ». La seule protection, rappelons-le, contre ces abus est la connaissance des standards de la race choisie. Les Fédérations et les Clubs affiliés mettent à votre disposition ces diverses caractéristiques et, avec un peu d'expérience, vous serez à même de juger la valeur et le degré de perfection d'un chat de race.

D'autre part, nous nous permettons d'attirer votre attention sur un point important. En effet, après l'achat de l'animal et son installation dans votre intérieur, vous n'avez aucun recours s'il devient malade. Seul un éleveur consciencieux peut vous offrir un arrangement à l'amiable, c'est-à-dire le remboursement ou l'échange. Toutefois, il va vérifier s'il s'agit bien d'une maladie et non d'un empoisonnement ou d'un accident. Dans ces derniers cas, vous en supporterez vous-même le dommage.

Si l'éleveur exige un délai avant de vous remettre l'animal, acceptez cet état de choses. C'est le signe certain d'une conscience professionnelle élevée et la preuve qu'il désire certainement terminer un traitement antiparasite ou préventif contre la maladie du jeune âge.

Chez le particulier ou dans un magasin ?

Comme pour les chiens, vous pouvez rencontrer dans certains magasins ou marchés de petits éleveurs ou des particuliers qui proposent de jeunes chats. En aucun cas nous ne désirons jeter un discrédit sur de telles pratiques ou mettre en cause l'honorabilité de ces personnes. Souvent, un propriétaire qui ne peut garder son animal souhaite ainsi rencontrer un acquéreur : cela vaut mieux que d'abandonner la bête. Mais songez que ces chatons passent entre les mains de nombreuses personnes, qu'ils sont souvent exposés aux intempéries ou qu'ils demeurent en plein soleil dans une vitrine durant des heures ! Cet état de fait ne peut que faciliter la transmission de maladies contagieuses. Nous ne pouvons donner qu'un conseil : dès le lendemain de votre achat, consultez le vétérinaire.

Les prix pratiqués

Sachez qu'un chat de race pure a une valeur marchande variable. Celle-ci est fonction de la race elle-même. En effet, il y a des races dont l'élevage demande plus de soins et une sélection plus rigoureuse. Sachez comparer les prix entre plusieurs éleveurs : cette recherche peut parfois vous permettre une diminution de prix assez sensible.

De même, un éleveur qui travaille sur une petite échelle demande souvent un prix moindre. Vous ferez alors une excellente affaire car, en dehors du fait qu'il vous coûte un prix raisonnable, le chaton a été élevé en appartement. Objet de soins attentifs, il est déjà habitué à la vie d'intérieur, ce qui facilite grandement son éducation.

Un éleveur plus important pratique un prix légèrement plus élevé et son bénéfice est plus important que dans le cas précédent. Ce prix de vente est fonction de frais plus élevés, tout en demeurant raisonnable. Vous devez admettre qu'il est impossible de se procurer un chat de race pure pour un prix dérisoire.

Les lois de l'offre et de la demande influent évidemment sur les prix de vente. Selon l'époque, une race est plus ou moins demandée et c'est ce rapport qui détermine les prix.

Ceux-ci relèvent également de vos exigences personnelles. Si vous souhaitez acquérir un chat promis à un brillant avenir de champion, qui s'adapte au « standing » de votre habitation, d'une rare intelligence, vous allez certainement avoir de grandes difficultés à trouver cette merveille... et les offres qui vous seront faites comprendront ce rapport avec les prix pratiqués !

Rappelez-vous, au moment de l'achat, que les éleveurs expérimentés sélectionnent leurs chats avec grande attention et qu'une « occasion » se présente rarement.

L'hérédité du chat joue un rôle certain dans l'évaluation de son prix. Si vous désirez exposer, il vous faut acquérir un chat reconnu de race pure et qualifié comme tel. Sachez alors qu'un fils de champion va se vendre plus cher qu'un sujet ordinaire.

Et si vous voulez faire de l'élevage, même en simple amateur, sachez choisir votre sujet dans une portée de champions reconnus. Cette satisfaction coûte un peu plus cher. Pourtant, les longues lignées de champions ne se vérifient pas toujours et le risque est pour vous.

Les conditions de vente

Dans le commerce des animaux, les ventes et achats sont définis suivant une stricte déontologie professionnelle. Celle-ci est basée sur les us et coutumes ainsi qu'en fonction de règlements codifiés, pour les chats, par les Fédérations félines nationales et internationales.

C'est ainsi que vous pourriez être obligé d'exposer après avoir acheté un chat digne de succès. Car certains éleveurs ne vendent que dans un milieu d'exposants et il est normal qu'ils souhaitent l'exposition d'un futur champion. Ceci en fonction de leur longue expérience et des efforts pour justifier leur renommée. Les récompenses accordées par un jury contribuent d'ailleurs à assurer cette réputation.

La meilleure époque pour l'acquisition

La meilleure saison pour l'achat d'un chat va de la fin du printemps au début de l'automne. Pourquoi ? Avec le beau temps, les risques dus aux refroidissements sont moindres, alors que la fin de l'automne est souvent pluvieuse et que le chaton a besoin de soleil et d'air. Songez aussi que les mois de décembre et de janvier sont souvent froids.

Un adorable désagrément !

Quel est l'âge idéal ?

Pour se procurer un chat, le meilleur âge peut se fixer vers deux à trois mois. Mais il est fort compréhensible que des éleveurs songent à les vendre plus tôt : en effet, le profit est d'autant plus grand que les semaines de soins sont réduites. La vente d'un chaton à peine sevré est donc d'un intérêt certain pour l'éleveur, mais pas pour le futur propriétaire ! Le tout jeune chat peut être considéré comme un agréable et adorable désagrément. Il est d'abord rebelle à toute discipline. Puis, il vous faut les connaissances indispensables ainsi que le temps nécessaire à son éducation. Enfin, les risques de mortalité sont multiples.

L'acquisition d'un chat adulte présente également quelques problèmes. Tout dépend du chat lui-même, de son origine, de ses habitudes, de son éducation première et de son précédent mode de vie.

Si vous connaissez des gens qui recherchent un foyer pour leur animal, les risques sont moindres. En effet, vous avez déjà fait connaissance avec le chat ou, tout au moins, vous connaissez son « curriculum vitæ ». Recevez-le avec gentillesse dans sa nouvelle habitation. Faites-vous accepter et traitez-le affectueusement. Soyez-en certain, il n'y aura alors aucun problème.

Par contre, s'il s'agit d'un chat qui a vécu en chatterie pendant un temps plus ou moins long, son adaptation à un nouveau milieu ne se fera pas aussi rapidement. L'ambiance familiale va certainement, durant les premiers mois, le dérouter. Ayez plus de patience avec lui qu'avec un animal élevé dans une habitation.

Un chat adulte, de caractère difficile, ayant contracté de mauvaises habitudes, ne peut être amélioré qu'avec difficulté et beaucoup de patience.

Vous désirez plusieurs chats ?

Vous pouvez vous soucier de la solitude de votre chat et penser qu'un compagnon ou une compagne lui est nécessaire ! Rappelez-vous que le chat est d'un naturel solitaire et que, souvent, un bon maître suffit à le combler. Un chat entouré d'affection ne se sent jamais seul. Pourtant, si vous croyez préférable d'en avoir deux, et c'est votre droit, voici quelques recommandations.

N'installez pas simultanément deux chats chez vous, sauf s'il s'agit de chatons d'une même portée. Sachez les reconnaître afin de ne pas faire supporter les corrections par l'innocent ni laisser le coupable impuni. Si vous introduisez deux chats chez vous, attendez que l'un soit bien adapté avant d'amener le second. En agissant ainsi, vous vous épargnez des difficultés. En effet, le premier étant habitué à votre intérieur, l'autre s'y intégrera plus facilement. D'autre part, ne donnez jamais l'impression que le chat plus ancien est délaissé par rapport au nouvel arrivant. Une dernière précaution enfin : apportez les écuelles aux deux animaux en des endroits différents. Evitez surtout de les rendre jaloux et donnez à chacun une part égale de caresses et d'affection.

XII

L'élevage

L'élevage des chats est une science et la génétique féline est laissée aux spécialistes. En effet, certains croisements doivent être éludés. D'autres par contre doivent être maintenus pour ne garder que les caractéristiques propres du standard de la race. Nous croyons donc qu'il est souhaitable d'abandonner aux professionnels l'élevage proprement dit.

Que celui-ci devienne pour vous un passe-temps passionnant : d'accord ! Mais si vous souhaitez remplacer un jour l'éleveur professionnel et gagner de l'argent, il vous faut y renoncer sur-le-champ. Songez aux investissements, aux efforts qu'il vous faut déployer, aux frais de nourriture, au temps consacré à l'entretien des animaux, à la place dont vous avez besoin, aux frais éventuels de vétérinaire... Vous devez encore vous faire connaître, participer aux expositions, faire de la publicité pour vendre vos chatons ! Bref, un renom coûte cher ! Comment pourriez-vous récupérer l'ensemble de ces frais dès vos débuts ?

S'appliquer à mener à bien une portée exige de nombreux travaux, une surveillance constante et, de ce fait, beaucoup de loisirs en plus des frais déjà énumérés. Joignez-y des qualités personnelles comme la patience, la persévérance et, bien entendu, de l'optimisme à revendre.

Vous devez aussi songer à planifier les naissances. Que faire des chatons qui verront le jour ? Pourrez-vous tous les vendre ? A qui et dans quelles conditions ? Autant de questions dont les réponses sont évasives si vous n'avez pas prévu des « débouchés ». Pour nous, il est donc cruel de pratiquer de l'élevage dans des conditions aléatoires.

Mais il est possible que votre chatte désire un jour vivre sa vie. Même si vous la surveillez étroitement, elle peut s'échapper ! Que faire ? Plus grand-chose, sinon la conduire éventuellement chez le vétérinaire qui pratiquera une injection de diéthylstilbestrol...

Nous honorons trop la vie et les animaux pour vous recommander de faire disparaître d'innocentes créatures. D'autre part, nous ne pouvons prononcer de jugement sur ceux qui, par exemple, ne retiennent que deux ou trois des plus beaux sujets d'une portée et suppriment les indésirables.

Si vous êtes un jour dans l'obligation de vous défaire de nouveau-nés, n'allez pas les noyer dans un seau d'eau, ni les jeter à terre pour leur rompre la colonne vertébrale ou le crâne ! Enfermez-les plutôt, dès leur expulsion, dans un récipient contenant un gros tampon d'ouate imbibé de chloroforme. Vous pouvez aussi appeler la Société protectrice des animaux ou le vétérinaire.

Si vous n'avez pas le cœur de supprimer des indésirables... prenez vos responsabilités en pratiquant la stérilisation et la castration.

La stérilisation est l'opération qui consiste à ligoter les trompes ovariennes de la chatte. Celle-ci devient alors stérile sans que le rythme des chaleurs n'en soit modifié. A ces époques, elle demeurera toute aussi « hospitalière » pour le mâle, mais sans risquer la maternité.

Vous pouvez aussi être propriétaire d'un chat gaillard tout en demeurant conscient de vos responsabilités envers les chattes de votre environnement. Alors, faites-le castrer ! Mais si vous pouvez surveiller étroitement votre mâle, pourquoi le frustrer de ses organes reproducteurs ? Songez aux suites de l'opération avant de prendre toute décision. Car si la castration n'est pas en soi une opération dangereuse, il faut en connaître les effets. Votre chat deviendra plus tranquille, plus paisible, mais vous lui retirerez quand même toute forme active. Ne sous-estimez point les dangers de l'obésité pour sa santé.

Les principes de la reproduction

Dans la grande majorité des cas, que ce soit à la campagne ou en ville, les chats se reproduisent, naissent et grandissent seuls. Ce n'est certes pas un avantage et c'est même souvent un inconvénient plus grand qu'on ne pense. Dans combien de demeures ne voit-on pas un beau jour la chatte disparaître plusieurs heures chaque jour puis, après quelques semaines, revenir s'installer au foyer, non plus seule, mais nantie d'une demi-douzaine d'adorables chatons.

Il est facile de critiquer cette compagne infidèle. Tâchons plutôt de l'aider à bien vivre. Neuf fois sur dix, la chatte en liberté fait elle-même le choix d'un époux, sans nous consulter. De ce fait, nous ne sommes pas responsables de son ascendance. Les choses doivent donc se passer autrement quand nous désirons élever quelques chatons de race pure.

La désignation d'un mâle étalon prend alors une grande importance et exige une attention particulière. Il nous faut connaître les grands principes de la reproduction, depuis le choix de l'époux jusqu'à la fin du sevrage de la progéniture.

L'appareil génital du mâle

Les organes sexuels du mâle sont formés de bourses peu saillantes placées au-dessous de l'anus et couvertes par le pelage du périnée. Elles communiquent avec une verge courte, orientée au repos vers l'arrière. Pour l'accouplement, l'appareil se redresse et fait alors saillie vers l'avant. Il se dégage une extrémité conique libre, garnie, sauf à son bout, de papilles cornées dirigées vers la base et qui sont érectiles. Il y a également un os pénien rudimentaire.

L'appareil génital de la femelle

Chez elle, le sinus uro-génital est présenté extérieurement par une surface ovale de peau nue et plissée. La teinte est celle du poil environnant, ou parfois plus foncée. La commissure basse est arrondie et elle loge un petit clitoris portant un noyau cartilagineux. L'entrée donne accès au vagin qui aboutit à l'utérus bicorne, normal pour les carnivores. Il est en relation avec chacun des ovaires par un court oviducte.

Nous savons que dans l'ovaire se forme l'œuf. Lorsque celui-ci est fécondé, il se développe dans la matrice pour donner naissance à l'embryon.

En théorie, l'œuf doit se rendre dans l'oviducte et, de là, gagner l'utérus au moment de la maturité. Mais, chez la gent féline, la ponte ovarienne n'est pas spontanée et, pour se produire, elle doit être provoquée par l'accouplement. Si cet acte n'a pas lieu, les follicules où les œufs sont retenus dégénèrent sans libérer ceux-ci. Il faut dès lors attendre une prochaine période de chaleur pour une nouvelle maturation.

Lorsque tout se passe normalement, l'œuf — ou plutôt les œufs — ne tombent pas immédiatement dans les trompes mais seulement 25 ou 30 heures après le coït. Ils arrivent dans l'utérus après 5 à 6 jours, y demeurant libres, et se fixent à l'épithélium vers le 15e jour.

L'instinct sexuel du chat

Il n'y a pas de liens sentimentaux chez les chats. Bien entendu, on a signalé des cas d'attachement, mais il ne faut pas leur accorder de signification amoureuse.

Seul le besoin impérieux de la reproduction est une motivation. Cette fonction se manifeste au même titre que l'attrait de la nourriture. En effet, si l'existence même de l'individu dépend des apports alimentaires, la survie de l'espèce relève de l'apport d'individus nouveaux. La reproduction est donc la fonction végétative qui supplée toutes les autres.

Le jeune chat ne montre aucun besoin sexuel, qu'aucun facteur n'impose à ce stade de développement. C'est en fonction de sa maturité et au fur et à mesure du développement de ses organes qu'il se forme des modifications par l'influence de sécrétions hormonales.

C'est ce jeu des hormones qui conditionne, à son tour, l'instinct et ce nouvel état physiologique correspond alors à la puberté. Celle-ci se traduit souvent par un déséquilibre, une forme de tension que le chat essaye de décharger.

L'émotion sexuelle chez le chat est, bien entendu, attachée à la présence de la femelle. Mais ce n'est pas la vue de cette dernière qui produit l'excitation. Car le chat n'est pas sensible à la beauté du pelage ni à l'esthétique de la chatte. Le comportement reproducteur est produit par une excitation d'ordre olfactif et auditif : c'est l'odeur des sécrétions émises par la femelle en état d'œstrus qui provoque une émotion chez le mâle et l'excite. Le chat se conduit donc comme la plupart des mammifères. On ne retrouve pas non plus chez lui les manifestations caractéristiques de la période des amours, c'est-à-dire toute cette conduite de cour animale qui se produit, par exemple, chez les oiseaux, lesquels montrent à cette occasion un luxuriant plumage ou entonnent un chant particulier.

L'instinct sexuel de la chatte

Elle aussi demeure insensible aux attraits du jeune mâle pendant la période d'anœstrus. Son comportement reproducteur est rythmique et il est vraisemblable que cette périodicité était, aux origines, destinée à faciliter la survie des chatons en leur permettant de naître aux époques les plus favorables à leur développement.

En conditions naturelles, on a pu observer que les périodes de chaleur de la chatte domestique ne correspondent nullement avec celles de la chatte sauvage. Celle-ci n'entre en rut qu'une seule fois par an, vers la fin de l'hiver. L'autre est assez irrégulière dans ses manifestations. En général, si elle est chaque fois fécondée, elle peut subir de deux à trois crises œstrales, à savoir en février, juin et octobre de chaque année. Sachez que ces périodes sont incertaines, et que l'état domestique de nos chattes apporte des modifications au comportement régulier de l'animal. La quantité et la qualité de sa ration alimentaire, son genre de vie, sans omettre de nombreuses influences extérieures et le tempérament de chaque sujet, jouent un rôle important.

Les premières chaleurs se situent entre le sixième et le dixième mois. Elles durent une quinzaine de jours environ. Les attitudes de la chatte à cette époque sont caractéristiques. Elle commence à se rouler, à s'étirer de toute sa longueur, les yeux mi-clos, tout en donnant des signes de nervosité. C'est à cette période qu'elle se montre très caressante. Puis les symptômes vont en s'accentuant, et elle miaule d'une manière toute particulière. Le son est comme assourdi ; elle gémit en faisant entendre comme un appel. Elle se redresse, se replie pour se lécher comme si une sorte d'irritation locale la rendait souffrante. Les deux premiers jours, mise en présence d'un mâle, elle ne l'accepte pas. Elle se jette même sur lui pour le battre. Après ce laps de temps, elle prend l'attitude caractéristique qui révèle à son partenaire qu'elle est prête à le recevoir. La queue est relevée, les reins sont hauts, et elle fait entendre un roucoulement. Si aucun chat n'est présent à cet instant, le miaulement devient un cri puissant, d'un ton grave. C'est un appel qui est presque toujours entendu ! Attiré par ces cris, captivé par l'odeur sexuelle, le mâle est souvent là, parfois avec des rivaux qu'il doit écarter. Le vainqueur suit la femelle et fait preuve d'une longue patience s'il le faut. Lorsque la chatte s'est décidée, il se couche sur son dos, l'enserre étroitement de ses pattes. Le cri furieux, déchirant, de la chatte, est le signal de la fin de l'accouplement. C'est le signe pour l'éleveur que tout s'est bien passé. Ce cri traduit la douleur provoquée par les papilles cornées de l'organe du mâle lorsqu'il se retire. La riposte suit aussitôt, et la chatte accable le mâle d'une grêle de coups avant de déployer à nouveau ses séductions. Elle peut demeurer encore dans cet état pendant deux jours, et accepter, chaque fois que les conditions se présentent, un heureux élu.

En dehors de ces périodes de chaleur, les chats ne sont pas attirés les uns vers les autres, et ils semblent ne manifester aucun désir. Lorsque cette période d'activité sexuelle est terminée, ils retournent à leur état intermédiaire d'animal « neutre ». La chatte retrouve cet état d'anœstrus suivant des étapes plus ou moins compliquées où elle est fécondée et atteint le but final : la gestation.

Le choix du reproducteur

Pour une saillie exempte de toute préoccupation esthétique ou commerciale, entre des sujets de races communes, il suffit de prendre en considération l'âge, l'état physique et les patrimoines héréditaires.

La saillie est réalisable dès qu'il devient évident que le chat montre un penchant à la reproduction. L'âge le plus adéquat est de 18 mois environ.

La santé doit être satisfaisante ; le sujet ne peut être atteint de maladies chroniques ou de tares. Les critères de la race n'entrent pas en ligne de compte pour des chats courants. Ne regardez donc que la résistance physique et l'équilibre des formes.

Eloignez les chats vicieux, hypocrites et obèses. Prenez plutôt des chats d'humeur accommodante et stable. Malgré tout, chaque croisement doit tenir compte des grandes lignes d'une race et même d'une certaine parenté car des incompatibilités peuvent exister entre des races très éloignées.

Une reproduction contrôlée et dirigée peut vous passionner. En effet, si vous désirez pratiquer de l'élevage dans des races pures, le hasard est un facteur qu'il vous faut absolument écarter lors des accouplements. La sélection doit être conservée, car c'est par les efforts de chaque éleveur que les races pures ont été fixées.

Celles-ci ne le sont que par les caractères établis et qui entrent dans la pratique avec une certaine tolérance. Citons : taille, proportions corporelles, expression, forme de la queue, texture, teinte du pelage, yeux, etc. (Reportez-vous au chapitre des races de chats.)

Sans être spécialiste en génétique, il faut surtout retenir qu'une chatte de race tout à fait pure produit en principe une lignée qui présente des caractères purs. Les avantages de cette reproduction contrôlée sont évidents. Une seule restriction : il ne faut pas les pousser jusqu'à la dégénérescence par abus de consanguinité et caractères récessifs.

La santé corporelle de l'animal et l'achèvement de son développement physique sont deux facteurs qui jouent naturellement.

La maturité physique d'un chat s'établit après la première année. Son bon état de santé est assez facile à contrôler : maladies chroniques, maladies cutanées, rachitisme, etc., se remarquent rapidement.

Par contre, pour la chatte, cette vérification est plus difficile à établir. Nous vous conseillons de soumettre celle-ci à un examen vétérinaire approfondi. Ces simples précautions ne sont pas un luxe si l'on songe à la valeur considérable de certains croisements.

Une alimentation riche et saine, des soins hygiéniques, une surveillance sanitaire restreignent la possibilité de certains accidents. Nous conseillons à nouveau l'examen, par le vétérinaire, de la chatte gestante, ne fût-ce que pour apprécier la conformation du bassin et connaître les difficultés éventuelles d'une mise bas.

Songez également à l'équilibre des âges pour vos croisements. L'écart ne peut être trop grand. Vous n'avez, d'autre part, aucun intérêt à croiser des animaux trop jeunes et souvent inexpérimentés.

Enfin, la désignation et l'entretien d'un chat étalon exigent une attention particulière. Bien qu'il puisse servir plusieurs femelles, il ne faut l'accoupler à celles-ci que pour autant qu'il puisse leur donner les qualités qui leur manquent ou, par contre, celles qu'on désire voir se développer. On peut rechercher, par exemple, une teinte donnée de pelage. Les races « écaille », qui sont généralement représentée par des femelles, sont bien fixées et même améliorées soit par croisement d'un mâle rouge, soit d'un mâle noir, selon qu'il faut intensifier l'une ou l'autre de ces teintes dans le pelage composé des descendants.

Il reste encore à affirmer qu'un contrôle rigoureux des caractères héréditaires n'est pas toujours du domaine du possible. L'on ne peut jamais prévoir avec certitude les résultats d'un croisement donné. Des déconvenues surgissent malgré toutes les précautions. Seule l'expérience de l'éleveur lui permet d'obtenir de bons résultats.

L'accouplement

Cet acte de la reproduction demande un minimum d'isolement, bien que le degré d'intimité souhaitable soit bien faible. Sachons que la psychologie animale est loin d'être bien connue de nos hommes de science. Il ne faut pas prêter à la race féline tous les caractères des humains, mais il ne faut pas non plus tomber dans l'excès contraire en expliquant tous les comportements des chats par des réflexes mécaniques. Ces animaux possèdent des mobiles dont nous ignorons tout.

Le reproducteur étant choisi, il vous faut préparer la rencontre. Le deuxième ou le troisième jour des chaleurs, vous amenez la chatte auprès de son « mari ». Vous laissez les partenaires dans un lieu paisible, assez dégagé, sans aspérités dangereuses et sans trop de meubles. N'oubliez pas de fermer la pièce. Vous les laissez ainsi ensemble durant une journée environ, le temps de se connaître et de mener à bonne fin l'accouplement. Celui-ci aura eu lieu lorsque vous entendrez le hurlement de douleur poussé par la chatte. On représente souvent le mâle un ou deux jours après la première saillie, pour s'assurer de la fécondation.

En général, il suffit de laisser les animaux livrés à eux-mêmes. Les chattes trop nerveuses ou craintives ne pourront jamais être brusquées. Il suffit simplement de prolonger le temps des présentations, de renouveler les rencontres, pour habituer les chats l'un à l'autre. Pour que la fécondation soit assurée, on laisse donc le couple en contact libre en le surveillant sans le déranger. Le mâle est mis au repos après la saillie.

Pour qu'il y ait rapport fécondant, la période stricte de l'œstrus est obligatoire. Quant au reste, les chats livrés à eux-mêmes se débrouillent bien.

Supposons maintenant que la saillie s'est bien passée et a donné des résultats positifs. Quelles en sont les suites ?

La gestation

Rappelons que la durée de la gestation ne semble pouvoir être fixée qu'à quelques jours près et qu'elle demeure variable selon les sujets. Dans les délais normaux, elle oscille entre 56 et 62 à 63 jours, chez la Chatte commune. Elle passe pour être prolongée jusqu'à 65 et même 68 jours chez les Siamoises. Mais ces chiffres ne peuvent, en aucun cas, être considérés comme absolus.

Si l'on connaît la date de la saillie, on peut estimer la date de la délivrance grâce aux tables établies par M. Soderberg. Nous vous les communiquons ci-après.

Janvier	Saillie	1 2 3 4 5 6 7 8 9 10 11 12 13 14 15 16
Mars	Naiss.	7 8 9 10 11 12 13 14 15 16 17 18 19 20 21 22

Janvier	Saillie	17 18 19 20 21 22 23 24 25 26 27 28 29 30 31
Mars-avril	Naiss.	23 24 25 26 27 28 29 30 31 1 2 3 4 5 6

Février	Saillie	1 2 3 4 5 6 7 8 9 10 11 12 13 14
Avril	Naiss.	7 8 9 10 11 12 13 14 15 16 17 18 19 20

Février	Saillie	15 16 17 18 19 20 21 22 23 24 25 26 27 28
Avril-mai	Naiss.	21 22 23 24 25 26 27 28 29 30 1 2 3 4

Mars	Saillie	1 2 3 4 5 6 7 8 9 10 11 12 13 14 15 16
Mai	Naiss.	5 6 7 8 9 10 11 12 13 14 15 16 17 18 19 20

Mars	Saillie	17 18 19 20 21 22 23 24 25 26 27 28 29 30 31
Mai-juin	Naiss.	21 22 23 24 25 26 27 28 29 30 31 1 2 3 4

Avril	Saillie	1 2 3 4 5 6 7 8 9 10 11 12 13 14 15
Juin	Naiss.	5 6 7 8 9 10 11 12 13 14 15 16 17 18 19

Avril	Saillie	16 17 18 19 20 21 22 23 24 25 26 27 28 29 30
Juin-juillet	Naiss.	20 21 22 23 24 25 26 27 28 29 30 1 2 3 4

Mai	Saillie	1 2 3 4 5 6 7 8 9 10 11 12 13 14 15 16
Juillet	Naiss.	5 6 7 8 9 10 11 12 13 14 15 16 17 18 19 20

Mai	Saillie	17 18 19 20 21 22 23 24 25 26 27 28 29 30 31
Juillet-août	Naiss.	21 22 23 24 25 26 27 28 29 30 31 1 2 3 4

Juin	Saillie	1 2 3 4 5 6 7 8 9 10 11 12 13 14 15
Août	Naiss.	5 6 7 8 9 10 11 12 13 14 15 16 17 18 19

Juin	Saillie	16 17 18 19 20 21 22 23 24 25 26 27 28 29 30
Août-septembre	Naiss.	20 21 22 23 24 25 26 27 28 29 30 31 1 2 3

Juillet	Saillie	1 2 3 4 5 6 7 8 9 10 11 12 13 14 15 16
Septembre	Naiss.	4 5 6 7 8 9 10 11 12 13 14 15 16 17 18 19

Juillet	Saillie	17 18 19 20 21 22 23 24 25 26 27 28 29 30 31
Septembre-octobre	Naiss.	20 21 22 23 24 25 26 27 28 29 30 1 2 3 4

Août	Saillie	1	2	3	4	5	6	7	8	9	10	11	12	13	14	15	16
Octobre	Naiss.	5	6	7	8	9	10	11	12	13	14	15	16	17	18	19	20

Août	Saillie	17	18	19	20	21	22	23	24	25	26	27	28	29	30	31
Octobre-novembre	Naiss.	21	22	23	24	25	26	27	28	29	30	31	1	2	3	4

Septembre	Saillie	1	2	3	4	5	6	7	8	9	10	11	12	13	14	15
Novembre	Naiss.	5	6	7	8	9	10	11	12	13	14	15	16	17	18	19

Septembre	Saillie	16	17	18	19	20	21	22	23	24	25	26	27	28	29	30
Novembre décembre	Naiss.	20	21	22	23	24	25	26	27	28	29	30	1	2	3	4

Octobre	Saillie	1	2	3	4	5	6	7	8	9	10	11	12	13	14	15	16
Décembre	Naiss.	5	6	7	8	9	10	11	12	13	14	15	16	17	18	19	20

Octobre	Saillie	17	18	19	20	21	22	23	24	25	26	27	28	29	30	31
Décembre-janvier	Naiss.	21	22	23	24	25	26	27	28	29	30	31	1	2	3	4

Novembre	Saillie	1	2	3	4	5	6	7	8	9	10	11	12	13	14	15
Janvier	Naiss.	5	6	7	8	9	10	11	12	13	14	15	16	17	18	19

Novembre	Saillie	16 17 18 19 20 21 22 23 24 25 26 27 28 29 30
Janvier-février	Naiss.	20 21 22 23 24 25 26 27 28 29 30 31 1 2 3

Décembre	Saillie	1 2 3 4 5 6 7 8 9 10 11 12 13 14 15 16
Février	Naiss.	4 5 6 7 8 9 10 11 12 13 14 15 16 17 18 19

Décembre	Saillie	17 18 19 20 21 22 23 24 25 26 27 28 29 30 31
Février-mars	Naiss.	20 21 22 23 24 25 26 27 28 1 2 3 4 5 6

Quoi qu'il en soit, les signes manifestes de gestation n'apparaissent que vers la quatrième ou cinquième semaine. La chatte révèle son état par des signes certains dont l'enflure du ventre est le plus visible. De même, l'auscultation permet d'entendre des battements cardiaques.

C'est à ce moment que nous avons intérêt à lui exprimer notre sollicitude par des égards particuliers. Il ne s'agit pas de la dorloter comme une malade, mais d'avoir simplement pour elle un peu plus de soins, car ce qui lui arrive est tout naturel.

Ensuite, les mouvements de chaque fœtus deviennent apparents et l'on constate des soubresauts du flanc. Le dernier symptôme est le développement mammaire.

La chatte reconnue en état de gestation doit être isolée du mâle. Veillez cependant à lui conserver un bon tonus musculaire. Toute excitation ou tout bruit sont à éviter.

La chatte doit être également alimentée en fonction de son état. Elle a de grands besoins énergétiques provoqués par les sécrétions multiples et l'édification de nouveaux tissus. Reportez-vous au chapitre traitant de l'alimentation pour plus de détails concernant le régime alimentaire. En bref, donnez des aliments faciles à digérer, tels les produits lactés, les bouillons, le riz, les œufs, la viande demi-grasse. Les besoins en vitamines doivent être assurés car, en cette période de gestation, les carences peuvent avoir des conséquences catastrophiques. En effet les chatons, s'ils survivent, peuvent être très fragiles et même rachitiques, tandis que la mère risque de ne pas se relever de l'accouchement. Dans le commerce, il existe de nombreux produits antirachitiques. Consultez le vétérinaire et demandez-lui de surveiller la future mère.

Quand le terme approche

A l'approche de la parturition, préparez la chatte à l'accouchement. D'ailleurs, pour peu qu'elle ait l'habitude que l'on s'occupe d'elle, elle vient chercher ses maîtres et réclame à ses côtés leur présence constante. Elle se montre inquiète et nerveuse. Surveillez-la pour qu'elle n'aille pas accoucher dans un endroit inaccessible et connu d'elle seule. Mettez à sa disposition ce qui peut lui convenir le mieux. Préparez-lui un panier ou une caisse de profondeur moyenne, afin qu'elle puisse facilement enjamber les bords, qui seront cependant suffisamment hauts pour qu'elle se sente à l'abri. La litière sera disposée avec soin. Evitez les couches de propreté douteuse, les journaux, et proscrivez la paille. Sacrifiez plutôt une paire de vieux draps que vous repliez plusieurs fois. Cette litière doit être renouvelée ou secouée régulièrement. La propreté de la couche est souhaitée par la chatte beaucoup plus qu'on ne le pense généralement. En outre, cette propreté est utile à son bon entretien. La litière doit être déposée dans un endroit où elle est à l'abri des intrus et de toutes causes susceptibles d'inquiéter la chatte.

L'isolement est souhaitable, mais encore faut-il que la chatte y soit habituée. Le local doit être salubre, calme, à l'abri du froid et de l'humidité. Si la chatte est accoutumée à la compagnie de ses maîtres, au moment décisif elle viendra implorer leur présence. C'est donc dans la pièce où tout le monde se tient d'ordinaire qu'il faut installer la couche. S'il y a couple d'animaux, écartez le mâle lors de l'accouchement, car en cette occasion il augmente la nervosité de la parturiente.

L'accouchement

La mise bas d'une chatte doit être une chose naturelle et elle ne suppose aucune intervention humaine. Cette remarque est valable dans la majorité des cas.

La complication la plus fréquente est la rétention d'un fœtus qui, après quelques heures, demande l'intervention du vétérinaire.

La chatte qui accouche la première fois s'étonne aussi des modifications physiologiques et s'en inquiète. Si les circonstances l'exigent, soutenez-la moralement et aidez-la physiquement. Ne manifestez aucune inquiétude et surtout pas de nervosité.

Aux premiers signes de la mise bas, ne soyez pas maladroit par suite d'une hâte excessive. Songez à l'hygiène de votre animal et lavez avec soin la région vulvaire ainsi que l'abdomen, à l'eau et au savon, en utilisant une éponge douce et bien propre.

La durée de l'accouchement est variable. Les premières douleurs qui surviennent sont en rapport avec les contractions des muscles de l'utérus. Son col se dilate pour permettre la sortie d'une poche d'eau, qui elle-même augmente encore la largeur du col. Cette poche d'eau s'ouvre et la progression des fœtus en est facilitée. L'expulsion de ceux-ci se produit après un temps variable, pouvant s'étendre de une à deux heures environ, suite aux contractions de l'utérus et des muscles du ventre.

A ce moment, la chatte doit favoriser l'expulsion en contractant son abdomen. Il arrive parfois qu'elle demeure passive ou somnolente parce qu'elle est épuisée par les premiers efforts. Il faut, pour éviter des accidents, encourager l'animal en lui parlant avec douceur et en caressant son ventre.

Le nombre de chatons est très variable. Dans les cas normaux, qui sont les plus fréquents, la chatte donne régulièrement naissance à quatre ou six jeunes. Les Siamoises sont plus prolifiques, mais ce n'est pas toujours prouvé.

On voit alors apparaître de petits amas sanguinolents entourés d'enveloppes embryonnaires, c'est-à-dire le placenta fœtal. La chatte s'occupe activement de la toilette de ses nouveau-nés. Elle les débarrasse des membranes, lave et réchauffe les chatons. Elle sectionne elle-même leurs cordons ombilicaux.

Lors d'un premier accouchement, il peut arriver que la chatte tarde à dégager la tête des jeunes de leurs enveloppes. Dans ce cas, enlevez-les vous-même. Le jeune se mettra immédiatement à crier et la mère terminera les soins.

Généralement, la mère mange les enveloppes placentaires déchirées. C'est ainsi qu'elle récupère les protéines placentaires qui sont à nouveau utilisés pour activer la sécrétion lactée et la redistribution de l'organisme après la grossesse.

La durée totale de l'accouchement dépend évidemment du nombre de chatons. Il dure quelquefois jusqu'à douze heures pendant lesquelles il est nécessaire d'assurer à la chatte une entière tranquillité.

Qu'on veuille ou non garder tous les petits chats, on enlève ceux qui sont en surnombre pour n'en laisser que quatre environ à la mère. Si l'on peut diminuer ce nombre, c'est d'autant mieux pour la mère comme pour ceux qui sont sélectionnés. Ceux qui demeurent n'ont rien d'autre à faire qu'à téter. Votre rôle se borne désormais à faire régner le calme autour de la couche et à veiller à ce que la température soit au moins de 18° C environ.

Comment assister la chatte ?

Voyons maintenant comment aider correctement la chatte et dans quels cas vous devez intervenir.

Nous l'avons déjà indiqué précédemment, la mère doit prendre une part active à l'accouchement, en « poussant », en contractant les muscles au rythme des douleurs. Mais ces efforts répétés rendent la chatte très faible et elle peut avoir une tendance à s'endormir. Cet état est nuisible à la mise bas. Aussi il convient de l'aider, de la soutenir, au besoin en lui faisant prendre un peu de lait sucré.

D'autre part, si la toute jeune chatte néglige de rompre les enveloppes embryonnaires, il faut vous en charger sur-le-champ. En effet, sans votre action, les jeunes peuvent s'asphyxier. Ce n'est que quelques instants plus tard que le réflexe respiratoire est provoqué, c'est-à-dire au moment où il y a rupture du cordon ombilical. S'il ne se fait pas d'une manière naturelle, il faut secouer le chaton, la tête vers le sol. Il faut agir en provoquant la respiration.

Il se peut aussi que la mère ressente des difficultés à sectionner le cordon ombilical. Là encore il vous faut agir rapidement. Coupez-le à distance de l'ombilic. L'extrémité du cordon qui demeure, n'étant plus alimentée, va se dessécher et tomber d'elle-même. Bien entendu, il faut prévenir toute infection. Pour cela, désinfectez les ciseaux et aseptisez la section du cordon avec de la teinture d'iode.

Maintenant, si les chatons sont incapables de se mettre près de leur mère ou si celle-ci est trop exténuée pour les amener vers elle, portez-les sous les mamelles gorgées de lait.

Il arrive aussi que la jeune chatte manifeste une certaine apathie à l'égard de sa progéniture. Sachez que souvent les primipares sont exténuées. Une chatte peut aussi, lors de son premier accouchement, être totalement embarrassée et ne savoir que faire. Suppléez donc l'instinct maternel de la mère en prodiguant les soins aux nouveau-nés. Dépouillez-les de leur enveloppe et sectionnez le cordon. Séchez-les et tamponnez-les avec un linge légèrement imbibé d'une solution d'alcool. Agissez devant la mère et apprenez-lui son rôle de jeune maman.

Observez enfin le premier contact entre la mère et ses chatons. Il arrive qu'elle mange ses jeunes. Nous ne croyons pas qu'il s'agisse là d'une tare ou d'un instinct vicié. Le plus souvent, cet accident se produit par suite d'un déséquilibre alimentaire, c'est-à-dire d'une carence en éléments essentiels.

L'une des règles primordiales de l'éleveur est d'être prudent. S'il doit penser aux accidents possibles, il ne faut cependant pas qu'il intervienne sans raison.

Les naissances difficiles

L'éleveur le plus prudent peut être surpris à l'improviste par des complications lors de l'accouchement.

Rappelons que la radiographie peut prévenir bien des surprises désagréables. C'est ainsi que l'on peut prévoir des présentations anormales ou une étroitesse du bassin. Le vétérinaire peut alors prendre les dispositions voulues et songer à un accouchement anticipé ou à une opération césarienne. Toute mise bas anormale demande l'intervention du vétérinaire. Celui-ci peut corriger la présentation du ou des fœtus par la palpation. Mais la solution la plus raisonnable paraît celle de la césarienne.

L'extraction forcée et l'intervention entraînant la mutilation d'un fœtus sont de véritables carnages lorsqu'elles sont exercées par des amateurs. Le vétérinaire seul peut juger de la gravité des cas, et il décidera du meilleur traitement en connaissance de cause.

Il existe aussi des complications qui affectent surtout les chattes déjà âgées. Il s'agit de l'inertie de l'utérus. Dans ce cas également, seul le vétérinaire peut intervenir par des injections directes d'ocytocine, pour aider l'accouchement. Mais alors, même si la portée est sauvée, la chatte ne doit plus être employée comme reproductrice.

Des anomalies de développement des fœtus peuvent également se produire. Très rares sont les cas de monstruosités, mais ils apparaissent parfois et spécialement lorsque la chatte a fait une infection respiratoire pendant sa grossesse.

Après l'accouchement

Evitez de prendre en mains les chatons à tout propos. Sachez qu'ils n'en retirent aucun profit et que la mère pourrait s'impatienter. C'est ainsi qu'il arrive qu'elle les change de place, les emportant dans un coin, souvent inaccessible pour vous.

Veillez également à la propreté de la couche. La literie doit être souvent rafraîchie. Rappelez-vous aussi que l'humidité est dangereuse. Maintenez donc autour des chatons une atmosphère sèche. Evitez de les laisser au soleil. La chatte qui nourrit préfère une demi-obscurité qui lui donne une sécurité. Enfin, les chatons doivent être à l'abri des courants d'air, mais celui-ci sera renouvelé régulièrement.

Le choix des chatons

Tout dépend du but poursuivi. Celui de l'éleveur est on ne peut plus simple. En effet, en fonction de facteurs économiques, il conserve tous ceux qui possèdent une valeur marchande, c'est-à-dire les plus beaux chatons, ceux qui peuvent devenir des champions lors des expositions.

Dans la pratique, d'autres facteurs peuvent intervenir. C'est ainsi qu'il faut tenir compte de l'état de santé de la mère. Peut-elle nourrir tous les petits ? Ou faut-il se servir d'aliments de remplacement ? Et dans ce cas y a-t-il encore bénéfice pour l'éleveur ? Les chatons possèdent-ils les standards de la race ? En est-il un moins bien venu ?

A ces questions, l'éleveur professionnel répond par son expérience et ses connaissances.

Par contre, l'amateur est confronté avec d'autres problèmes. Lui est-il possible de faire face aux besoins financiers de toute la portée ? Pourra-t-il vendre tous les chatons ou doit-il supprimer ceux qu'il ne peut conserver ?

Des facteurs personnels, sentimentaux et économiques sont en jeu et nous allons passer en revue quelques points importants lors du choix.

Il est d'abord nécessaire de conserver quelques chatons à la mère. Car si vous les enlevez tous, la fièvre de lait, bien connue des éleveurs, peut faire son apparition. Cette maladie peut certes être combattue, mais la rupture de l'équilibre hormonal et nerveux qui en résulte amène généralement une série d'accidents aux suites graves, comme les convulsions.

Il est aussi difficile pour une chatte de nourrir plus de cinq jeunes. Au-delà de ce chiffre, le rachitisme apparaît. Il vous faut donc user de traitements palliatifs. Vous pouvez aussi confier les chatons en surnombre à une chatte allaitante, mais cette solution n'est possible que dans les chatteries. Vous pouvez encore donner un lait de remplacement.

Les chatons qui montrent des défauts caractéristiques sont souvent sacrifiés. Par contre, ceux qui présentent au maximum les caractères de la race sont évidemment sélectionnés.

Mais on ne peut, en toute certitude, assurer qu'ils remporteront des championnats. Car bien des changements demeurent possibles jusqu'à l'âge adulte.

Rappelez-vous que faire un choix... c'est tenir un pari sur l'avenir.

L'allaitement

Les questions relatives à l'alimentation des chatons sont traitées d'une manière plus approfondie au chapitre XIII.

Donnons toutefois déjà quelques notions importantes.

L'allaitement est la phase qui s'étale de la naissance au sevrage. Cette période, durant laquelle le chaton s'alimente grâce à la sécrétion lactée de sa mère, persiste au moins pendant un mois et peut s'étendre jusqu'à dix semaines au maximum. Il est dangereux d'aller au-delà.

Les toutes premières sécrétions sont constituées par le colostrum. Il se présente sous la forme d'un liquide laiteux, enrichi de globules blancs dont quelques-uns montrent des aspects particuliers, donnant au jeune animal des apports vitaux. La prise de colostrum pendant les premières heures de la vie est indispensable.

Le lait de chatte est riche en extraits secs (minéraux) et en protéines, mais pauvre en glucides et en graisses si on le compare au lait de vache.

Lorsque l'allaitement naturel n'est plus possible et que l'on ne dispose pas d'une nourrice de remplacement, il faut alimenter le chaton par l'allaitement artificiel.

Signalons immédiatement qu'il est peu facile à appliquer et parfois assez aléatoire dans ses résultats, surtout lorsqu'il s'agit de races pures. Cependant avec beaucoup de soins, de patience et de précautions, cet allaitement artificiel peut être mené à bonne fin.

Le premier accessoire que l'on doit posséder est un biberon ou une seringue sans aiguille. On en trouve de différents modèles dans le commerce spécialisé. A défaut, l'on peut employer un biberon de poupée. Ce matériel doit être tenu dans un état de propreté indispensable. La tétine sera bouillie avant chaque usage, sous peine d'accidents intestinaux graves. Quant au contenu, certains diététiciens le composent de lait de vache tiède, coupé d'eau de Vals par exemple ou d'eau bouillie et sans sucre. Ce lait de remplacement est beaucoup trop pauvre par rapport à l'aliment naturel du chaton. Aussi, nous vous conseillons plutôt de concentrer le lait et de l'enrichir en protéines, avec adjonction d'un œuf, par exemple.

La distribution sera assurée, au moins au début, toutes les trois heures. La quantité à donner est généralement réglée par le chaton lui-même : il sait faire comprendre qu'il a ingéré son « content », lequel demeure d'ailleurs variable selon l'appétit du sujet.

Les tétées s'espacent ensuite toutes les quatre ou cinq heures, dans les semaines suivantes. Ceci donne déjà une moyenne de quarante tétées par portée et environ cinq cents succions. C'est pourquoi, lorsque la portée est en bonne santé, aidez la mère en ajoutant dans la ration de petites crèmes, des panades ou des aliments lactés à partir de la troisième semaine.

Le sevrage

Rappelons qu'il peut commencer dès la fin du premier mois. Nous donnons au chapitre traitant de l'alimentation les premiers conseils et les menus-types. Bien que les chatons soient encore gourmands de lait maternel, vous pouvez alterner les tétées avec des bouillies consistantes. Les farines lactées et les crèmes pour enfants donnent de bons résultats.

Vous pouvez présenter ces bouillies sur une petite cuillère. Le chaton en lèche l'extrémité. Pris au jeu en même temps qu'au goût, on le dirige ensuite vers la soucoupe. Au début, il faut beaucoup de patience.

Dès la fin du second mois ou au début du troisième, selon les sujets, a lieu le véritable sevrage. D'ailleurs, à cette époque, la mère refuse généralement d'allaiter ses jeunes et elle les chasse lorsqu'ils se présentent. Commencez à leur donner de la viande hachée.

Le premier problème que pose le sevrage est de faire admettre au jeune chat une nourriture nouvelle mais qui lui convient cependant : la viande. L'autre est plutôt d'ordre médical. En effet, il convient de faciliter la décongestion des mamelles de la mère et d'arrêter la sécrétion lactée. Ce problème ne se pose pas si la sécrétion se tarit d'elle-même, spontanément. La mère a son tour doit être surveillée et protégée face à cette nouvelle modification. Il faut user de purgatifs très doux et masser légèrement les mamelles avec une pommade camphrée. Reportez-vous également au terme « mammite » du dictionnaire médical en fin de volume.

A six semaines

Vers cette époque, on s'occupe d'enseigner aux chatons les bonnes manières. Souvent, ils choisissent un coin discret de la maison ou de l'appartement pour y déposer leurs ordures. Si vous n'intervenez pas à temps, de mauvaises habitudes vont se perpétuer. Dès que vous avez repéré l'emplacement choisi par le délinquant, éloignez-l'en donc en y déposant des gouttes de formol ou toute autre substance désagréable pour son odorat. Attirez-le vers le plat à ordures de sa mère.

Au quatrième mois

L'alimentation est devenue celle des chats adultes, à la quantité près. Cependant mieux vaut encore distribuer la ration alimentaire en petites doses.

L'évolution des chatons

Après une dizaine de jours, ils ouvrent les yeux. Ne vous inquiétez pas s'ils louchent un peu. A cet âge, ils ont encore du monde qui les entoure une vision imparfaite. Ils ne naissent jamais avec les yeux ouverts et s'ils ne les ont ne fût-ce que entrouverts, ils ne vivront point.

Si les chatons ont l'estomac satisfait, il faut, durant les premiers jours, surveiller l'état des intestins. La mère se charge naturellement du soin de les vider. Elle le fait en léchant doucement les orifices naturels et elle absorbe les sécrétions. Lorsque les chatons sont orphelins ou si la mère est dénaturée, vous allez devoir vous tirer seul de cette épreuve. Pour cela, imbibez d'eau tiède un tampon d'ouate et frottez lesdits orifices très légèrement. Le chaton expulse alors son urine et ses excréments qui doivent être d'un beau jaune. Il ne faut jamais laisser l'animal dans un état de constipation prolongé. Celui-ci sera alors menacé de graves maladies, et les matières fécales pourront s'accumuler et obstruer l'intestin. Toute une portée peut être ainsi compromise. D'autre part, au moindre signe de diarrhée, mettez les chatons à la diète et au besoin faites-leur prendre des ferments lactiques en attendant l'arrivée du vétérinaire.

A douze jours, les chatons commencent à percevoir les bruits. Leurs oreilles prennent forme, et certains même sont assez avancés pour faire entendre un léger ronronnement. Ils sont plus forts sur leurs pattes et ils ne rampent plus sur la couche. Ils culbutent et l'on remarque en eux leur désir de jouer.

A quinze jours, ils ouvrent des yeux bleu clair. Ce n'est qu'à vingt-deux jours que la couleur de leurs yeux se précise.

Lorsqu'ils atteignent vingt-cinq jours, l'on peut reconnaître avec certitude leur sexe. C'est également vers cette époque que les jeux commencent à être acharnés et que se manifeste l'esprit d'indépendance, mais avec des rappels à l'ordre de leur mère qui n'apprécie pas toujours cette évolution !

XIII

L'alimentation

Vous prenez grand soin de votre chat, compagnon des bons et des mauvais jours. Vous le nourrissez bien et vous êtes convaincu, lorsque vous déterminez son menu, qu'il est ravi et satisfait de votre choix.

Cependant l'animal peut s'accoutumer lentement à une carence alimentaire ou à une hypernutrition, sans montrer de symptôme visible. De ce fait, il vous est impossible de remarquer les signes avant-coureurs d'une maladie. Un jour, elle peut apparaître sans crier gare, sur le simple fait d'une fatigue, d'un refroidissement ou d'une indigestion. C'est ainsi que le dénouement est parfois tragique...

L'une des conditions essentielles pour que votre chat demeure en bonne santé — et ce plus particulièrement lorsqu'il habite en ville — est de lui fournir une alimentation adéquate, de choisir des aliments convenables, de les doser, et d'y apporter les divers éléments susceptibles de compenser les carences dues à la captivité.

Vous protégez votre chat des dangers extérieurs, dans un nid douillet. Par le fait même, il n'est pas libre de ses mouvements et n'a donc pas la possibilité de choisir son menu ou de le compléter en recherchant des aliments qui sont, pour lui, nécessaires à la vie. Ne vous bandez point les yeux et reconnaissez que votre compagnon, aussi bien soigné soit-il, court le danger de voir sa santé compromise par un manque de variété dans sa nourriture.

Le chat en liberté mange les souris non seulement avec la peau et les poils, mais aussi avec le contenu végétal de l'estomac et la flore intestinale. Vous, par contre, vous le nourrissez de viande en boîte et lui faites boire du lait pasteurisé. Il reçoit donc peu de vitamines, peu d'oligo-éléments et de minéraux qui sont pourtant d'une importance vitale. Comment votre chat pourrait-il avoir la possibilité, en étant cloîtré, de chercher lui-même ces éléments ?

Pour nous aussi, une alimentation irrationnelle peut être la cause de sérieuses maladies de carence. Ajoutons même que la plus succulente des friandises, servie journellement, pourrait à la longue nous dégoûter ! Il en est de même pour votre chat. Une nourriture toujours identique risque de provoquer chez lui des maladies souvent mortelles.

De même, une nourriture trop riche peut engorger de graisse certains organes et être la cause de lésions.

Songeons donc aux faits suivants : une nourriture irrégulière, un appétit capricieux ou une alimentation insuffisante sont préjudiciables à votre chat, tout comme l'excès de friandises ou de graisses.

Nous croyons qu'il est nécessaire, avant d'aborder les questions pratiques, de prendre connaissance des différentes fonctions et des différents phénomènes de la digestion chez le chat.

L'appareil digestif

Le système digestif des animaux supérieurs, tel celui des mammifères, montre une certaine unité d'organisation. Les différentes régions, du point de vue anatomique, se suivent, presque identiques : zones de préhension et de réception, régions de transit et de stockage, puis de digestion, d'absorption, et enfin d'évacuation.

Rappelons que la nature a organisé deux systèmes principaux. Tout d'abord la structure de l'herbivore dont le système de digestion est du type long, comme chez les ruminants, et dont la digestion est lente. Puis la structure du carnivore dont le système de digestion est du type court, et dont la fonction ne limite pas réellement l'activité. Le type de l'omnivore, représenté par l'homme, se situe entre les deux systèmes précédents. Le chat est un carnivore, et sa classification dans le groupe animal justifiée de ce point de vue digestif.

La bouche

La bouche est la partie du système digestif qui reçoit les

aliments. Elle est définie en avant par la cavité buccale et les lèvres, sur les côtés par les joues, en haut par le palais, en arrière par le voile du palais, en bas par la langue.
- *Les lèvres* sont minces et mobiles. La lèvre supérieure porte deux pinceaux latéraux formés par des poils tactiles gros et mobiles constituant les moustaches.
- *La langue* est mince, très mobile, et les deux tiers antérieurs en sont tapissés de papilles filiformes, au sommet dirigé vers l'arrière, revêtues d'un étui qui la rend dure et même râpeuse.
- *Le palais* est parcouru dans sa largeur par cinq à six crêtes divisées par un sillon médian qui parcourt la longueur.
- *Le voile du palais* est très court. L'isthme du gosier est largement ouvert.

Les glandes salivaires

- La *parotide*, d'un poids d'environ 6 grammes, est peu volumineuse et le canal de Sténon traverse le masséter.
- La *sublinguale*, reportée en arrière, est allongée et étroite. Elle n'est pas réunie au maxillaire et n'a pas de partie postérieure.
- La *sous-maxillaire*, d'une teinte rougeâtre, pèse 4 grammes.
- Les *glandes molaires inférieures, labiales, linguales* et *saphylines* sont elles aussi réduites. Le chat ne possède pas de glande molaire supérieure.

Le système dentaire

Celui du chat comporte 26 dents pour la première dentition dont la formule est la suivante :

$$\text{incisives } \frac{2}{3} \text{ ; canines } \frac{1}{1} \text{ ; molaires } \frac{3}{2}$$

Ces dernières, à la mâchoire supérieure, comprennent une précarnassière, une carnassière, une tubéreuse. Quant à la mâchoire inférieure, elle comprend une précarnassière et une carnassière.

La seconde dentition comprend 30 dents et la formule dentaire donne :

$$\text{incisives } \frac{3}{3} \text{ ; canines } \frac{1}{1} \text{ ; molaires } \frac{4}{3}$$

Les molaires se partagent alors en deux précarnassières, une carnassière et une tubéreuse pour la mâchoire supérieure, et deux précarnassières et une carnassière pour la mâchoire inférieure.

Vous trouvez donc, pour chaque mâchoire et de chaque côté :
- *Trois incisives,* espacées les unes des autres en haut et plus rapprochées en bas, et dont le volume augmente du centre à la périphérie ; elles se subdivisent en pince, mitoyenne et coin, dans lesquels on reconnaît une racine, un collet et une couronne, plus développés à la mâchoire supérieure. La partie libre de la dent vierge présente trois lobes. Le médian est plus fort que les latéraux et est attaqué le premier par l'usure. La racine, développée et aplatie d'un côté à l'autre, est séparée de la couronne par un collet prononcé. Les incisives de lait sont plus petites et plus pointues que les définitives.
- *Une canine,* séparée des incisives, à la mâchoire supérieure, par un intervalle assez grand, et à l'inférieure, par un intervalle plus petit. Elle est séparée des molaires par un intervalle encore plus grand. C'est une dent très pointue, allongée, de forme conique, recourbée en arrière et en dehors, striée en profondeur sur sa face externe. Le crochet supérieur est plus gros que l'inférieur. La canine de lait est plus fine, plus allongée que la définitive.
- *Quatre molaires* pour la mâchoire supérieure et *trois* pour l'inférieure. Les deux premières, de chaque côté de la mâchoire, sont les prémolaires, et tombent pour être remplacées par les dents de la seconde dentition. Tranchantes et dentelées comme une scie, elles se correspondent, non par leur couronne, mais par leurs faces, la mâchoire inférieure étant plus petite que la supérieure. Quant aux molaires supérieures, elles se subdivisent en avant-molaire (assez petite), puis en molaire principale (plus grande à couronne triangulaire) munie de deux racines antérieures et d'une racine postérieure. Ces deux dents constituent les précarnassières. Une première arrière-molaire ou carnassière supérieure, très grosse, est formée d'une partie médiane, pointue, tranchante, et de deux lobes dont l'antérieur est conique, petit, et le postérieur plus étendu, venant former une sorte d'aile tranchante : c'est ainsi que la dent présente trois pointes. La seconde arrière-molaire, petite et fort rudimentaire, est terminée par deux lobes émoussés, avec une racine aplatie.

Les molaires inférieures comprennent une molaire principale, légèrement triangulaire, presque bilobée en arrière. La première arrière-molaire est semblable à celle de la mâchoire supérieure, mais un peu plus forte. La seconde arrière-molaire ou carnassière inférieure, allongée vers l'arrière, n'a que deux pointes ; formée de deux lobes tranchants dont une échancrure profonde les sépare, cette dent est pourvue de deux racines.

Lorsque la mâchoire est fermée, les dents inférieures croisent les dents supérieures par la face interne. Cette disposition permet à l'animal de couper la viande.

Le système digestif

- Le *pharynx* est très large. Il se dilate très facilement.
- L'*œsophage* se dilate également très facilement. Il s'insère sur l'estomac par l'intermédiaire d'un cardia en forme d'entonnoir. Sa bouche charnue et d'une teinte rougeâtre est affaissée sur elle-même.
- L'*estomac* peut être comparé à une sorte de poire recourbée à son sommet. Il forme un sac unique. Sa muqueuse, en état de vacuité, est tapissée de plis nombreux et réguliers. Sa contenance est d'environ 30 à 32 centilitres.
- L'*intestin* est très court. Il mesure environ 2 mètres dont 35 centimètres pour le gros intestin. L'intestin grêle repose sur la paroi abdominale inférieure, et est soutenu par un long mésentère. Le cæcum est réduit à un petit appendice, recourbé en crochet, de 2 centimètres environ. Le côlon, qui est retenu par un mésentère court, est plus gros que l'intestin grêle. Il existe deux épiploons, l'un grand et l'autre petit. Le mésentère forme un repli qui s'insère sous la colonne vertébrale et enveloppe donc les différentes parties de l'intestin. Les glandes anales, par un court canal, communiquent de chaque côté de l'anus.

Les glandes

- Le *foie* est très volumineux. Son poids est d'environ 150 à 180 grammes. Il est partagé en cinq lobes. La vésicule biliaire, courbée sur elle-même, fait suite à un canal cystique contourné qui vient se loger dans une échancrure du lobe intermédiaire droit. Le lobule de Spiegel se détache du lobe droit. Le canal cholédoque s'insère à 3 centimètres environ de l'orifice pylorique, à côté du conduit pancréatique. Le foie peut être palpé extérieurement ; il se situe en arrière de la dixième côte.
- Le *pancréas* est fortement allongé. Son extrémité antérieure se courbe en arrière de l'estomac pour se présenter à l'avant.
- La *rate* est légèrement pointue en son extrémité antérieure. Elle est étroite, allongée, et recourbée en son extrémité inférieure.

La digestion

Digérer, c'est modifier les aliments ingérés en éléments assimilables par l'organisme. Le mécanisme de la digestion est double. Il comprend l'*action mécanique,* réalisée à tous les échelons, c'est-à-dire depuis le travail des dents, en passant par la contraction des éléments qui réalise un brassage, jusqu'à l'imprégnation par les sécrétions, et l'*action chimique* réalisée par les sécrétions : citons les sucs salivaire, gastrique, pancréatique, la sécrétion biliaire, agissant par la multitude d'enzymes ou ferments digestifs, ou par la sécrétion d'acides.

Le système digestif du chat présente une grande unité de structure avec les autres systèmes des animaux supérieurs (comme l'homme). Ce qui l'en différencie, c'est son intestin rétréci et raccourci qui lui impose des aliments riches et concentrés plutôt que volumineux et lourds.

Les principes d'alimentation

L'alimentation du chat est un problème assez complexe. Comme pour l'alimentation du chien, des études considérables ont été faites sur ce sujet et se sont révélées payantes.

Disons que le but même de l'alimentation est évident : il s'agit de maintenir un animal en vie, et ce dans les meilleures conditions possibles, depuis son plus jeune âge et tout au long de l'âge adulte jusque dans ses vieux jours.

L'écuelle de votre chat

Les chats ont conservé, beaucoup plus que les chiens, leurs qualités primitives et leur instinct. Le chat est un animal essentiellement carnivore comme le prouvent sa dentition et son appareil digestif.

Dans la nature, quand le chat est obligé de pourvoir seul à sa nourriture, les rongeurs (rats, souris, mulots) et les oiseaux sont ses principales victimes. Les chattes apportent souvent à leurs chatons des souris encore vivantes, à la fois pour leur apprendre à les chasser et pour en faire leur nourriture.

Le chat domestique n'est pas aussi facile à mener ni à satisfaire. C'est ainsi que de petites modifications à son menu peuvent provoquer chez lui une sorte de défiance. Il manifestera aussitôt son mécontentement si sa nourriture a été préparée d'une manière différente. Il agit de même si son repas lui est donné à un autre endroit ou dans une autre assiette. Attitude identique encore si « son » assiette est sale ou si « sa » nourriture n'est pas fraîche. Rien ne sert d'agir sur lui par contrainte. Ainsi donc, si vous tenez à garder votre chat, tenez compte de « ses » habitudes ainsi que de « ses » particularités. Mais ne lui laissez pas prendre de mauvaises habitudes alimentaires.

L'importance de l'alimentation

Lorsqu'un organisme vivant est sous-alimenté ou, ce qui est souvent plus grave, mal alimenté, il montre des troubles ou présente des déficiences générales. On remarque une activité ralentie, dirigée vers la seule recherche alimentaire au détriment d'autres fonctions.

Votre chat ne peut faire exception à cette règle naturelle. Il y ajoute même tous les troubles qui lui sont spécifiques. Il deviendra la victime de nombreux dangers, de l'affaiblissement général à la maladie.

Bien des gens osent affirmer que le chat est un animal résistant et qu'il est même quasi impossible de le tuer ! Sachez que les carences alimentaires y arriveront ; non par une action brutale, mais par un amoindrissement de son énergie naturelle, par un grignotement de sa beauté, en l'exposant à des maladies, en le faisant dépérir, bref, en raccourcissant sa vie. Les vitamines, le fer, l'équilibre phospho-calcique, indispensables à tout être humain, le sont tout autant pour cet animal, mais selon certaines modalités.

Une nourriture en fonction de ses besoins

Le chat, comme tout animal domestique, est tributaire des soins de son maître. Il ne suffit pas de lui abandonner les généreux restes d'un plat gastronomique destiné à l'être humain. Il faut donner au chat la ration alimentaire la plus bénéfique par sa quantité mais aussi par sa qualité. Si vous lui offrez une nourriture trop riche, bien cuite et finement hachée, elle sera certainement préjudiciable à l'animal. En effet, il deviendra obèse, prédisposé à la carie dentaire et, le cœur enrobé de graisse, sera en proie à des troubles cardiaques. Nous l'avons déjà écrit, le chat est un carnivore et sa dentition est adaptée à sa nature. Il a besoin de déchirer les aliments de ses dents, et de trouver dans la viande crue ses principes alimentaires.

Si le chien est pratiquement devenu « omnivore », par contre l'atavisme du chat demeure puissant. Toutefois son instinct peut s'émousser à la longue, ou même dévier complètement. C'est ainsi qu'un chat suralimenté devient la victime innocente d'une vie sédentaire.

Si développé que soit l'instinct du chat, il ne suffit pas à lui dicter un régime alimentaire équilibré. Comme chez l'être humain, les goûts du chat peuvent se transformer en habitudes. Il est donc important de lui en donner d'excellentes.

Ne le rendez pas obèse

Un chat adulte, en bonne condition, pèse de 3 à 5 kilos. Ce poids varie cependant selon la race et la taille de chaque individu.

Pour demeurer en vie, conserver sa forme, réparer ses pertes, le chat doit recevoir tous les jours une ration de viande de l'ordre de 100 à 200 grammes. Lorsqu'un animal atteint 10 kilos, sa vie est raccourcie de moitié.

Le ventre qui se dilate est un signe inquiétant. Si le chat est simplement suralimenté, vous pouvez agir à temps en adoptant progressivement une diététique plus austère et plus conforme, tout en l'incitant à prendre de l'exercice. Ne brusquez pas votre chat. Lorsqu'il tend vers l'obésité, il manifeste très rarement un désir d'activité et le contraindre serait dangereux.

Le chat et les rongeurs

En tant que carnivore, le goût de l'animal pour les rongeurs n'est pas un critère absolu. Les grands chasseurs de rats et de souris ne sont pas des chats mus par la faim. Il s'agit là d'un acte instinctif, d'un jeu cruel, cependant conforme à la nature. Seul le chat mourant de faim mange sa chasse. Mais il peut alors contracter des maladies infectieuses et être parasité : c'est ainsi que la souris peut donner au chat le ténia.

En ville ou à la campagne, ces chasseurs qui rendent des services aussi précieux doivent être bien nourris. L'effort que nous leur demandons sera compensé par une bonne alimentation.

Accordez au menu quotidien de votre chat toute votre attention. Afin de vous aider, nous avons songé à vous indiquer des menus-types en fin de chapitre.

Le repas à heure fixe

La ration substantielle de la journée doit être servie régulièrement et à heure fixe. Choisissez cette heure à votre convenance.

La boisson de votre chat doit être toujours disponible et l'eau sera fraîche et claire. En outre, l'apport vitaminique est indispensable.

Le chat est propre

Nous anticipons peut-être un peu sur l'hygiène, mais il est une chose certaine : le chat est propre. Vous lui servirez donc ses repas solides dans une écuelle, et sa boisson dans un bol. En aucun cas ces récipients ne peuvent être sales. Le chat n'y toucherait pas !

Cela ne l'empêche cependant pas d'aimer les eaux de source et les mares croupissantes. Comme ces eaux ne sont ni filtrées, ni purifiées, elles peuvent être dangereuses pour sa santé. Aussi, veillez à l'éloigner de ces eaux polluées.

Les aliments à exclure

S'il est important de connaître les éléments indispensables à la bonne alimentation du chat, il est tout aussi utile de savoir quels aliments il faut définitivement bannir.

Trop longtemps les chats ont souffert d'une alimentation omnivore. Bien que domestiqués, ils restent carnivores et ne peuvent ni ne doivent s'alimenter comme l'homme.

Cette liste des aliments à exclure n'est pas longue, mais les erreurs que vous pourriez commettre dans ce domaine auraient des conséquences graves pour la santé de votre compagnon.

En général, il faut éviter de donner au chat des os trop durs. Rappelez-vous aussi qu'une trop grande quantité d'os dans l'alimentation peut conduire les sujets âgés à la constipation aiguë. Par contre, quelques os de poulet très cuits ne peuvent qu'équilibrer le régime du chat et lui être profitables.

Les viandes assaisonnées sont à rejeter. Le pain frais ne vaut rien pour un chat.

Un dernier conseil : ne lui servez pas d'aliments trop chauds ou trop froids. Par simple gourmandise, il arrive que le chat se brûle la gorge ou l'estomac en avalant des aliments trop chauds. Les aliments glacés, eux, lui donnent de la diarrhée.

Les aliments indispensables

La viande

Le chat est un mangeur de viande, fraîche ou en conserve, et tout son organisme est adapté à cet aliment. C'est-à-dire qu'il a besoin de viande avant toute autre nourriture. Ses repas doivent donc en contenir de 40 à 50 pour cent. Cette quantité peut légèrement varier selon les activités, la race et la taille de l'animal.

La viande sera, de préférence, partagée en morceaux. Elle peut être hachée s'il s'agit de nourrir un chat âgé, ou très jeune, puis mélangée à d'autres composantes de la ration.

Quelle sorte de viande ? La plus grande valeur nutritive ne signifie pas toujours la meilleure digestibilité. Trouvez donc un compromis entre ces deux contradictions.

- *La viande de bœuf* est excellente et très digeste. Tous les morceaux sont recommandés. Aux pièces moins belles, ajoutez un peu de graisse supplémentaire. Tenez compte de l'âge et des besoins du chat pour déterminer les quantités à donner.
- *La viande de cheval*, achetée fraîche à la boucherie chevaline ou en boîte, convient parfaitement au chat. Son prix est intéressant en fonction de la qualité. Sa carence en graisse doit être compensée par un apport complémentaire.
- *La viande de mouton ou d'agneau* est à rapprocher de celle du bœuf. Méfiez-vous de certains morceaux trop gras. Présentez-la dans les mêmes conditions et en même quantité que la viande de bœuf.
- *La viande de porc* crue ou cuite n'est jamais à recommander. Il est préférable de ne la servir que lorsqu'il faut changer de régime pour maintenir le chat en bonne appétence. Songez que la graisse en est lourde, peu digeste.
- *La viande de veau,* mieux encore que celle du porc, convient aux changements de régime. Elle fera le délice de votre compagnon.
- *Le foie de porc ou de bœuf* est toujours fort riche, mais il peut être le siège de vers ou de parasites. Faites-le donc cuire normalement à l'eau. Trop cuit, il pourrait cependant (à la longue) être la cause de constipation. Le foie cru provoque souvent des vomissements et de la diarrhée par fermentation.
- *Les rognons* sont excellents pour le chat. Ils sont fort appréciés et peuvent être servis cuits ou crus. Mais ils sont nécessairement à classer dans les aliments très riches, à donner occasionnellement.
- *Le cœur de bœuf* est nourrissant tout en étant peu coûteux.
- *Les poumons* (ou mou) sont valables s'ils sont bien préparés et

proviennent de bêtes saines. Il faut les servir cuits. Notez qu'en dépit de leur volume, ils ne sont pas d'une grande valeur nutritive. Donnez-en rarement.
- *Les tripes,* par contre, sont très énergétiques. Mangées crues et non nettoyées, leur valeur nutritive est pour ainsi dire doublée. Mais il faut faire attention aux contaminations si les bêtes dont elles proviennent sont malades.
- *Viande crue ou cuite ?* Nous conseillons la viande crue ou légèrement rôtie. En effet, la cuisson dénature les protéines et réduit la digestibilité. Mais quand il y a doute sur la qualité de la viande, prenez la précaution de prolonger la cuisson. En cas de changement de régime, et si la viande crue doit remplacer la viande cuite, il faut habituer le chat à ce passage, surtout si le goût de la viande crue est nouveau pour lui. La viande crue facilite l'assimilation du phosphore. Par contre, la viande trop cuite exagère la déperdition des sels et en particulier des chlorures et des phosphates. La viande bouillie présente les mêmes inconvénients avec, en plus, une augmentation de la déperdition d'eau. Le chat dont le régime alimentaire est basé sur un tel menu subit un amaigrissement rapide. De toute façon, pourquoi ne pas tenir compte des préférences de votre chat et de son comportement ? La cuisson est affaire de goût. Lorsqu'aucune autre considération n'entre en jeu, servez-lui sa viande crue, à l'exception toutefois de la viande de porc qui sera cuite afin d'éliminer les risques de parasitage : faites-la cuire à peine, à point ou moyennement, suivant les désirs de votre chat. L'un des seuls avantages de la cuisson est d'en améliorer le goût.
- *Le chat âgé* a presque toujours les gencives et les dents en mauvais état. Il convient donc d'adapter la nourriture à cette situation : hachez finement la viande.
- *Le jeune chat* a besoin de viande légèrement cuite et coupée en petits dés. Ne lui servez pas de viande hachée, car il doit exercer ses dents et ses gencives.
- *Le chat adulte* a besoin de viande crue ou légèrement cuite et débitée en morceaux. Ne lui donnez pas de la viande hachée, car il doit se servir de ses dents et prévenir ainsi toute carie ou les désagréments du déchaussement.
- *La viande, aliment complet ?* On a parfois tendance à oublier que la viande n'est pas un aliment complet. Elle ne contient que peu de minéraux, 0,1 pour cent de chaux, peu de vitamines antiscorbutiques et antirachitiques. Le chat sauvage primitif était exclusivement carnivore. Mais il possédait un régime équilibré. C'est son comportement qui permet de lever cette contradiction apparente. En effet, le chat sauvage qui vient de terrasser sa proie dévore

d'abord la rate ou le foie gorgés de sang, riches en vitamines, puis l'estomac qui contient encore des aliments en cours de digestion, généralement d'origine végétale. Ce n'est qu'ensuite qu'il s'attaque à la graisse, à la viande et aux os de sa victime. Désormais, ce n'est pas dans l'estomac ou le foie de sa proie que le chat domestique doit trouver ses vitamines, mais dans son assiette !

Le poisson

Le poisson est moins riche que la viande. De plus, sa chair s'altère vite.

Le poisson frais sera débarrassé des arêtes, cartilages ou éléments osseux. Mis à part ses inconvénients, il est riche en protéines et, en outre, il contient de l'iode ainsi que des vitamines A et D.

Il convient donc de donner du poisson à votre chat une fois par semaine. Il sera cuit et débarrassé des éléments dangereux. Les aliments en boîte devront également être vérifiés.

Les autres produits de la mer, comme les crevettes épluchées et le crabe, sont fort appréciés par la gent féline.

Les poissons en boîte — saumon et thon — peuvent constituer un excellent changement de régime alimentaire. Le hareng fumé est particulièrement apprécié. Les sardines sont une véritable friandise. Pour bien faire, il faut donner au chat, à la cadence de deux fois par mois, de l'huile de sardines. Cet élément l'aidera à évacuer les touffes de poils qui se forment dans l'estomac, suite à sa toilette quotidienne. Si vous ne disposez pas de cette huile, donnez à votre chat deux cuillerées d'une huile de cuisine ou de la paraffine.

Les chatons, pour l'ossification de leur squelette, ont besoin de poisson. Mais il y aurait carence si le poisson était l'unique base de leur alimentation, cette chair ne permettant pas une grande fixation des sels de chaux.

Attention aux arêtes ! Si l'une d'elles se loge dans la gorge de l'animal, il faut appeler de toute urgence le vétérinaire.

La volaille

Le poulet d'élevage industriel est un excellent aliment. Il sera servi très cuit et même non désossé pour les chats en possession d'une parfaite dentition.

La dinde

Elle peut être appréciée des chats, mais les os longs, comme pour le poulet, doivent en être enlevés.

Le canard et le faisan

Ils seront toujours cuits et les os retirés. Rappelez-vous que ces aliments ne peuvent constituer un régime de base, mais qu'ils sont, pour le chat, un agréable changement.

Les œufs

Tout le monde connaît la valeur alimentaire des œufs, mais on n'en donne pas assez souvent aux chats. Cet aliment est assez facilement digéré par l'estomac félin. Il sera servi cuit ou cru avec blanc et jaune. Vous pouvez donner, de temps en temps, un œuf du jour cru ou légèrement cuit et mélangé avec un peu de lait chaud. L'œuf peut aussi être incorporé à de la viande en boîte.

Le lait

Il a la réputation d'être un aliment complet. Ce n'est pas tout à fait vrai puisqu'il ne contient pas de fer... mais il satisfait pleinement le chat.

Des troubles graves peuvent cependant se produire si l'alimentation lactée est prolongée.

Le lait est recommandé pour les chatons. Ce qui fait la valeur du lait au point de vue croissance, c'est sa richesse en protéines, en matières minérales, et non sa richesse en beurre comme on le croit généralement. Aussi, en période de sevrage, pour remplacer le lait maternel, il faut un lait enrichi. Signalons qu'il existe dans le commerce un aliment complet d'allaitement ou lait en poudre comportant des éléments énergétiques de croissance, des protéines, et des sels minéraux ramenés au taux normal de ceux de la mère par une reconstitution biologique.

On attribue parfois au lait la présence, chez les chatons, de parasites. C'est une erreur.

Le lait condensé enrichi est, lui aussi, valable. Il a l'avantage de rester constant en proportions et en goût. Il peut être donné pur.

Le lait écrémé ainsi que les autres dérivés (babeurre, etc.) sont sans danger pour le chat et constituent un bon supplément. Mais un supplément seulement car la valeur nutritive en est assez faible.

Le fromage

C'est un aliment riche, excellent en période de croissance. Il constitue, comme les œufs, un bon aliment de sevrage. Ceux qui conviennent le mieux sont les fromages de crème. Le fromage peut être mélangé aux aliments de base du repas journalier, dans la proportion de 50 à 65 grammes.

Les graisses

Celles d'origine animale doivent intervenir dans la ration alimentaire du chat. Leur importance est fonction des autres ingrédients du régime alimentaire. Lorsque vous donnez à votre chat une viande maigre, il est nécessaire d'y ajouter un complément de graisse.

La graisse de jambon cuit est seule acceptable alors que celle du porc, en général, n'est pas indiquée, surtout si elle est administrée d'une façon régulière.

Les huiles

Celles dites « commerciales » peuvent être ajoutées à une ration alimentaire sur la base d'une cuillerée à soupe pour 250 grammes d'aliments.

Le beurre

Riche en vitamines A, il contribue à donner au chat un poil brillant. L'aliment est bien toléré. Son pourcentage peut être assez important mais il ne peut dépasser le taux de 5 pour cent des aliments en poids sec.

La margarine et le saindoux

Ils sont aussi digestibles. Le saindoux est intéressant du point de vue calorique.

Le pain

D'une façon générale, il ne peut être utilisé qu'en quantités réduites dans l'alimentation du chat.

Les céréales

Elles contiennent un pourcentage élevé de glucides (70 à 80 pour cent), mais sont pauvres en graisses. Elles peuvent contenir une part appréciable de protéines. La farine de maïs ou d'avoine est surtout donnée dans les pays anglo-saxons.

Les féculents

Ils sont, en principe, à éviter. Parmi ceux-ci, le riz est cependant assez apprécié. Il faut le cuire à l'eau, sans épices, et le servir légèrement tiède, en bouillie, mélangé à de la viande ou à d'autres ingrédients.

Les pâtes

Souvent appréciées par le chat, elles sont bien tolérées. Il ne faut cependant point en abuser.

Les chocolats et sucreries

Nuisibles à l'appétit, ils détournent souvent le chat de la viande qui est son véritable aliment naturel. Ces gâteries ne lui sont en rien favorables. S'il les apprécie, c'est par gourmandise et non par besoin.

Les légumes

Ils ont une valeur calorique faible. La digestion n'en retient que peu, mais la part de vitamines qu'ils fournissent est appréciable. Disons donc que les légumes sont utiles, surtout s'il n'y a pas d'herbes à proximité de l'habitation. Ils doivent être cuits et mélangés à de la viande. Notez que le chat adore les asperges et les haricots verts. Il est bon de se souvenir de cette particularité au cas où il aurait perdu l'appétit. Les choux sont à exclure.

Les légumes secs contiennent surtout de l'amidon, et les vitamines qu'ils renferment sont très réduites. Il n'y a donc pas de raisons de les employer dans la ration alimentaire.

Plus votre chat est sédentaire, plus la proportion de légumes dans son alimentation doit être importante. Dans certains cas de constipation ou d'obésité, cette proportion peut aller jusqu'à 50 pour cent.

Les fruits

Ils ne sont pas toujours acceptés par le chat. Ce sont des aliments bénéfiques, riches en glucides, en vitamines et en minéraux mais songez que le chat n'a rien d'un frugivore !

L'herbe

A tout cela, il faut ajouter un peu d'herbe. Si votre chat n'a pas de pelouse à sa disposition, déposez, dans son habitat, une touffe de gazon qu'il ne manquera pas de mordiller. Vous pouvez également semer de l'herbe dans des pots placés sur les fenêtres ; elle aura fréquemment la visite de votre chat. A quoi sert-elle ? A évacuer les touffes de poils avalés.

Vous pouvez aussi lui donner de l'avoine. Plongez des graines d'avoine dans de l'eau pendant une nuit. Semez-les ensuite sur de la terre contenue dans une caissette et enfoncez-les légèrement. Laissez germer. Lorsque l'avoine est suffisamment sortie de terre, présentez-la au chat.

Si vous apportez de l'herbe en provenance de l'extérieur, choisissez-la dure, large et coupante.

Le chat a besoin des substances de base qui sont contenues dans l'herbe.

Songez aussi que si vous ne facilitez pas l'évacuation des touffes de poils, votre chat peut perdre l'appétit et être la proie de sérieuses maladies.

De plus, en le privant d'herbe, vous l'obligez à s'attaquer à vos plantes d'appartement qui peuvent être nuisibles à sa santé.

Les minéraux

Ils ne peuvent être omis dans l'alimentation féline. Une ration alimentaire doit être assez riche en minéraux pour assurer tous les besoins de l'animal. Par rapport au poids d'aliments à sec, le phosphore doit entrer à la proportion de 1 pour cent, le calcium de 1 pour cent également, le chlorure de sodium de 0,5 pour cent.

- *Le phosphore-calcium.* Le point capital est l'équilibre phospho-calcique, qui doit être compris entre 1,1 et 1,3. L'assimilation du calcium ou du phosphore dépend de la présence de la vitamine D. Celle-ci n'agit pas en compensation d'un manque de calcium, mais elle intervient pour faciliter l'assimilation et le dépôt du calcium sur le squelette. La digestion du calcium et du phosphore, au niveau du tube digestif, dépend de la présence de sels biliaires. Des troubles gastriques et intestinaux peuvent être la cause du rachitisme, même si l'alimentation est saine, équilibrée. Le chat se défend fort mal contre ces carences. Son instinct peut être tenu en échec par la libération de calcium à partir des os qui jouent alors le rôle de volant de sécurité. La réserve n'est pas inépuisable et des carences insidieuses peuvent être catastrophiques pour la chatte qui nourrit ses petits, et déclencher de même du rachitisme chez le chaton. Pour un chat adulte et alimenté suivant les normes que nous venons de définir, une demi-tasse de lait par jour suffit à un rapport équilibré de phosphore et de calcium. Chez un jeune chat en pleine croissance ou encore une chatte en lactation, le meilleur rapport en phosphore-calcium est offert par de la poudre d'os ou des os de poulet très cuits et broyés.

- *Le chlorure de sodium* ou sel de cuisine est le principal constituant du sérum sanguin. Les chats nourris pour la plus grande part de viande ou de poisson n'ont pas besoin d'une addition de sel à leur ration alimentaire, sauf pour la chatte nourrissant ses petits et qui a, de ce fait, des besoins accrus résultant de la sécrétion lactée. Le manque de sel donne à plus ou moins longue échéance une perte d'appétit. Il en résulte donc une perte de poids. Le poil du chat devient piqué et terne.

- *Le magnésium* est présent dans les cellules et dans les liquides de l'organisme. Son rôle biologique est d'abord celui d'un métal lourd, élément bivalent, puis celui d'agent dans la lutte contre le cancer, de sédatif du système nerveux et de laxatif (action sur le foie et l'intestin).

Les oligo-éléments ou micro-éléments

Ils sont quantitativement très peu importants, comme leur nom

l'indique. Mais ils ont une importance biologique capitale.
- *Le fer* est essentiel dans la composition des noyaux cellulaires.
- *Le manganèse* est un ion indispensable et présent dans les rations habituelles. Son assimilation peut être diminuée et même bloquée en cas d'excès de calcium et de phosphore.
- *Le zinc* joue un rôle tout aussi indispensable mais cependant moins connu. Nous savons qu'il intervient aux stades de la croissance, de la fécondité et du développement du système pileux.
- *L'iode* qui intervient en faible quantité est pourtant indispensable pour régulariser la glande thyroïde et supprimer les anémies. Dans un régime alimentaire composé pour la majeure partie, et tout au long de l'année, du poisson, il y a un abus d'iode qui amène des signes d'iodisme, c'est-à-dire le coryza, l'œdème, des larmoiements.

Les besoins quantitatifs d'oligo-éléments ne sont pas encore connus avec grande précision. S'ils figurent dans les régimes alimentaires, c'est par mesure de prudence. En effet, la pratique a sanctionné cet usage.

Les oligo-éléments sont en grande partie fournis par la viande et les os, sauf l'iode qui est très abondant dans les poissons frais.

L'importance des vitamines

Les vitamines sont indispensables au fonctionnement de l'organisme. Celui-ci ne peut les trouver que dans les aliments, ou, à défaut, en complexes pharmaceutiques, mais qu'il est incapable de synthétiser. L'absence de vitamines produit des troubles de carence.

Les vitamines sont classées en deux catégories. Les liposolubles, qui sont solubles dans les graisses et insolubles dans l'eau, et les hydrosolubles, c'est-à-dire les vitamines solubles dans l'eau.

Certaines de ces vitamines ont une importance particulière pour le chat. Par contre, d'autres n'offrent d'importance qu'à certains instants de sa vie.
- *La vitamine A.* Elle est très importante pour les chatons, car elle est indispensable à leur croissance. Elle est aussi nécessaire à la reproduction. Elle protège les épithéliums, assure la bonne nutrition des muqueuses. Elle paraît intervenir dans la synthèse du pourpre rétinien et permet aussi la vision nocturne. La vitamine A régularise les fonctions des glandes lacrymales et salivaires. Cette vitamine joue également un rôle dans le métabolisme des minéraux où elle intervient comme la vitamine D.

Enfin, elle prend part au bon fonctionnement du rein. Des troubles du système nerveux central et périphérique apparaissent lors d'une carence en vitamines A. On observe aussi des lésions oculaires, buccales et nasales. Le chaton est prédisposé, dans ce cas de carence, aux maladies à virus. Il convient donc d'ajouter de la vitamine A à l'alimentation. Elle se trouve dans la nature sous forme de provitamines A, dans les carottes, dans le maïs et les légumes verts. Le jaune d'œuf, les rognons, l'huile de foie de morue sont également des sources de vitamines A.

- *La vitamine D 2.* Elle se trouve naturellement dans les végétaux qui ont reçu l'irradiation solaire. Mais celle-ci est souvent trop faible pour suffire aux besoins de l'animal. Aussi, il faut en donner par procédé industriel. La vitamine D 2 est préparée par l'irradiation de l'ergostérol, extrait de la levure de bière.

- *La vitamine D 3.* C'est la vitamine naturelle antirachitique. Préparée industriellement, retirée d'animaux marins (foie de morue), elle existe dans la nature, et en particulier dans cette huile de foie de morue. Il faut la conserver au frais ; sans cela, elle perd ses propriétés et rancit, ce qui rend le chat malade. Son goût et son odeur assez forte font le chat fait des difficultés pour la prendre. Achetez donc une huile traitée qui peut être ajoutée aux aliments. Il faut ici, comme en toute chose, garder la bonne mesure. Des doses importantes ne se justifient jamais. Une capsule de vitamines par jour est le maximum. Il n'en faut pas autant pour maintenir un chat en bonne santé, à condition que des erreurs n'aient pas été commises préalablement. Demandez toujours conseil à votre vétérinaire.

- *La vitamine E.* Voici la vitamine de la fertilité et de la reproduction. Elle se rencontre surtout sous forme d'huile de germes de blé, ou industriellement en solution d'acétate. En cas de légère carence, l'administration d'huile de germes de blé n'a pas d'effets immédiats. Le délai est de 3 à 4 semaines.

- *La vitamine B 1.* Comme toutes les vitamines du groupe B, elle est indispensable au chat. Les besoins quotidiens sont largement couverts si vous donnez à ce dernier une demi ou une cuillerée à café de levure déshydratée en poudre, ou levure de bière. La vitamine B 1 est antibéribérique et antinévritique. A l'état naturel, vous la trouvez dans les cuticules des céréales et dans les légumes verts. Les œufs et le lait en contiennent aussi, mais c'est surtout dans la levure que la vitamine B 1 est la plus richement répandue. Le chat qui reçoit des légumes verts ne peut jamais être vraiment carencé dans ce domaine. La carence en cette vitamine peut occasionner des troubles de croissance et gastro-intestinaux.

- *La vitamine B 2*. Elle est très répandue ; on la trouve dans les épinards, les carottes ainsi que dans les fruits. Le foie en contient ainsi que les viscères, les reins et le cœur. De même, la levure de bière elle aussi est riche en vitamine B 2. La carence en cette vitamine se signale par des troubles de croissance chez le chaton, par de l'épuisement et la perte du poil chez l'adulte.

Les aliments commerciaux

Comme pour le chien, il existe dans le commerce des repas-types bien équilibrés, livrés en rations et d'un emploi très simple. Fort rares sur le marché il y a quelques années, ils sont actuellement d'une grande vogue. La raison en est très simple : toute bonne marque vend à un prix raisonnable un aliment bien équilibré, constant toute l'année, facile, et toujours propre à préparer ou à donner tel quel.
- *Les aliments en conserve,* comme les boîtes de viande ou de poisson, sont très pratiques, surtout dans les cas d'urgence. N'ayez recours qu'à des marques connues, sérieuses et donnant toutes garanties. Les viandes et poissons en boîtes ont l'avantage d'être parfaitement maigres et plus avantageux.

Ces aliments peuvent être servis tels quels, immédiatement, réchauffés à température ambiante.

Cependant, bien que offrant un excellent aliment d'appoint, les conserves ne peuvent jamais constituer la base unique de l'alimentation. Le chat a besoin d'aliments frais.
- *Les aliments-types* représentent d'abord une bonne précaution lors d'imprévus. Grâce à eux, vous pourrez toujours nourrir votre chat, vite et bien.

Les aliments commerciaux sont nombreux et leur mode d'emploi est toujours très détaillé. Ces repas-types qui existent actuellement dans le commerce, présentés en boîtes ou sous un autre emballage, comportent des aliments ou des pâtées toutes préparées. Ils assurent une parfaite nutrition quotidienne pour votre chat et, de ce fait, vous enlèvent tous soucis.

Ces aliments ont été étudiés et composés par des vétérinaires et testés sur des sujets. Ils contiennent tous les éléments indispensables à la bonne santé de votre chat : viande fraîche, foie, céréales et minéraux.

Les aliments en boîtes pour chats, contenant un haut pourcentage de protéines (viande ou poisson), sont les plus recommandés.

Il faut cependant tenir compte de la lassitude de votre chat et de nombreuses intolérances constatées. Deux individus peuvent digérer différemment l'une ou l'autre marque d'aliment. Tel chat sera bien portant tandis qu'un deuxième individu aura de la diarrhée, de l'eczéma ou montrera un autre symptôme d'intolérance. A ce dernier, on ne servira plus jamais cet aliment et on lui réservera plutôt une alimentation traditionnelle. En outre, nous vous avons déjà fait remarquer que l'appétit peut se ressentir d'un régime alimentaire non varié, trop monotone.

Souvent les chats poussent la gourmandise jusqu'à avoir des exigences de gourmets. Leur régime suppose de véritables menus et constituent parfois un véritable casse-tête.

Ces raisons sont suffisantes pour que vous établissiez un guide-type ou menu-type qui deviendra la base de l'alimentation de votre chat. Vous y ajouterez ensuite des suppléments commerciaux si tel est son bon plaisir !

Le dosage de la ration alimentaire

La faim

Elle est éveillée par une série de réflexes, dont la sensation de vide dans l'estomac n'est qu'un facteur. C'est la teneur en sucre dans le sang qui intervient. Le contrôle de la faim dépend du système nerveux central et plus particulièrement de l'hypothalamus : c'est ainsi que des lésions du système nerveux peuvent supprimer la faim et faire dépérir l'animal.

La faim et l'appétit varient d'un chat à l'autre. L'appétit ne correspond pas directement à un besoin de l'organisme, mais à une excitation sensorielle. Excités par l'odorat et la vue, la bouche, le voile du palais interviennent. C'est pourquoi la présentation des aliments est importante.

La soif

Elle dépend des centres proches de ceux de la faim. Elle est en quelque sorte déclenchée par le degré d'hydratation des tissus. C'est ainsi que les fortes chaleurs excitent la soif.

La température

Cette notion intervient également dans l'alimentation. Par les fortes chaleurs, l'activité du chat est réduite. Sa ration alimentaire peut donc être diminuée. Mais l'eau pure doit alors être offerte en suffisance.

Par contre, en hiver, les besoins alimentaires augmentent. Accroissez donc les lipides de 30 pour cent environ, sans changer pour autant la teneur de la ration alimentaire en protéines et en glucides.

Les chats parviennent très facilement à s'adapter à toutes les conditions. C'est un fait, mais ce n'est pas toujours sans dommages : leur activité risque d'être perturbée et leurs traits de caractère peuvent se modifier.

Le poids du chat

Le poids et la taille demeurent des facteurs héréditaires. On ne peut donner que des valeurs moyennes, avec une variation de l'ordre de 10 à 15 pour cent. Comme pour l'homme, ces variations n'ont pas de signification absolue.

Il faut par contre contrôler l'évolution du poids de l'animal car c'est là un critère pour doser son alimentation. Si le chat maigrit en dehors de toute augmentation de son activité, c'est que sa ration alimentaire est insuffisante, mal adaptée à ses besoins, ou encore que l'assimilation est défectueuse. La pesée est donc à conseiller bien que pour le chat cette opération s'effectue rarement. Il faut suivre particulièrement les chats au pelage riche, souvent trompeur. Appréciez par palpation leur degré de maigreur, surtout les côtes et les hanches.

Des inconvénients d'ordre alimentaire

Les gaz ou les mauvaises odeurs sont souvent la conséquence d'une alimentation carnée trop riche ou d'un excès d'œufs.

Si votre chat manque d'huiles, de graisses ou de vitamines, son pelage devient sec. Ses poils peuvent tomber assez considérablement au cours de la toilette.

Si son régime alimentaire manque de consistance, s'il est nourri de graisse molle et qu'il manque d'aliments énergétiques, votre chat possédera une musculature sans force.

S'il manque de levure, il peut se gratter fréquemment et cela sans eczéma.

Enfin, une mauvaise alimentation est toujours la cause d'une croissance difficile et d'un manque de vigueur.

Les régimes des différentes races

De nombreuses autorités en matière de nutrition animale ne prévoient pas une alimentation féline différente selon les races. Les seules variantes marquantes sont celles qui portent sur les quantités à donner en fonction de la taille, du poids et de l'activité des chats.

Chaque chat se comporte d'une façon particulière et les appétits varient. Tout dépend également du mode de vie : actif ou sédentaire. C'est cet état qui conditionne la richesse et la qualité de tout régime alimentaire. Il est à noter cependant que les chats Siamois sont plus exigeants en ce qui concerne les apports phospho-calciques. Il semble que leurs besoins alimentaires en minéraux soient plus élevés.

Rappelons que le seul point vraiment important est la limitation des glucides et lipides pour les chats sédentaires.

La fréquence des repas

Certains éleveurs conseillent un grand repas unique par jour. Ils recommandent de le servir le soir ou à la fin de la journée. Ce repas unique est toléré par le chat. En effet, c'est la condition la plus proche de la nature : le chat sauvage ne s'alimentait qu'à la prise d'une proie.

Mais la pratique du repas unique est bien difficile pour nous, en tant que non-éleveurs. En effet, le chat rôde autour de la table familiale. Il est sans cesse sollicité par des odeurs de cuisine et il mendie des reliefs.

Alors, mieux vaut lui donner deux repas. Le premier sera léger, vers midi, et le second plus copieux, le soir. La manière dont vous répartirez les aliments est tout à fait libre. Mais adoptez une discipline alimentaire et surtout soyez régulier. Le chat qui attend sa nourriture à une heure fixe ne deviendra jamais anxieux et ne présentera pas les symptômes de l'animal affamé qui mendie sa pitance.

Rien ne vous interdit non plus de lui donner à manger le matin, puis en fin d'après-midi.

Songez seulement que les indications que nous vous donnons

ne sont valables que pour le chat adulte, en bonne santé. Nous détaillerons plus loin la ration du chaton et celle de la chatte en gestation ou nourricière.

La pratique d'un jour maigre de temps à autre ne peut être adoptée que pour le chat adulte, et tout particulièrement pour les chats sédentaires alourdis par la graisse. Si votre chat est capricieux, réservez-lui un jour de jeûne : en effet, celui-ci peut entretenir l'appétit. Mais abandonnez ce régime si l'animal se montre agité ou inquiet.

La composition du menu

L'alimentation du chat ne devrait à présent n'avoir plus aucun secret pour vous. Mais les erreurs habituelles ne sont pas tant le fruit de l'ignorance que du laisser-aller.

Aujourd'hui, l'homme est convaincu de l'importance d'une alimentation équilibrée. On sait, de nos jours, que de nombreuses maladies ont pour cause un mauvais régime alimentaire, résultant de la carence ou de l'excès de certains éléments. A l'échelle féline, le problème n'est pas loin de se présenter d'une manière identique. Les quelques menus qui suivent n'ont qu'un but : vous amener à envisager le type de régime le mieux adapté à votre compagnon.

Ces menus-types ne constituent pas des exigences strictes, mais des approximations. Vous pouvez y apporter des variantes, mais celles-ci doivent être bien conçues. Elles dépendront soit des besoins de votre chat, soit de vos facilités personnelles. Les menus les plus simples exigent cependant un minimum de préparation et aussi de la variété. Ces soins ne sont pas à dédaigner, car ils sont tellement importants pour la santé de votre chat qu'on imagine mal que vous puissiez les négliger.

Le chat adulte

Un seul repas, donné le soir, nous paraît la meilleure méthode pour établir un rythme simple. Mais il doit être suffisant en qualité et en quantité.

Sinon, nourrissez votre chat deux ou trois fois par jour pour constituer une ration journalière de 125 à 150 grammes de viande à répartir entre le matin et le soir. Augmentez ou diminuez cette dose selon l'appétit et aussi... l'obésité de votre compagnon.

- *Le matin :* de la viande coupée en morceaux, que vous saupoudrez de carottes râpées, de salade ou d'un autre légume vert. Mettez à la disposition du chat une soucoupe de lait entier, mais jamais du lait coupé.
- *Le soir :* le même repas avec des pâtes. Donnez encore du lait ou, mieux, de la semoule en purée à laquelle vous aurez incorporé un peu de flocons d'avoine.

Comme nous vous l'avons déjà fait remarquer, le chat n'est pas en mesure de transformer en vitamines actives les provitamines A contenues dans les carottes, riches en sels minéraux. De ce fait, il faut lui donner du foie, et cela une fois par semaine. Il vous suffit de le faire cuire légèrement. En outre, vous ajoutez une cuillerée à café d'huile de foie de morue ou d'un autre complexe vitaminique.

Ne donnez des pâtes, des pommes de terre ou des légumes que comme compléments d'une ration alimentaire. Dans cet ordre d'idées, vous avez également le choix entre le riz, la semoule et les flocons d'avoine.
- *La quantité de nourriture :* donnez en principe de 250 à 300 grammes par jour. Dans chaque cas particulier, déterminez la quantité qui convient le mieux à votre chat, selon son poids et sa taille.
- *Pour varier le menu :* vous avez le choix entre la viande maigre de bœuf ou de veau, du foie cuit, des rognons. Accompagnez la ration carnée de pâtes cuites, de gruau légèrement mouillé d'un peu d'eau chaude.
- *Saupoudrez de levure de bière* la ration du chat. Car celui-ci, animal domestique, manque de vitamines et des éléments d'assimilation qu'il trouverait dans sa nourriture s'il était libre.
- *La viande crue* doit alterner avec la viande cuite. Ne découpez pas la viande en trop petits morceaux car le chat adulte doit la déchirer pour le bon entretien de ses dents et de ses gencives.
- *La viande cuite* ne sera salée que très rarement et légèrement. Elle peut être cuite en même temps que la nourriture de complément, c'est-à-dire que celle-ci doit être ajoutée à mi-cuisson dans la casserole.

Le régime de deux repas

Dans la matinée :
- 80 grammes de viande de bœuf, de veau, de cheval, ou de la volaille, saupoudrée de levure et accompagnée de salade fine-

ment coupée ou cuite. Ajoutez du lait entier frais et à température ambiante.
- Ou de la viande de cheval avec un peu de matière grasse, saupoudrée de carottes râpées ou cuites et du lait.
- Ou du hareng saur ou fumé (sans peau ni arêtes) avec de la purée de pommes de terre.
- Ou du cœur de cheval avec du gruau.

Le soir :
- De la viande avec des légumes et du lait.
- Ou 80 grammes de triperie avec des légumes, du lait ou de la semoule.
- Ou un œuf cru, du lait frais ou de la purée de semoule et de flocons d'avoine.
- Ou 80 grammes de viande avec des carottes râpées, saupoudrées de levure de bière. Ajoutez une purée de semoule assez liquide.

Le régime de trois repas

Dans la matinée :
- 70 grammes de foie, d'estomac ou de cœur de porc en y ajoutant du gruau.

A midi :
- Du poisson cru ou grillé soigneusement dépouillé de toutes les arêtes.
- Ou des sardines à l'huile sans peaux et sans arêtes.
- Ajoutez du potage ou de la purée de pommes de terre, ou encore des légumes.

Le soir :
- 70 grammes de viande saupoudrée de levure de bière.

Le chaton

Il est sevré dès l'âge de huit à dix semaines.

Dès la quatrième semaine, il est cependant nécessaire de lui distribuer une nourriture complémentaire.

Ne donnez jamais au chaton du lait allongé d'eau, mais au contraire du lait pour nourrisson ou de la semoule. Trempez le doigt dans celle-ci et frottez-en le museau du petit chat. Il va comprendre très vite comment manger dans une assiette plate. Au cas où il n'y arrive pas sur-le-champ, renouvelez l'opération. Si le résultat est négatif, utilisez un petit biberon.

Lorsque le chaton commence à manger seul, vous allez lui donner de la viande cuite très finement hachée ou du foie râpé, des carottes râpées, du jaune d'œuf et quelques gouttes d'huile de foie de morue.

Lorsqu'il est âgé de six semaines, le petit chat possède toutes ses dents. Entre le cinquième et le septième mois, il commence à perdre ses dents de lait.

Nous vous recommandons de lui donner de temps à autre un os de veau très cuit, auquel adhère encore un peu de viande. Il ronge l'os, ce qui est parfait pour faire tomber les dents de lait et pour sa dentition définitive. Mais surtout, ne donnez jamais des os pointus ou des os de volaille adulte : nous n'insisterons jamais assez sur ce point ! Par contre, des os de poulet très cuits peuvent convenir.

Pour sa croissance, il a besoin de consommer des légumes qui contiennent des sels minéraux et des éléments reconstituants.

A l'âge de cinq mois, le petit chat mue.

Enfin, tous les éléments que nous avons conseillés précédemment pour le chat adulte peuvent être adaptés au jeune chat à partir de huit à neuf mois. Réduisez simplement de moitié la quantité.

La chatte en gestation

Au moment de sa portée, puis pendant l'allaitement de ses petits, la chatte a besoin de soins spéciaux.

Ajoutez à sa nourriture de nombreux compléments et reconstituants, c'est-à-dire de la levure de bière, du calcium et des vitamines. Vous les trouverez dans les firmes spécialisées ainsi que chez le pharmacien. N'hésitez pas à donner à votre chatte du lait entier ou concentré, de la viande fraîche, du cœur, du foie et des légumes verts.

A chaque repas, offrez-lui une écuelle de lait tiède et laissez continuellement de l'eau fraîche à sa disposition.

Quelques conseils

- *L'eau* doit toujours être disponible.
- *Le lait* est nécessaire dans l'alimentation du chaton.
- *Des légumes cuits* en petites quantités et des légumes verts sont recommandés pour éviter la constipation.
- Une cuillerée à café *d'huile de foie de morue,* incorporée au

repas, constitue une source de vitamines A.
- *La farine de blé, l'huile de germes de blé, les flocons d'avoine* constituent des suppléments intéressants et conviennent particulièrement au second repas.
- *Pour le chaton,* deux éléments sont indispensables : le calcium et le phosphate. Vous allez lui administrer ces éléments sous forme de phosphate bicalcique avec complexe de vitamines, principalement la vitamine D.
- *Pour les chats adultes,* les minéraux courants si les complexes vitaminiques sont acceptés.
- La question de *la vaisselle* est très importante, ne la négligez jamais. Le chat est un animal très propre.
- Enfin, respectez *les goûts* de votre chat ! Tenez compte de ses préférences.

XIV

Hygiène et confort de votre chat

Le chat qui se pourlèche à longueur de journée le fait par instinct, par besoin inné de propreté, mais aussi, et peut-être même avant tout, par besoin de prendre les vitamines nécessaires à sa santé. En effet, lorsque le chat paresse au soleil, la vitamine D s'accumule sur son pelage. Aussi, brossez-le, peignez-le et lustrez-le tant que vous voulez, mais surtout, ne le savonnez pas trop souvent.

Les poils

Les conditions artificielles de la vie du chat font que sa robe peut être souillée. N'oubliez pas qu'il gratte dans son « plat », qu'il se promène au jardin, qu'il s'endort sur le ciment du garage ou dans la gouttière. Songez aussi qu'il peut transporter des parasites et qu'il lui est impossible de se peigner lui-même. Pour le chat à longs poils surtout, rappelez-vous que sa beauté est liée aux soins que vous lui donnez.

Il faut cependant reconnaître que les chats qui se laissent volontiers toiletter sont rares. Ils peuvent avoir des réactions assez vives. Armez-vous donc de patience. Toilettez avec légèreté, sans aucune brusquerie, et si possible toujours vers la même heure. Achevez cette opération en offrant une friandise à votre chat.

Le matériel

Un démêloir est absolument nécessaire : il s'agit d'un peigne à dents de mousse et écartées. Après le démêloir, on utilise une brosse spéciale en fil d'acier mais montée sur caoutchouc. Il faut manier cet ustensile avec prudence et adresse afin de ne retirer que les poils morts. Vous devez opérer à rebrousse-poil, de la queue vers la tête ainsi que de bas en haut. N'oubliez pas non plus la petite lime pour les ongles.

Les chats à poils courts

Pour eux, un long brossage n'est pas nécessaire. Par contre, vous toiletterez chaque jour votre chat qui, d'ailleurs, s'en montrera content ; achevez la toilette par un lissage rapide de la fourrure avec un gant de toilette légèrement humecté d'un mélange d'eau et de vinaigre.

Les chats à poils longs

Evidemment le travail nécessite beaucoup plus de temps et il vous sera peut-être difficile d'exécuter ce long toilettage tous les jours. Pourtant, si vous aimez voir votre chat Persan avec sa belle fourrure longue et soyeuse, cela est nécessaire. Si vous voulez éviter que des poils morts ne souillent vos tentures, tapis et fauteuils, brossez votre chat au moins une fois par semaine. Il faut pratiquer alors un démêlage avec le peigne, surtout si le poil est feutré par endroits. Ne coupez jamais les poils, sauf en toute dernière extrémité : il en résulterait un aspect regrettable pour la fourrure. Certains éleveurs tondent les chats Persans pendant l'été, et ne leur laissent qu'une hauteur de poils d'un centimètre. Ils assurent que cette opération assure une meilleure poussée des poils. Rappelons que la mue du chat a lieu du printemps à l'été. Mais vous éviterez déjà beaucoup d'ennuis en brossant les poils sans infliger à votre compagnon une « tenue saisonnière » peu élégante. Pour faciliter le brossage, vous pouvez utiliser du talc ordinaire sans parfum. Pour que la queue paraisse encore plus touffue, donnez les coups de brosse en largeur.

Les chats clairs et les Siamois

Pratiquez un brossage identique à celui des chats à poils courts.

Le chat se pourlèche à longueur de journée.

Lorsque la toilette est terminée, faites, une fois par semaine, un shampooing sec que vous trouverez chez le commerçant spécialisé. Procédez de la même manière que pour un lavage de cheveux. Achevez par un coup de brosse et le pelage du chat redeviendra clair. Agissez de même pour un chat blanc ou un Persan de la même teinte.

Le bain

Le chat se montre très sensible aux refroidissements. Cela n'empêche nullement de lui faire prendre un bain : les chats, contrairement à ce que l'on croit, acceptent volontiers la baignade. Vous éviterez cependant de la prolonger.

Séchez votre chat à l'aide d'une serviette éponge puis utilisez le séchoir électrique et brossez vigoureusement pour terminer l'opération.

Les oreilles et les yeux

Nettoyez-les avec un tampon très légèrement mouillé d'eau tiède. Examinez soigneusement les oreilles en les lavant, car c'est le seul moyen de prévenir la gale de l'oreille.

Les pattes

Examinez-les également de très près. Des corps étrangers se glissent parfois entre les coussins et peuvent, de ce fait, être la cause d'accidents.

Les griffes

Elles risquent de faire le malheur de vos fauteuils ou de vos pieds de table !

Avant de remédier à ces pénibles accidents par le « bloc à griffer », il convient de soigner et d'entretenir les griffes, sous peine de voir le chat gêné dans sa démarche : des griffes qui ne griffent plus cassent, tombent ou s'incarnent.

Si vous n'êtes pas sûr de vous, ne coupez pas les griffes vous-même. Un toiletteur professionnel s'en chargera, ou un vétérinaire s'il y a vraiment danger d'infection. Car votre chat peut aussi se blesser en « faisant ses griffes » : le cas est fréquent. Vous vous en apercevrez car l'animal lèche fréquemment la patte blessée. Si ce n'est pas grave, désinfectez simplement à l'aide de teinture d'iode ou de mercurochrome.

En général, vous laisserez le chat s'occuper lui-même de ses griffes. Car c'est là un des caractères des félidés : ils se trouvent dans l'obligation de compenser une usure qui ne se produit pas toujours assez rapidement. Leurs griffes sont en effet rétractiles, c'est-à-dire que pendant la marche elles sont relevées et ne s'usent donc pas sur le sol. Elles demeurent par contre parfaitement aiguisées et prêtes à saisir leur proie.

Le chat domestique qui n'a pas un usage normal de ses griffes doit donc, à un moment ou à un autre, gratter, lacérer bois et tissus afin de les user, et c'est généralement une erreur que de lui couper les griffes. Eventuellement, on peut les limer, mais légèrement. Il faut savoir qu'à un ou deux millimètres près on risque d'atteindre des tissus vifs et donc de blesser l'animal.

Que faire pour préserver votre intérieur ? Simplement détourner l'activité de l'animal sur des objets sans valeur, ou en constituant ce que l'on appelle un « bloc à griffer », à l'aide d'une planchette de bois ou d'une plaque de liège, suffisamment longues pour que le chat puisse s'y étendre et fixées sur une base stable. Vous pouvez éventuellement rembourrer le dessus par de la paille, du foin, ou des morceaux de tissus maintenus par de la toile ou du cuir.

Dès que le jeune chat s'apprête à faire ses griffes, portez-le sur son bloc et montrez-lui que vous êtes disposé à le laisser faire.

Dans certains pays, pour éviter les inconvénients des griffes de chats (enfants, fauteuils, etc.), il est possible de les faire opérer de manière à les rendre inoffensifs. Si vous étiez adepte de cette méthode, renseignez-vous auprès de votre vétérinaire. Celui-ci vous notifiera certainement qu'on réserve en général cette opération aux chats d'appartements, qui ne sortent jamais en liberté. Leurs moyens de défense sont en effet forts amoindris lorsqu'ils se retrouvent sans leurs griffes.

Les parasites

Malgré tous les soins, il arrive qu'un chat porte des puces ou des poux. Il est facile de le débarrasser de ces parasites. Il existe de nombreuses poudres en pharmacie. Mais celles-ci ne seront vraiment efficaces que si vous brossez et peignez votre chat.

La poudre de pyrèthre donne de bons résultats. Le D.D.T. est en principe dangereux pour les animaux supérieurs. N'employez pas ce produit et méfiez-vous des nombreuses préparations existant dans le commerce et qui en contiennent.

Pour empêcher que l'animal ne se lèche, vous pouvez toujours, pour un temps, l'envelopper dans un large essuie, la tête au-dehors, ou encore lui passer un petit survêtement, du genre paletot de chien.

Parallèlement, il ne faut pas oublier de désinsectiser soigneusement et régulièrement les coussins ou les tapis sur lesquels le chat a l'habitude de se coucher. En effet, des œufs et des larves peuvent s'y trouver, et provoquer de nouvelles contaminations quelques semaines plus tard. Plongez les objets de toilette durant un quart d'heure dans une solution chaude de crésyl, et employez un produit à base de D.D.T. pour les autres objets cités précédemment. Mais tenez-les éloignés de votre chat durant la désinsectisation.

Les chats vivant en plein air ou ceux qui ont des chiens de chasse comme voisins à la campagne risquent d'être affligés de tiques. Il vous faut les enlever à l'aide d'une pince, mais sans briser la tête du parasite : il faut retirer le corps entier. Désinfectez ensuite la plaie en la tamponnant de teinture d'iode ou de mercurochrome.

Le logement

La question du logement ne se pose pratiquement pas pour le propriétaire d'un ou deux chats. Ils vivent près de leur maître, dans son intimité, et c'est là un mode de vie particulièrement apprécié par chacune des parties.

Mais, même dans ces conditions, il faut prévoir un endroit qui soit personnel à votre chat et où vous pourrez disposer quelques accessoires indispensables à son confort et au vôtre.

C'est ainsi que, pour la nuit, vous mettrez à sa disposition le coin d'une pièce, toujours le même, pour qu'il puisse dormir. Si certains chats se contentent d'une caisse pour se mettre à l'abri des courants d'air, d'autres sont plus délicats. Pourquoi leur refuser le panier d'osier dont le prix est devenu abordable pour toutes les bourses ? Ceci est bien préférable aux couvertures que l'on emploie si souvent et qui peuvent, à la longue, constituer, dans leurs replis, des refuges aux parasites. Si votre chat préfère le coussin douillet d'un fauteuil, n'insistez pas, car il aura toujours raison.

N'oubliez pas un autre accessoire indispensable : un plat à ordures.

L'apprentissage de la propreté

Les chats naturellement propres sont extrêmement rares. Aussi un minimum de dressage est-il nécessaire. Dès son arrivée dans votre logis, montrez-lui le « lieu » qui lui est réservé. Si après quelques heures vous voyez qu'il est prêt à s'oublier en un autre endroit, transportez-le d'urgence dans son plat à ordures. En l'y installant, caressez-le et flattez-le.

Si un « accident » est arrivé, grondez votre chat sur place et agissez comme précédemment. Croyez-nous, il aura vite distingué le lieu qui lui vaut une remontrance de celui où l'attend quelque friandise. N'essayez pas de le corriger par des hurlements ou des coups : obtenez par la douceur qu'il vous obéisse.

Un plat bas, stable, en matière plastique, est idéal pour y déposer soit du papier froissé, soit du sable, soit de la cendre. Le sable est plus sain, mais il colle aux pattes comme d'ailleurs la cendre. Le papier journal froissé est économique et, comme la sciure de bois, il se brûle. On vend également dans le commerce des gravillons absorbant les odeurs. A vous de choisir.

XV

La santé de votre chat

Comment aider le chat malade ? Songez qu'il ne s'agit pas de le dorloter, mais de lui donner des soins ! La bonne santé d'un chat demande une attention soutenue, car le moindre relâchement peut amener des conséquences fâcheuses et même fatales.

Veiller à la santé de votre chat, c'est avant tout un devoir vis-à-vis de l'animal puisque celui-ci dépend uniquement de vous.

Il serait illusoire d'affirmer que nous puissions connaître toutes les maladies et de vouloir soi-même donner des soins médicaux. Le seul averti est le vétérinaire et il est indispensable de le consulter. Mais quand ? A quel stade de l'évolution de la maladie ? C'est ce que nous essaierons de vous indiquer dans les pages qui suivent.

La médecine vétérinaire est une science minutieuse, comme l'est d'ailleurs la médecine humaine. Il existe aussi des cliniques pour animaux qui permettent la pratique des soins, et toutes les interventions sont appliquées comme aux humains.

Votre chat est-il souffrant ?

Les symptômes des maladies comportent presque toujours des troubles d'ordre digestif, comme les vomissements et la diarrhée. En outre, les signes d'affections graves sont encore signalés par des modifications de température, de pouls, de respiration et d'appétit. Citons encore les selles et les urines sanguinolentes, puis la torpeur et l'irritabilité.

Dans les pages qui suivent, nous essaierons de vous montrer comment agir avec efficacité dès les premiers symptômes. Rappelons cependant que nous ne sommes pas en mesure de remplacer le vétérinaire et que lui seul est habilité à soigner les animaux.

La température

Pour s'assurer de l'état de santé de votre chat, il est recommandé de lui prendre d'abord sa température.

Comment la prendre ? Seule la température prise au rectum à l'aide d'un thermomètre médical contrôlé est valable. Enduisez de vaseline l'extrémité du thermomètre. Maintenez-le au rectum durant cinq minutes. Opérez doucement et faites-vous aider pour maintenir le chat dans la bonne position. Prenez la température le matin et le soir.

La température moyenne normale peut varier entre 38°5 et 39 °C. La température rectale est plus élevée que chez l'être humain ; elle est la plus basse le matin, et elle atteint le maximum vers 17 heures. Elle est également plus élevée chez les jeunes chats que chez les chats plus âgés.

Il est difficile de donner ici toutes les causes susceptibles de déterminer l'élévation de la température. Il importe de connaître un fait : tout état de fièvre traduit une affection de l'organisme et demande que l'on y porte attention. Il y a fièvre lorsque l'élévation de température s'accompagne de signes comme des frissons, des variations du rythme cardiaque et respiratoire ainsi qu'un manque d'appétit. En effet, la seule élévation de température n'est pas un signe suffisant. Car l'effort physique, la digestion, le repos prolongé, l'irritation peuvent augmenter légèrement la température.

Vous ne pouvez négliger un état fébrile de l'ordre de 40 °C, car il s'agit d'un net avertissement. L'animal n'est pas en danger, mais vous êtes en présence d'une affection sérieuse. Il faut agir avec rapidité, surtout si l'animal a le nez chaud ou sec.

Les températures élevées, de l'ordre de 40,5 °C et au-delà indiquent un état très grave. Si vous n'avez pas encore appelé le vétérinaire, il faut le faire immédiatement.

Le pouls

Pour prendre le pouls, pressez légèrement une artère en appuyant du doigt sur le tissu sous-jacent d'un muscle. Chez le chat, c'est l'artère fémorale qui est la plus facile à atteindre. Les doigts compriment l'artère, à la face interne de la cuisse, le pouce prenant appui sur la face externe.

Le nombre des pulsations, à l'état de repos, est de 120 à 130 par minute. Elles peuvent varier en fonction de l'âge du chat et de son activité.

Le chat sans déficience et au repos a un pouls moyen. Un pouls est mauvais lorsqu'il est faible. Les doigts enregistrent avec peine le flux sanguin. Il devient mou et intermittent.

La respiration

Il s'agit d'un réflexe normal qui se décompose en une inspiration qui se limite spontanément, et en une expiration passive. La succession de ces mouvements est variable selon l'âge et les activités du chat. Un animal pesant environ 3,500 kilos absorbe en vingt-quatre heures 1,450 litres d'air. Il consomme 69,36 litres d'oxygène. Il brûle 27,12 grammes de carbone et dégage 50,88 litres d'acide carbonique. A l'état de repos, on compte de 20 à 30 respirations par minute.

Les vomissements

Le chat, comme tous les carnivores, est souvent victime d'une indisposition alimentaire. Nous avons d'ailleurs vu combien sa façon de s'alimenter est particulière et son système digestif spécialisé. De ce fait, le chat demeure sensible à toute méthode de nutrition qui s'écarte de sa norme.

Donc, ne soyez pas toujours inquiet lorsque l'animal vomit. Peut-être ne s'agit-il que d'une simple indisposition alimentaire, une indigestion. Il faut cependant appeler le vétérinaire lorsque cet état persiste.

Le comportement psychologique

Tout comme le chien, le chat malade devient bizarre. Il veut être à l'aise et tranquille. Vous n'avez aucune peine à le garder au repos. Mais, en même temps, il souhaite être entouré de soins et d'encouragements. Le juste milieu est difficile à trouver. Afin d'agir au mieux, gardez vis-à-vis de votre compagnon une souriante fermeté. Faites preuve d'une certaine compréhension devant son irritation et surtout épargnez-lui les bruits insolites et intempestifs. Soulagez-le avec l'aide du vétérinaire, mais ne le gâtez pas. Demeurez ferme et ne lui donnez pas de mauvaises habitudes.

Le chat malade est amorphe, abattu, apathique et il devient aussi instable, allant parfois de son panier au fauteuil. Par contre, s'il devient inactif, c'est aussi pour lui une manière de remédier à son état de santé. Alors, ne le troublez pas. Car, au repos, il s'épargne tout effort préjudiciable pour garder ses forces et lutter contre la maladie. Plus encore que le chat malade, le chat blessé se met à la cure de repos. Nous avons eu l'exemple sous les yeux d'un de nos chats atteint d'une fracture du péroné qui, après plusieurs jours de repos, paraissait complètement rétabli.

Le dossier santé

Il faut tenir compte des antécédents de l'animal, c'est-à-dire que son dossier-santé doit être tenu à jour. De nombreuses maladies, lorsqu'elles sont mal soignées ou négligées, tendent à devenir chroniques. Les plus fréquentes sont le coryza, l'angine et la bronchite. En hiver, elles peuvent sévir, surtout lorsqu'il fait froid et humide. Au moindre signe, comme le jetage du nez, les yeux larmoyants et la toux, il faut garder le chat au chaud et enrichir son régime alimentaire en augmentant la portion des graisses. Surveillez également la pièce où il dort. Evitez les courants d'air, les infiltrations d'eau et l'humidité.

En été, veillez à ce qu'il ne soit pas trop exposé au soleil. Dès qu'il a eu sa ration d'ultraviolets, il se retirera de lui-même. Mais il ne pourrait le faire sous une verrière. Veillez à ce qu'il dispose toujours d'un coin frais et d'un bol d'eau fraîche.

Au cours de l'été également, des troubles gastro-intestinaux peuvent apparaître. Ils sont souvent dus au manque de fraîcheur des aliments, ou à une fermentation qui se produit dans les conserves de mauvaise qualité. Assurez-vous donc de la parfaite qualité des rations alimentaires.

Surveillez en tous cas la bonne forme de votre chat. Seul le vieil adage a force de loi : « Il vaut mieux prévenir que guérir. »

Les premiers soins

Chaque propriétaire d'un chat devrait posséder une petite trousse d'urgence avec quelques médicaments.

En effet, il est toujours sage de donner les premiers soins dans l'attente du vétérinaire. Il est donc nécessaire de disposer d'un minimum de produits pharmaceutiques et d'instruments. Avec un peu d'expérience, vous pourrez ainsi faire face au plus pressé. Voici ce qu'il vous faut avoir :
- un thermomètre médical contrôlé ;
- un tube de vaseline pour enduire le thermomètre avant son utilisation ;
- le nécessaire pour un bain d'œil, c'est-à-dire un médicament à base d'eau boriquée et un collyre ;
- de la teinture d'iode et de l'eau oxygénée ;
- un laxatif pour chat ou de l'huile de paraffine contre la constipation ;
- des tablettes de bismuth ou du charbon de bois pour la diarrhée ;
- du coton hydrophile, des bandes, de la toile adhésive ;
- les remèdes pour les malaises et affections que votre chat a tendance à contracter (surtout en cas de maladies chroniques) ;
- un vermifuge pour chats (non irritant) à employer modérément.

Contrôlez régulièrement la fraîcheur des produits pharmaceutiques que vous gardez. Très souvent, les médicaments perdent leur efficacité lorsqu'ils sont éventés et ils peuvent même devenir dangereux en vieillissant. Conservez-les dans un endroit sec, à bonne température et à l'abri de la lumière.

Comment administrer les médicaments ?

Le chat est un animal qui n'est pas très aisé à manier et à soigner. Même les plus doux peuvent se mettre subitement en colère et devenir furieux dès que l'on veut les examiner ou leur faire prendre un médicament. Ceux-ci sont présentés sous forme de pilules, de poudres et de liquides. Le chat ne se prête pas toujours à l'administration d'un produit pharmaceutique. Le goût et l'odeur en sont souvent désagréables. Il faut donc ruser et s'armer de patience.
- *Les pilules et les capsules* sont facilement absorbées si votre chat a gardé son appétit. Entourez-les de viande, elles seront ainsi avalées sans peine.

Par contre, si l'animal manque d'appétit, insérez cette même boulette dans la gueule, en tenant la tête du chat relevée. Pressez sa gorge s'il hésite à avaler. Agissez sans brusquerie.
- *Les poudres* sont d'habitude ajoutées à la ration alimentaire. Mais ne les mélangez pas à toute la pâtée. Incorporez d'abord le

médicament dans un peu de nourriture. De cette façon, vous serez certain que toute la dose est bien prise. Si le chat refuse, agissez comme pour les pilules, en glissant la boulette sur l'arrière de la langue et en fermant ensuite les mâchoires. Le réflexe de déglutition va jouer et le chat avalera le bol alimentaire en même temps que le médicament.
- *Les liquides* ne peuvent en aucun cas être absorbés de force dans la gueule ouverte. C'est le plus sûr moyen d'obtenir une broncho-pneumonie par erreur de lieu. En effet, le chat avalant le liquide de travers fait pénétrer celui-ci dans le système respiratoire.

La méthode la plus sûre consiste à verser le liquide dans une seringue à injection, sans aiguille. Vous poussez très lentement le piston après en avoir introduit l'ouverture à la commissure des lèvres. Le liquide est accepté par le chat au fur et à mesure qu'il est injecté.
- *Les piqûres* ou injections intramusculaires et sous-cutanées peuvent êtres faites par les profanes ayant quelque expérience. L'injection possède un grand avantage : c'est la certitude d'une absorption complète du médicament.

Désinfectez la seringue ainsi que l'endroit où la piqûre doit être faite, afin d'éviter un abcès au malade. Ne désinfectez pas à l'éther, car ce produit est trop volatil et l'odeur en est peu tolérée par le chat. Utilisez de la teinture d'iode.

Si votre main ne tremble pas et que vous êtes assez rapide, le chat ne réagit que par un simple tressaillement.

L'injection intramusculaire s'effectue dans la masse d'un muscle. Opérez au niveau des muscles fessiers, comme pour l'homme. Pour la piqûre sous-cutanée, prenez la peau entre les deux doigts et piquez latéralement.

Les injections intraveineuses sont toujours réservées au vétérinaire. Votre chat pourrait mourir d'une embolie par suite de l'injection d'air dans une veine.

Après usage, désinfectez la seringue. En effet, le piston risque de coller aux parois. Faites bouillir ou aspirez un liquide antiseptique.
- *Les pansements* sont mal supportés par le chat. Souvent il les déchire des dents ou il se gratte. Il faut le surveiller. Si les pansements sont insuffisamment serrés, ils ne tiennent pas. Par contre, s'ils le sont trop, ils deviennent une gêne pour l'animal.

Les pansements autour des membres sont fixés par deux à trois tours supplémentaires autour du corps.

Quand les pansements doivent être placés autour du corps, utilisez une toile, percée de quatre trous pour les pattes, que vous fixez sur le dos par des épingles. Tout l'appareil est ainsi maintenu.

Dictionnaire des accidents, indispositions et affections du chat

ABCÈS

Ce sont des amas purulents qui naissent dans les tissus.

Les abcès superficiels peuvent avoir pour cause des plaies de diverses provenances comme morsures, égratignures, qui s'infectent. Ils peuvent apparaître tout aussi bien au niveau de la gorge que dans les organes internes, l'œsophage, le foie, la rate, les intestins.

On différencie deux sortes d'abcès : les chauds et les froids.

- *Les abcès chauds* sont provoqués, comme nous le disions précédemment, par des morsures, des contusions ou même des corps étrangers. Lorsqu'ils sont superficiels, on remarque une tuméfaction sensible. La peau est congestionnée. Sans gravité, l'abcès livré à lui-même peut, après deux à trois jours, « mûrir », c'est-à-dire qu'il laisse échapper le pus qu'il contient. La guérison ne fait pas de doute.

Les abcès profonds sont plus difficiles à diagnostiquer et ils provoquent généralement un état fébrile.

- *Les abcès froids* ont pour cause des contusions légères mais répétées, soit des nécroses ou des séquelles de maladies infectieuses.

Le traitement le plus efficient pour les abcès extérieurs est de surveiller l'évolution de cette affection. Il faut — dans la mesure du possible, car le chat est un animal très difficile à soigner — appliquer des compresses humides et chaudes. Lorsque la pointe blanche de l'abcès perce la peau, aidez à l'écoulement du pus par de légères pressions. Nettoyez ensuite l'abcès avec des solutions antiseptiques. L'emploi de sulfamides ou de pénicilline aide à la guérison rapide de l'animal.

Lorsqu'une suppuration se prolonge en dehors des temps normaux, il se pourrait qu'un corps étranger demeure dans la plaie ou que l'état général du malade reste infectieux. Alors, n'hésitez pas à appeler le vétérinaire.

Ne confondez pas les abcès avec d'autres affections comme les kystes, les tumeurs, etc.

ABCÈS DU REIN

Il peut se déclarer à la suite d'une maladie infectieuse. On note chez le malade une sensibilité de la région avec une fièvre très forte. Lors de l'examen de l'urine, on dénote des globules de pus et de l'albumine.

Il s'agit d'une maladie souvent fatale.

AMPUTATION

Lorsqu'un animal a un membre écrasé ou qu'une affection comme la gangrène ou une tumeur maligne se déclare, il devient nécessaire d'amputer le membre.

Il s'agit d'une opération grave qui ne peut être supportée par un sujet déjà très affaibli par la maladie.

ANÉMIE

L'anémie se caractérise par une diminution de la quantité des globules rouges.

Cette affection est due à une nourriture irrationnelle (voir chapitre traitant de l'alimentation), insuffisante. Songez que certains aliments sont dépourvus de vitamines.

La cause peut en être aussi d'abondantes hémorragies, des maladies chroniques ou encore des affections parasitaires ou virales.

Les principaux symptômes en sont la pâleur de toutes les muqueuses et l'affaiblissement de l'animal. L'appétit disparaît, le pouls devient faible et la respiration s'accélère.

Il faut d'abord trouver la cause de l'anémie et son degré de gravité, puis la combattre.

S'il s'agit d'un accident, d'une affection aiguë, elle disparaît assez rapidement.

Mais il n'en va plus de même dans des cas graves, et elle peut être incurable dans des maladies chroniques, la tuberculose et le cancer.

Comment prévenir et lutter contre l'anémie ? D'abord fournir une excellente alimentation carnée et un régime alimentaire fortifiant. Donnez aux chatons du sirop de phosphate de chaux et des extraits de foie. Faites surveiller le sujet par le vétérinaire.

ANÉMIE PERNICIEUSE

Elle est souvent déterminée, comme chez le chien, par l'ankylostome qui se fixe sur la muqueuse intestinale pour se nourrir du sang de l'animal.

Cette affection est assez rare chez le chat. Les symptômes se traduisent par de l'abattement, de la tristesse, un poil terne et des muqueuses pâles. Le nez est souillé par un jetage sanguinolent. Après des vomissements et une diarrhée noirâtre survient l'inappétence, d'où un affaiblissement marqué et la mort.

ANGINE

Il s'agit d'une affection aiguë des premières voies respiratoires, caractérisée par l'inflammation des muqueuses de l'arrière-bouche, c'est-à-dire le pharynx et le larynx. L'angine vient parfois compliquer le coryza. Les causes en sont les changements de température, le froid, l'humidité ainsi que l'irritation des muqueuses par la fumée qui favorise l'infection de la gorge par des microbes ou virus.

Quels en sont les symptômes ? On observe d'abord des quintes de toux sèche, puis grasse. On remarque également une sensibilité de la région laryngienne. La déglutition devient difficile. L'appétit disparaît et la fièvre survient. Elle est généralement suivie d'abattement.

Quand l'angine n'est pas ou mal soignée, elle peut devenir chronique.

Tenez le malade au chaud et donnez-lui des boissons tièdes. Entourez le cou de compresses chaudes. Pratiquez des fumigations d'eucalyptus ou de teinture de benjoin.

Vous alimenterez votre chat en lui donnant du lait chaud lorsque la déglutition est difficile.

Le vétérinaire prescrira des sulfamides ou des antibiotiques.

ANTISEPSIE

C'est l'action de désinfecter, par des moyens directs ou indirects, les tissus ou les milieux infectés.

Les produits antiseptiques sont utilisés sous différentes formes : en poudre, en solution ou par l'action de vapeurs (inhalations).

Certaines précautions doivent être prises avant de désinfecter une plaie. En effet, certains agents chimiques peuvent avoir une action destructrice pour les agents microbiens, mais aussi pour les cellules des tissus. Le mieux est d'employer des agents chimiques dont l'action n'intéresse que les microbes, c'est-à-dire des sulfamides par exemple.

En général, on utilise des solutions antiseptiques à faible teneur et à la température (tiède) à laquelle elles sont actives au maximum. Citons l'acide borique, le permanganate de potassium, le chlore, le bleu de méthylène. Soulignons qu'il n'existe pas d'antiseptique universel. Certains produits seront plus actifs en fonction de tel ou tel microbe. Suivre les indications du vétérinaire en cours de traitement.

Un autre problème d'antisepsie : si l'on soigne les plaies, il est aussi nécessaire, dans certains cas, de supprimer la cause même du milieu qui peut être infecté. Voir « Désinfection ».

APPAREIL CIRCULATOIRE

Menant une vie sédentaire, le chat présente rarement des affections cardiaques comme la myocardite, la péricardite ou encore l'endocardite. Généralement, ces affections compliquent les maladies infectieuses. Il existe cependant certaines malformations cardiaques, le plus souvent héréditaires.

APPAREIL DIGESTIF

Les maladies de l'appareil digestif du chat ont généralement pour cause une alimentation défectueuse. Elles proviennent d'aliments avariés ou d'écarts de régime alimentaire. Voyez le chapitre traitant de l'alimentation générale du chat (page 221).

ARTHRITE

C'est une inflammation de l'articulation. Elle est causée par des contusions, blessures ou infections. Elle peut être la séquelle d'entorses, de luxations ou de fractures des extrémités des os.

L'arthrite se signale par l'enflure et la douleur au niveau de la région articulaire. Celle-ci devient douloureuse et chaude. Les mouvements sont gênés et l'articulation peut s'ankyloser.

Bien soignée, tout rentre dans l'ordre. Négligée, l'arthrite simple peut devenir chronique. Il se forme alors de la périostite ou bien, à l'état plus grave, l'arthrite devient purulente. Le chat peut avoir de l'arthrite suite à une alimentation trop riche en vitamines A et notamment lorsqu'on lui donne trop de foie, organe qui contient déjà énormément de ces vitamines.

ASCITE

Il s'agit de l'hydropisie du péritoine. Cette maladie est généralement provoquée par une affection chronique du cœur, du foie, des poumons ou par infection du péritoine.

Le ventre est distendu et tombant. Des œdèmes se portent sur les membres. Le foie devient souvent volumineux. Dans le ventre, on note la présence d'un liquide séro-fibrineux.

ASTHME

Cette affection est caractérisée par une dyspnée qui se traduit principalement par une difficulté à respirer.

L'asthme est le plus souvent d'origine allergique.

L'asthme nasal du chat est dû à une irritation anormale de la muqueuse nasale, soit par des mucosités retenues dans les cornets du nez, soit par des poussières irritantes. Cette affection se caractérise par des éternuements, puis par des inspirations profondes et convulsives.

Le vétérinaire calmera les crises d'asthme ordinaire par des médications appropriées.

L'asthme nasal demande que l'on dégage les cornets du nez.

BEC-DE-LIÈVRE

C'est une malformation congénitale qui peut accompagner la perforation de la voûte palatine. Elle se présente comme une fissure d'une seule ou des deux lèvres du chat. Le bec de lièvre est dit « simple » dans le premier cas et double dans le second. Cette malformation n'empêche pas l'animal de manger.

L'opération est la seule intervention possible et elle donne d'excellents résultats, si l'affection n'est pas trop étendue.

BLÉPHARITE

Cette affection se remarque surtout chez les chats âgés ou mal soignés. C'est une inflammation des paupières, causée par l'eczéma ou la gale.

Les paupières sont légèrement tuméfiées. Les yeux deviennent larmoyants et les cils sont collés par une matière visqueuse.

Il faut décoller légèrement les croûtes, laver et instiller.

BOUCHE (affections de la)

Elles se caractérisent par un écoulement de la salive vers l'extérieur et par la difficulté ou l'impossibilité pour l'animal de manger ou de boire.

Il peut s'agir d'une inflammation de la muqueuse, d'affections dentaires, de corps étrangers ou de maladies à microbes ou à virus. Se reporter à « Corps étrangers » — « Stomatite ».

BRONCHITE AIGUË

Cette maladie est déterminée par l'inflammation des bronches. Elle est due au refroidissement mais peut aussi être consécutive à une infection. La bronchite apparaît surtout par les temps froids et humides et plus particulièrement aux changements de saisons, en automne et au printemps.

La bronchite peut être contagieuse. A ses débuts, l'on constate une sorte de malaise général, des frissons, de la toux. Le malade devient triste et abattu. Il présente de la fièvre et sa respiration s'accélère. En s'aggravant, la toux devient plus grasse. Il apparaît un jetage muqueux ou muco-purulent. On peut observer un souffle labial si le malade respire par la bouche au lieu du nez.

La bronchite guérit normalement en dix ou quinze jours par un traitement efficace.

Tenez le malade au chaud et surtout évitez-lui les changements de température. En début de maladie, traitez le sujet par des sirops calmants de la toux et par des expectorants. Faites-lui prendre, deux à trois fois par jour, une cuillerée à café de sirop de tolu ou de terpine. Mais n'attendez pas, pour appeler le vétérinaire, que le cas d'aggrave.

Combattez la faiblesse du malade en lui donnant des infusions de café ou de thé alcoolisées.

BRONCHITE CHRONIQUE

La bronchite chronique succède à plusieurs accès de bronchite aiguë. Elle est très fréquente chez les chats âgés ou elle accompagne d'autres maladies. Elle peut être aussi de nature tuberculeuse, mais le cas est devenu rare dans nos pays.

Elle se traduit par des quintes de toux grasse, de l'essoufflement et un jetage muco-purulent. Elle s'accompagne aussi de nausées. L'auscultation du poumon permet d'enregistrer des râles muqueux.

On modifie les sécrétions bronchiques par du sirop d'iodure de potassium ou de terpine (une cuillerée à café deux fois par jour). Donnez au malade une nourriture abondante (lait, viande crue). Soutenez son état général par de l'huile de foie de morue et de la liqueur de Fowler (de une à deux gouttes, deux fois par jour, dans un peu de lait).

La bronchite chronique doit être soignée par le vétérinaire.

BRONCHO-PNEUMONIE

La broncho-pneumonie est souvent une complication d'une bronchite mal soignée. Elle peut être de nature infectieuse et également consécutive à la maladie du jeune âge. Elle peut aussi apparaître suite à l'introduction accidentelle de corps étrangers, comme des aliments ou des médicaments, dans les bronches et les poumons. Elle peut enfin être causée par le froid et l'humidité.

Il s'agit d'une affection grave, qui peut entraîner la mort si elle n'est pas soignée énergiquement à ses débuts.

Le chat devient faible, son appétit est en régression et sa soif augmente. Il commence par avoir une toux sèche, peu fréquente. La respiration s'accélère et la température s'élève. Le nez devient sec et chaud. Après quelque temps, la respiration devient difficile. Il se produit un jetage sanguinolent et l'auscultation montre des râles muqueux.

Tenez le malade au chaud, loin des variations de température. Les sulfamides donnent de bons résultats de même que la pénicilline, mais faites venir le vétérinaire car la broncho-pneumonie se complique parfois de pleurésie. Il faut de toute façon, après cette crise grave, surveiller l'état général de votre chat.

BRÛLURES

Le chat peut être atteint, comme les personnes, de brûlures à différents degrés. Il peut être aspergé d'eau bouillante, recevoir de l'huile chaude, des escarbilles du feu brûlant dans la cheminée ou encore des acides.

Lorsque la brûlure est superficielle, on ne diagnostique qu'une inflammation de la peau. Il se forme une petite vésicule ou « cloche » contenant une sérosité. Des solutions froides calmeront la douleur. Ponctionnez le liquide et badigeonnez la brûlure avec du liniment oléocalcaire.

Les brûlures peuvent être graves, car les tissus sous-jacents ont parfois été atteints. Grâce à des lotions antiseptiques, on peut éviter l'infection du derme mis à nu et, par suite, la gangrène des tissus. Employez des produits tanants pour former une croûte protectrice. Les poudres antiseptiques sont aussi indiquées dans le traitement.

Les brûlures de grande surface, même superficielles, sont plus graves que celles en profondeur mais limitées.

Lorsque les brûlures sont d'origine chimique, comme celles provoquées par un acide, il faut les traiter avec des lotions alcalines. Par contre, s'il s'agit de bases, comme la soude caustique, agissez avec de l'eau boriquée.

CASTRATION

Il est très difficile de garder un mâle dans un appartement. Aussi la castration est-elle, d'un point de vue pratique, nécessaire.

Cette opération est simple. Elle demande cependant des soins et ne saurait être pratiquée que par le vétérinaire.

On ne peut castrer les sujets trop jeunes, car il faut attendre que les testicules soient descendus. L'opération doit se faire entre six et dix mois.

La castration se fait plus rarement chez la femelle (ovariectomie) chez qui elle demande une technique opératoire plus poussée.

CATARACTE

Le cristallin de l'œil devient opaque. Cette affection, due à la vieillesse, apparaît chez le chat âgé de plus ou moins une dizaine d'années. Elle peut aussi être une séquelle de contusions ou de plaie à l'œil.

Le cristallin devient opalescent ou se présente avec des taches blanches ou grisâtres.

Une opération délicate peut être tentée.

CATARRHE AURICULAIRE

Voir « Otite externe ».

CHOLÉCYSTITE CHRONIQUE

Il s'agit d'une inflammation de la vésicule biliaire, pouvant être due à une obstruction partielle d'un des canaux, généralement le cholédoque. A la longue, il peut y avoir hyperthrophie et sclérose du foie.

L'abdomen enfle. L'amaigrissement est progressif et une coloration ictérique prononcée de la muqueuse et de la peau apparaît. Le décès de la bête survient généralement.

CHORÉE

Il s'agit d'une affection qui évolue très lentement. Elle peut durer parfois pendant des années. Elle est caractérisée par la contraction involontaire de certains groupes de muscles, survenant comme une séquelle de la maladie du jeune âge.

L'animal a d'abord de légères convulsions s'étendant à une seule région ou à tout le corps. Elles continuent pendant son repos. Elles peuvent être rapides, brusques. La démarche est incertaine et les muscles sont généralement sans tonicité. Le sujet peut parfois être atteint d'incontinence.

Cette maladie est grave car, si les crises ou convulsions peuvent aller en s'atténuant, l'animal continue à perdre de son appétit. Il maigrit et succombe.

Donnez-lui donc une alimentation carnée. Faites-lui prendre également de l'huile de foie de morue. Gardez le chat au chaud et à l'abri de l'humidité. Le vétérinaire atténuera les convulsions et combattra les lésions des centres nerveux.

CIRRHOSE DU FOIE

Le docteur Larieux en donne l'explication : « Due à l'envahissement du foie par des tissus scléreux, elle peut se traduire soit par de petits modules blanchâtres, du volume d'un pois, déterminés par un parasite, soit par une inflammation chronique des canaux biliaires s'accompagnant d'une hypertrophie diffuse du tissu conjonctif environnant, causée par une intoxication chronique ou par des lésions cardiaques. »

On diagnostique un amaigrissement du chat, qui s'affaiblit progressivement. On note parfois un œdème des membres et également de l'ictère. Lorsque le foie est hypertrophié, on le perçoit à la palpation, du côté droit du corps, en arrière de la

dernière côte.
Faites intervenir le vétérinaire et, en attendant, donnez simplement au malade du lait coupé de moitié d'eau de Vals.

CIRRHOSE PANCRÉATIQUE

L'envahissement du pancréas par du tissu scléreux peut accompagner la cirrhose hépatique. Elle se traduit par une anémie progressive amenant la mort du sujet.
L'inflammation du pancréas peut accompagner la dégénérescence du foie et même des reins et se trouve sous la dépendance d'une infection microbienne ou parasitaire.

CONGESTION CÉRÉBRALE

Elle est parfois causée par une trop longue exposition au soleil ou au froid. Cette affection peut compliquer la maladie du jeune âge. En général, la cause en est un traumatisme crânien.
On note en premier lieu des vomissements. L'animal paraît énervé, surexcité même et il peut aller jusqu'à la morsure. La respiration s'accélère. La pupille se rétrécit. Alors, il se produit une somnolence. L'animal se déplace en chancelant et tombe sur le sol.
Il faut maintenir le sujet frappé de cette affection dans une pièce bien fraîche et le garder au repos. Placez-lui des compresses froides sur la tête. Soutenez le cœur et faites appel au vétérinaire si vous ne constatez aucune amélioration.

CONGESTION DES MAMELLES

Elle peut être normale à la fin de la gestation. La congestion des mamelles s'observe également lorsque l'on retire les petits à la mère après la naissance. Plusieurs mamelles sont chaudes et tuméfiées. Lorsqu'on les presse, du lait jaillit.
Purgez l'animal et faites-lui chaque jour des lotions astringentes à l'eau blanche, ou encore appliquez-lui des pansements humides à l'eau boriquée tiède trois fois par jour. Lorsqu'ils sont refroidis, faites sur la région une application d'un mélange de 20 grammes de vaseline pour 2 grammes de camphre.
Si l'engorgement persiste après disparition de la chaleur, faites des applications de pommade d'iodure de potassium.
Tenez surtout les mamelles dans un état de propreté parfait.

CONGESTION DU REIN

Cette affection apparaît généralement au cours d'une maladie infectieuse. Elle peut également survenir après une ingestion de substances irritantes ou encore après un refroidissement.

Le malade marche difficilement. Autres symptômes caractéristiques : le dos se voûte et les membres postérieurs sont écartés. De légères coliques apparaissent. La miction est pénible cependant que l'urine demeure abondante.

Si le sujet n'est pas soigné rapidement, les coliques continuent en augmentant d'intensité, le pouls faiblit, une faiblesse générale apparaît jusqu'à l'issue fatale.

Tenez le malade au repos et au chaud. Donnez-lui du lait coupé, à volume égal, d'eau de Vichy. Lorsque les coliques apparaissent, appliquez-lui des compresses chaudes en attendant le vétérinaire.

CONJONCTIVITE

Cette inflammation des paupières peut être aiguë ou chronique.

L'affection peut être due à l'action de corps étrangers et irritants dans l'œil, à des cils déviés, à des accidents déterminant l'entropion des paupières ou encore à des infections.

Dans sa forme aiguë, la conjonctivite provoque une sécrétion purulente. Les paupières sont enflammées, les bords en sont collés et la conjonctive de l'œil est rouge.

Il importe, en premier lieu de traiter la cause de cette inflammation, c'est-à-dire de supprimer le corps étranger s'il demeure dans l'œil. Pratiquez ensuite des bains avec des lotions antiseptiques et versez quelques gouttes d'un collyre, comme l'Argyrol.

CONSTIPATION

Elle est fréquente chez les animaux âgés. Elle résulte souvent d'un manque d'exercice ou peut être due également à des infections du tube digestif. Elle peut être également consécutive à une absorption de poils qui se feutrent et forment des bouchons.

Le remède préventif est très simple : la toilette de votre chat. Peignez et brossez-le afin de retirer les poils morts.

Lorsque les excréments sont durs et peu abondants, leur expulsion nécessite à la longue des efforts prolongés et douloureux. Ils peuvent enfin former des corps durs dans le gros intestin et le rectum. La défécation devient alors presque impossible. Le ventre de l'animal devient sensible, il ne mange plus et des vomissements apparaissent. Les reins, l'urètre et la vessie peuvent aussi à leur tour être comprimés et l'urémie guette l'animal.

A ses débuts, la constipation peut être soignée par des lavements. Administrez-les avec une poire en injectant un mélange d'eau de guimauve ou d'eau de graines de lin tièdes avec 5 grammes de glycérine. Appliquez des compresses chaudes sous le ventre. Administrez également des purgatifs. Dans les cas graves, le vétérinaire doit en arriver à vider le rectum avec une curette.

Comme régime alimentaire, supprimez la viande et préparez une nourriture rafraîchissante : pâtées claires, bouillon de légumes, jus de pruneaux, lait, etc. Dans la constipation chronique, on peut mélanger un peu d'huile de paraffine dans l'alimentation.

CONTUSIONS

Les contusions sont consécutives à des chocs extérieurs plus ou moins violents, déterminant des lésions traumatiques, sans plaies. La gravité des contusions dépend de l'intensité du choc, allant des simples ecchymoses aux épanchements sanguins, sans omettre l'écrasement des tissus, et à des paralysies lorsque les troncs nerveux ont été lésés ou écrasés.

Dans les cas de légères contusions, appliquez des compresses d'eau blanche ou une solution astringente dans la proportion de 15 à 20 grammes d'alun pour 500 grammes d'eau bouillie.

Lorsque les contusions sont plus sérieuses et si elles entraînent un épanchement sanguin, il est conseillé de ponctionner ces tumeurs de leur sang ou de la sérosité, mais d'une manière très aseptique, en injectant ensuite, par exemple, de la teinture d'iode diluée. Des compresses chaudes diminuent la douleur.

Des organes internes peuvent être blessés ou des os fracturés. Il convient, dans tous ces cas, d'appeler d'urgence le vétérinaire. En attendant sa venue, déposez l'animal dans son panier et tenez-le au chaud et au repos. Evitez tout déplacement. Laissez-le à la diète et surveillez-le attentivement afin de renseigner au mieux le vétérinaire qui doit intervenir selon les symptômes.

En cas de commotion cérébrale, l'animal a les membres raides et les mâchoires serrées. Sa respiration devient difficile et il demeure sur le sol.

CONTUSIONS DE L'ŒIL

Elles provoquent souvent un gonflement et la fermeture des paupières. La conjonctive devient douloureuse, rouge et il se produit du larmoiement.

Appliquez trois fois par jour des solutions pour atténuer le gonflement. Prévenez la conjonctivite en instillant chaque jour du collargol qui donne un excellent résultat.

Attention, il peut survenir des érosions s'accompagnant d'une opacité de la cornée (kératite).

CONTUSIONS DE L'OREILLE

Le pavillon de l'oreille est souvent blessé par des coups de griffes ou de dents. Il peut y avoir déchirure ou décollement de la peau du cartilage.

Soignez comme une plaie normale à l'aide de teinture d'iode ou de mercurochrome.

CONVULSIONS

Elles apparaissent surtout chez les jeunes chats et les causes en sont très variées.

Les convulsions peuvent survenir à la suite de lésions de centres nerveux, en cas d'anémie, de méningite ou dans la maladie du jeune âge. C'est dans cette affection qu'elles sont les plus nombreuses. Une alimentation non équilibrée peut également provoquer des convulsions.

Le tableau est assez impressionnant. Le chat tombe sur le sol et une salive abondante lui sort de la bouche. Les membres se raidissent, vibrent par à-coups. Le malade peut devenir agressif, griffer et mordre.

En présence de convulsions, il y a lieu d'être très prudent. Isolez le malade dans une semi-obscurité et observez-le.

Donnez-lui des calmants pour atténuer les crises. Celles-ci peuvent s'espacer et même disparaître. De toute manière, appelez le vétérinaire.

CORPS ÉTRANGERS

Les corps étrangers peuvent, lorsqu'ils sont déglutis, déterminer l'obstruction de l'œsophage et de l'estomac. Ils peuvent s'arrêter dans la bouche. Le plus souvent, il s'agit d'arêtes de poissons ou de fragments d'os.

- *Dans la bouche*. Prévenez le vétérinaire lorsque vous voyez que le chat ne mange plus, qu'il salive abondamment et surtout lorsque sa mâchoire semble paralysée. Ces symptômes sont généralement dus à un corps étranger fixé dans la bouche et qui rend la déglutition difficile ou même impossible. Il suffit évidemment de repérer ces corps étrangers puis de les enlever avec des pinces. Il faut immobiliser le sujet puis lui maintenir les mâchoires écartées avant de saisir l'objet. Pour simple qu'elle soit, l'intervention n'est pas toujours facile et le vétérinaire a souvent recours à un anesthésiste.

- *Dans l'œsophage*. L'arrêt de corps étrangers dans l'œsophage est heureusement exceptionnel. Cette obstruction est le plus souvent déterminée par la déglutition de corps durs, plus ou moins volumineux. Cette obstruction se traduit, chez le sujet, par la difficulté ou par l'impossibilité de déglutir, par une salivation abondante, par des nausées et parfois par de la toux. Lorsqu'ils sont petits et acérés, les corps étrangers peuvent parfois s'arrêter à l'entrée de l'œsophage. La respiration de l'animal devient sifflante et il porte les pattes vers sa bouche comme s'il voulait retirer ce qui le gêne. Parfois même, ces corps peuvent s'incruster à la base même de la langue et produire une tuméfaction. On peut en tenter l'extraction. Mais si l'objet est déjà engagé dans le conduit et qu'il ne peut être rejeté par des vomissements provoqués, il faut recourir à l'œsophagotomie, c'est-à-dire l'ouverture de l'œsophage, lorsque l'opération est possible.

- *Dans l'estomac*. Lorsque le corps étranger est arrivé dans l'estomac et y occasionne des troubles, il faut alors pratiquer l'opération dite gastrotomie.

- *Au pied*. Des échardes, des épines, une aiguille ou une épingle peuvent s'implanter dans les pieds des animaux. Parfois, le corps étranger peut s'enkyster mais, comme c'est le cas le plus souvent, il occasionne des lésions qui peuvent s'enflammer. Enlevez le corps étranger à l'aide d'une pince. Nettoyez la plaie et badigeonnez de teinture d'iode ou de bleu de méthylène.

CORYZA

Le coryza est une inflammation de la muqueuse nasale. La cause en est le plus souvent un virus.

Cette affection se traduit par de fréquents éternuements. La muqueuse nasale devient très sensible et le malade se frotte ou se gratte le nez.

Le coryza se manifeste également par la production d'un écoulement d'abord séreux, puis muqueux et qui peut devenir purulent.

Par suite de l'étroitesse de ses cavités nasales, la respiration du chat peut être gênée. L'écoulement des mucosités devient difficile jusqu'à une obstruction complète.

Cette affection est généralement bénigne si l'on soigne rapidement l'animal. Si elle est négligée, non seulement elle peut devenir chronique, mais encore passer à l'état de coryza infectieux.

Comme traitement, le mieux est de garder l'animal au chaud et au repos.

Des fumigations sont utiles, si le chat les accepte. Pour cela, versez dans un récipient placé dans la pièce où se trouve le malade 250 à 300 grammes d'eau bouillante avec une cuillerée à café d'un mélange de teinture d'eucalyptus, teinture de benjoin et alcool à 60° (30 grammes pour chaque ingrédient). Placez la tête du malade au-dessus du récipient et recouvrez d'une serviette.

Nettoyez également les narines de l'animal trois à quatre fois par jour avec de l'eau boriquée tiédie.

Surtout n'allez pas « bourrer » les narines du chat de vaseline mentholée.

En cas de gravité, le traitement doit être dirigé par un vétérinaire, avant que le coryza ne dégénère en coryza infectieux.

CORYZA INFECTIEUX

Malgré les soins donnés pour un coryza ordinaire, on ne remarque aucune amélioration. L'état du malade s'aggrave et sa température peut atteindre 40° C. Les cavités nasales sont bouchées et le chat respire difficilement par la bouche.

Le coryza infectieux est très contagieux. S'il n'est pas soigné par le vétérinaire, il peut advenir des complications et le malade peut être atteint de conjonctivite, de pharyngite. La mort peut survenir par broncho-pneumonie.

COUPURES

Ce sont des plaies linéaires, aux bords nets. Les coupures sont toujours douloureuses. Leur gravité varie selon leur localisation et leur profondeur.

Voir au mot « Plaies » pour le traitement.

CRISES NERVEUSES

Elles sont toujours impressionnantes. L'animal est surexcité. Il se jette de tous les côtés et ses mouvements sont désordonnés. Il cherche à griffer, à mordre. Il ne connaît plus ses maîtres. Ses membres se contractent et il peut tomber lourdement sur le sol.

Les crises nerveuses ont des causes diverses. En effet, elles peuvent être provoquées par des parasites intestinaux, par des maladies de l'oreille et par celle du jeune âge. Elles sont toujours la manifestation de crises graves. Elles peuvent aussi être les premiers symptômes de la rage. Aussi il est nécessaire de se montrer prudent et d'appeler le vétérinaire.

Dans cette attente, que faut-il faire ? Essayer, entre deux crises, d'éloigner le chat et de le mettre dans une pièce assez sombre. Surtout, le laisser tranquille. Recouvrez-le d'une couverture.

La crise terminée, le vétérinaire en recherchera les causes et prescrira un calmant.

CYSTITE

La cystite ou inflammation de la muqueuse de la vessie est due soit à des inflammations du voisinage (néphrite, métrite, etc.) soit, selon l'ingestion des substances irritantes, à une rétention urinaire, à la présence de calculs ou encore à des traumatismes.

On note chez le sujet de l'inappétence, une miction fréquente, pénible et douloureuse. L'urine devient trouble et elle contient souvent des globules blancs, de l'albumine, du mucus et parfois, dans les cas graves, du pus. La vessie devient très sensible et la fièvre apparaît.

En attendant le vétérinaire, calmez les douleurs par des compresses chaudes. On administre des antiseptiques généraux : urotropine, benzoate ou salicilate de soude. Combattez la constipation par des lavements tièdes journaliers.

Surveillez le régime alimentaire de l'animal. Il est bon de le mettre à la diète lactée pendant quelques jours. Supprimez la viande de l'alimentation et remplacez-la par un bouillon de légumes. Retirez également le pain et les féculents.

DÉSINFECTION

Pour lutter contre les parasites, il est nécessaire de désinfecter les objets et les lieux où séjourne volontiers le chat.

Les mangeoires, bols et ustensiles divers seront lavés dans une solution de soude puis bien rincés et séchés. Les peignes et brosses seront passés plusieurs fois dans une solution de chlore.

Les lieux, comme coin de cuisine, terrasse, etc., seront lavés à grande eau. Agissez ensuite par des pulvérisations de solutions désinfectantes.

DIARRHÉE

C'est le symptôme dominant lorsque l'intestin est enflammé. Les excréments sont plus ou moins liquides, grisâtres et fétides avec des glaires sanguinolentes. Le ventre est tendu et douloureux. Dans les formes graves, le chat fait de la fièvre. Il n'a plus d'appétit et recherche les endroits frais pour se mettre à plat ventre.

La première chose à faire est de tenir le malade au chaud et de le mettre à la diète. Donnez-lui de l'eau de riz coupée, du bouillon de légumes et de l'eau de Vals ou de Vichy, mais surtout jamais de lait.

Donnez la préférence aux ferments lactiques. N'utilisez qu'avec précaution les antiseptiques intestinaux. Les comprimés de charbon de bois administrés trois fois par jour suffisent généralement pour guérir une diarrhée banale. Si une amélioration notable n'intervient pas, faites appel au vétérinaire car il peut s'agir, au lieu d'un simple dérangement, d'une entérite infectieuse.

Lorsque la guérison est obtenue, ne remettez pas trop vite votre chat à un régime normal. Surveillez son alimentation ; quelques jours de diète ne lui feront pas de mal.

DIARRHÉE INFECTIEUSE DES JEUNES CHATS

Cette diarrhée est généralement due à une infection ombilicale. Elle s'accompagne de l'inflammation du cordon. C'est un cas grave et le chaton peut succomber à cette infection.

La seule précaution à prendre est de désinfecter le cordon dès la naissance en le touchant à la teinture d'iode. Lorsque la diarrhée s'est déclarée, donnez trois fois par jour un comprimé de Lactéol dans un peu de lait sucré.

DIPHTÉRIE

Elle est caractérisée par la présence de fausses membranes dans l'arrière-gorge. Elle est toujours d'origine microbienne. Cette affection n'est pas transmissible à l'homme.

Les chats atteints de diphtérie manquent d'appétit. Ils sont souvent prostrés. En effet, ils demeurent allongés. Leur poil devient terne et leur démarche est chancelante. L'haleine est fétide, un liquide apparaît au nez et des vomissements peuvent se produire. Le voile du palais est enflammé et l'on aperçoit dans le pharynx et le larynx des membranes blanchâtres.

Tenez le malade au chaud. Donnez-lui des fumigations de teinture de benjoin et d'eucalyptus. Touchez l'arrière-gorge avec un mélange de 1 gramme de bleu de méthylène pour 50 grammes de glycérine. Le vétérinaire prescrira des antibiotiques ou des sulfamides.

ECLAMPSIE

C'est une affection aiguë qui peut survenir chez les femelles en lactation.

L'animal montre de l'anxiété et il se heurte à tous les objets qu'il rencontre en poussant des miaulements. Il tombe bientôt sur le sol comme pris de convulsions. Celles-ci peuvent durer plusieurs heures.

Isolez l'animal et administrez-lui des calmants dans l'attente du vétérinaire.

ECTROPION

Il s'agit du renversement de la paupière en dehors. Cette affection touche particulièrement la paupière inférieure. La cause peut en être héréditaire ou provenir d'une tuméfaction de la conjonctive.

Le vétérinaire pratiquera une légère intervention chirurgicale comme pour le cas inverse, c'est-à-dire l'entropion.

ECZÉMA

Sous le nom d'eczéma, on désigne couramment une irritation cutanée ou des affections de la peau, non parasitaires.

L'origine de l'eczéma est de nature allergique. La cause peut être alimentaire ou extérieure, manque d'exercice, frottements ou grattages successifs, malpropreté de la peau.

L'eczéma, dans sa forme aiguë, se manifeste en premier lieu par de petites taches rouges qui évoluent en se transformant en vésicules. Lorsqu'elles sont ouvertes par le grattage, elles laissent suinter un liquide séro-purulent qui forme, en séchant, des croûtes jaunâtres.

Dans l'*eczéma humide,* le prurit est très fort. L'*eczéma impétigineux* donne des croûtes plus épaisses et qui adhèrent fortement à la peau qui suppure. Lorsque l'inflammation s'atténue, que les croûtes sèchent et qu'il ne reste qu'une desquamation abondante de l'épiderme, l'affection porte le nom d'eczéma squameux.

L'*eczéma chronique* ne se rencontre que chez les chats âgés où il s'établit après sa forme aiguë. Le poil tombe, la peau se plisse et s'épaissit et le prurit s'installe à demeure, déterminant un vif grattage. L'eczéma chronique peut se localiser à la face interne de l'oreille. Cette affection porte le nom de catarrhe auriculaire (voir « Otite externe »).

Le traitement essentiel consiste d'abord à vérifier le régime alimentaire. Il importe de supprimer les abats (foie, rognon, rate, etc.) ainsi que le poisson. Commencez une demi-diète et donnez des ferments lactés. Alimentez votre chat au lait et au bouillon de légumes. Ce n'est que petit à petit qu'il pourra reprendre une alimentation normale, avec de la viande blanche de préférence.

Combattez l'eczéma en coupant les poils des régions atteintes et en talquant celles-ci chaque jour. Calmez les démangeaisons avec des applications chaudes ou des lotions à base de chloral ou d'alun. Essuyez avec un tampon de coton hydrophile et saupoudrez les régions de soufre sublimé, d'oxyde de zinc et de talc.

Assurez-vous que le chat à soigner ne porte pas de poux ou de puces. Vous devez l'en débarrasser avant de commencer le traitement.

EMPOISONNEMENTS

Ils sont fréquents chez le chat par suite de sa voracité. Ces empoisonnements sont le plus souvent causés par l'absorption de souris empoisonnées à l'aide d'anticoagulants. En effet, ces produits forment la base des moyens employés pour détruire les rongeurs. Souvent aussi, il dévore des boulettes de viande empoisonnées à la strychnine.

Dans tous les cas, il faut d'abord provoquer les vomissements, quand il n'est pas trop tard, surtout pour la strychnine qui agit brutalement. Le vétérinaire peut intervenir utilement s'il arrive suffisamment à temps. Par contre, les empoisonnements à base d'arsenic, de phosphore et d'anticoagulants sont dits à évolution lente et la dose absorbée est souvent faible.

- *Aux anticoagulants.* Ce sont des dérivés du dicoumasol dont l'action est antivitaminique K. Les symptômes de cette forme d'empoisonnement sont : des saignements, des taches rouges sur les muqueuses, des difficultés respiratoires par anémie ou saignements pulmonaires. Le traitement est à base de vitamines K, mais le pronostic de guérison demeure réservé.

- *A l'arsenic.* Ce produit se signale chez l'animal par une salivation abondante, des vomissements, une grande faiblesse et généralement une paralysie. Faites prendre tous les quarts d'heure à l'animal une cuillerée à café d'eau albumineuse. Vous préparerez cette solution en délayant 3 blancs d'œufs battus en neige dans un demi-litre d'eau.

Puis donnez au chat, durant quelques jours, du lait écrémé comme seule nourriture. L'issue est souvent fatale.

- *Au phosphore.* Si l'animal est empoisonné au phosphore, on remarque que la muqueuse de la bouche se tuméfie. La soif est intense. Le chat vomit des matières pouvant être phosphorescentes à l'obscurité avec une odeur alliacée. Il peut se présenter parfois un ictère. Après un certain temps, l'animal se met à trembler et son train postérieur devient faible.

- *A la strychnine.* Les symptômes se produisent brutalement dans les dix minutes qui suivent l'ingestion. Le chat devient anxieux. Sa sensibilité est extrême. Ses membres deviennent raides et l'animal tombe, pris de convulsions. Il meurt par asphyxie. L'antidote est efficace s'il est administré à temps et si la dose de poison n'est pas trop élevée.

- *Au mercure.* Cet empoisonnement peut être causé par l'emploi, sur le chat, d'une pommade mercurielle. L'animal salive abondamment et son haleine est fétide. Il apparaît des ulcérations sur les faces internes des lèvres et des joues. L'animal commence par trembler puis il devient paralysé. Toutes les deux heures, faites-lui prendre une cuillerée à café d'une préparation réalisée en incorporant trois blancs d'œufs à 200 grammes de lait.

- *A l'acide phénique.* L'animal peut facilement être intoxiqué par de faibles doses d'acide phénique. Il est donc bon de proscrire chez lui cet antiseptique. Le chat n'a plus d'appétit. Sa mort est précédée de convulsions pendant plusieurs heures.

Faites-lui prendre, tous les quarts d'heure, une cuillerée à café d'eau albumineuse, en attendant le vétérinaire. Puis l'animal doit se mettre au régime lacté pendant plusieurs jours, avant de reprendre son alimentation habituelle. L'acide phénique provoque aussi des lésions s'il est appliqué sur la peau.

ENDOCARDITE

Il s'agit d'une inflammation aiguë ou chronique de la séreuse interne du cœur. Cette affection est presque toujours due à une maladie infectieuse.

Les premiers symptômes sont d'abord de la tristesse et de l'abattement ainsi qu'un léger accès de fièvre. Les battements du cœur sont forts et irréguliers. On note également une certaine gêne respiratoire.

Lorsque l'affection est devenue chronique, on note chez le sujet une diminution de l'appétit, une faiblesse, une forme d'oppression et un pouls irrégulier. On remarque souvent des épanchements dans la plèvre, le péricarde et même dans le péritoine.

Dès que le malade perd l'appétit, maintenez ses forces avec du lait, du bouillon de viande, en attendant le traitement du vétérinaire.

ENTÉRITE

C'est une inflammation des différentes parties de l'intestin, le plus souvent parasitaire (coccidiose et lambiose intestinales) ou microbienne, se traduisant par des déjections liquides, parfois abondantes et striées de sang. Le ventre devient dur, tendu et douloureux. Les selles sont fétides et le sujet peut faire de la fièvre. On note un certain abattement.

En attendant le vétérinaire, faites-lui prendre dans du lait sucré un comprimé ou une demi-ampoule de Lactéol. Maintenez le chat malade au chaud. Ne lui donnez pas de lait, mais de l'eau de riz, tant que la diarrhée persiste. Comme nourriture, du riz à l'eau.

Comment préparer de l'eau de riz ? Déposez deux cuillerées à soupe de grains de riz dans un demi-litre d'eau froide. Lorsque les grains sont bien gonflés, ajoutez un demi-litre d'eau bouillante et laissez bouillir durant une vingtaine de minutes. Passez au fin tamis et recueillez l'eau de riz dans un récipient. Cette préparation ne peut pas être conservée plus de vingt-quatre heures.

Parmi les médicaments susceptibles de donner des résultats, signalons le blanc d'œuf cru (une cuillerée à café toutes les trois heures), la poudre de charbon de bois (une demi-cuillerée à café dans un peu d'eau).

Evitez par la suite de servir à votre chat une nourriture indigeste et des repas copieux.

ENTORSE

L'entorse est due au déplacement momentané de surfaces articulaires et éventuellement à une déchirure partielle des ligaments. La cause en est due à un effort ou à des chocs et violences extérieures.

L'entorse provoque un gonflement rapide de l'articulation blessée. Celle-ci devient sensible, douloureuse même et chaude. Le blessé boîte lorsqu'il se déplace.

Le traitement consiste en bains chauds salés. Lorsque la douleur s'atténue, l'on peut masser légèrement l'articulation avec de l'huile camphrée. Evitez au chat des mouvements douloureux. Tenez-le si possible au repos.

En règle générale, les surfaces ont repris leurs rapports normaux.

Même convenablement traitée, une entorse peut donner lieu, ultérieurement, à de l'arthrite aiguë.

ENTROPION

Il s'agit d'un renversement, à divers degrés, de la paupière, en dedans de l'œil.

Cette affection doit être traitée par le vétérinaire. Elle est souvent la séquelle de la gale ou de l'eczéma des paupières.

EPILEPSIE

Il s'agit d'une affection chronique qui se traduit par des convulsions avec la perte de la connaissance et de toute sensibilité.

Les causes peuvent en être inconnues. Elles sont dues généralement à des formes variées d'intoxication ou encore à des parasites dans les méninges, dans l'oreille ou dans l'intestin.

Les crises viennent sans que l'on puisse les prévoir. Leur durée est généralement de l'ordre de 4 à 5 minutes et plus rarement de 15 à 20 minutes.

Le chat est pris de tremblements. Il tombe raide sur le sol et il est secoué de convulsions. Les yeux lui sortent de la tête et la pupille est dilatée. Il claque des dents et de la salive ou de la bave lui sort de la bouche. Les pattes deviennent raides. L'urine ainsi que les excréments peuvent être expulsés. Après la crise, le malade s'apaise et il revient à l'état normal.

EXANTHÈME PITYROÏDE

Il s'agit d'une éruption de la peau consécutive à une auto-intoxication. On voit apparaître de petites croûtes circulaires de 1/2 à 2 millimètres de diamètre, localisées sur le dos de l'animal, les cuisses, la gorge et le menton.

Ces croûtes sont minces, plates, brunes et les poils peuvent passer au travers. Ces derniers ne tombent pas et le prurit est peu violent. Un autre symptôme apparaît également : c'est la diarrhée et il se produit de la fermentation. Le sujet devient plus rarement constipé. Le ventre est ballonné après chaque repas.

Le traitement consiste en des soins de propreté. Ne pas enlever les croûtes adhérentes ; elles doivent d'elles-mêmes s'effacer. Surveillez les troubles digestifs et agissez sur le régime alimentaire. Si le malade supporte difficilement le lait, remplacez-le par un bouillon de légumes.

FIBROMES

Ce sont des tumeurs bénignes qui se localisent généralement sur la peau ou le tissu conjonctif. Leur croissance est lente.

Ils sont éliminés par une petite intervention chirurgicale.

FISTULES

Les fistules sont des plaies cutanées étroites et suppurantes qui ne parviennent pas à se cicatriser.

Les fistules de la face sont généralement dues à une nécrose du maxillaire réagissant à une infection dentaire.

Les fistules de la gorge ou du cou sont d'origine tuberculeuse.

On observe généralement des plaies fistuleuses dues à la pénétration de corps étrangers et qui sont restés dans la plaie.

FISTULES DENTAIRES

Les fistules dentaires peuvent avoir pour cause principale une irritation de la pulpe de la dent. Elle est due à l'écrasement d'un corps dur, un os par exemple, que l'animal veut broyer.

La pulpe s'enflamme alors et provoque de l'alvéolite. L'infection survient avec production de pus, provoquant un abcès sous la peau. Il se produit une plaie fistuleuse, par laquelle s'écoule le pus et qui vient aboutir à la racine de la dent. Celle-ci devient sensible à la percussion et les gencives s'enflamment.

Il faut faire extraire la dent et désinfecter la plaie.

FRACTURES

Les fractures sont simples lorsque l'os n'est brisé qu'en un seul endroit. Elles sont dites multiples quand l'os porte plusieurs traits de fracture. Les fractures sont comminutives lorsqu'il y a plusieurs fragments d'os ou esquilles. Elles sont ouvertes quand, en plus des fractures, une plaie fait jaillir l'os fracturé vers l'extérieur.

Les fractures sont généralement causées par des accidents ou des violences en provenance du milieu extérieur.

Lorsque les os ont tendance à se décalcifier, comme dans la vieillesse ou au stade de la prime jeunesse, lorsque les chatons sont atteints de rachitisme, les cas de fractures ne sont pas rares.

Elles se traduisent par une vive douleur, une déformation de la patte, ou un gonflement. La mobilité du membre est anormale. Il peut être raccourci et il y a suppression de l'appui. Lorsqu'il y a fracture de la colonne vertébrale, il apparaît des paralysies.

Certaines fractures simples peuvent guérir spontanément, mais il est préférable de bien les traiter pour éviter une mauvaise soudure : l'animal risque de boiter le reste de sa vie.

Le principe de la réduction des fractures est la remise des abouts en rapports normaux. Puis on immobilise le membre, dans sa bonne position, par un plâtre. Celui-ci peut être préparé de différentes façons, soit à l'aide d'attelles en carton reposant sur une épaisse couche de coton et fixées à l'aide de bandes, soit au moyen d'une bande de tarlatane enduite de silicate de potasse et de plâtre à modeler.

Les chats, en règle générale, supportent mal ce traitement, qui doit durer de trois à quatre semaines. Lorsque les douleurs persistent et que l'appétit disparaît, c'est qu'il y a une complication. Il est alors nécessaire d'enlever le plâtre pour voir s'il ne cache pas éventuellement une plaie non cicatrisée et suppurante. Les sulfamides et antibiotiques rendent la tâche plus aisée au vétérinaire.

FUNICULITE

Il s'agit de l'inflammation du cordon testiculaire. C'est une séquelle éventuelle de la castration. La funiculite se manifeste par une suppuration ainsi que par l'apparition d'une petite tumeur sous le scrotum.

Nettoyez la plaie et touchez-la à la teinture d'iode. S'il n'y a pas d'amélioration, il faut faire pratiquer une légère intervention par le vétérinaire.

GALES

Il y a chez le chat deux formes de gale : la gale sarcoptique et la gale auriculaire.

Disons immédiatement que les animaux souffrant de ces affections doivent être isolés tandis que les objets qui sont en contact avec eux, comme coussins, couvertures, etc., sont à désinfecter.

- *La gale sarcoptique* est facile à guérir à la condition d'être prise à ses débuts. Cette forme de gale se transmet à l'homme. Parmi les premiers symptômes, on note un prurit plus ou moins violent, qui donne naissance à des croûtes dures, grisâtres. Elles agglutinent les poils et ceux-ci tombent assez rapidement. La gale sarcoptique commence généralement à la nuque et s'étend au front, aux oreilles puis à toute la tête, sans dépasser pratiquement le cou. Elle atteint principalement les mâles non castrés. Ensuite, la peau s'épaissit et elle devient dure et plissée. Elle peut même se crevasser et s'infecter.

Dans sa phase critique, le chat s'affaiblit. Il est abattu, triste et il prend un aspect repoussant. Il succombe finalement par épuisement.

Le traitement est simple. Enlevez les croûtes par un lavage à l'eau tiède. Appliquez ensuite sur la région atteinte, après avoir bien séché l'animal, un produit insecticide non toxique. Nettoyez la tête au bout de huit jours et renouvelez le traitement si nécessaire.

- *La gale auriculaire* est localisée dans le conduit auditif externe. (traité au mot « Otite externe »). Elle entraîne un prurit assez violent qui oblige le chat à se gratter. Il secoue la tête et il s'écoule de l'oreille un cérumen très brun.

Cette affection peut déterminer des troubles nerveux, et parfois des crises épileptiques.

Nettoyez les oreilles à sec pour enlever le cérumen qui contient les parasites. Versez, par exemple, de la glycérine iodée ou un produit insecticide non toxique dans le conduit auditif.

GASTRO-ENTÉRITE

Il s'agit d'une inflammation de la muqueuse de l'estomac et de l'intestin, dont les causes peuvent être diverses. L'animal a pu ingurgiter des aliments indigestes irritants, trop abondants ou encore des corps étrangers. La gastro-entérite peut être également provoquée par des aliments avariés, de l'eau corrompue ou venir compliquer une maladie infectieuse. Son apparition peut être favorisée par une mauvaise dentition. Il est parfois difficile de la distinguer du typhus. Les chatons sont plus particulièrement affectés par cet maladie.

On observe chez l'animal de la tristesse et de l'agitation. Il se relève fréquemment et fait entendre des plaintes. Il ne mange plus mais sa soif est ardente. Les vomissements sont fréquents, glaireux, bilieux et même sanguinolents. L'haleine devient fétide et la température peut s'élever jusqu'à 40° C.

On note d'abord de la constipation puis de la diarrhée. Au toucher, le ventre est dur, rétracté et les pressions exercées sont douloureuses. Le chat malade se couche sur le ventre et il recherche un carrelage frais. Dans certains cas, le sujet peut présenter de la stomatite ulcéreuse ou même, à la longue, une gangrène de la langue. Certaines formes graves peuvent se compliquer et la mort peut survenir, après coma ou dans un accès épileptiforme.

Les antiseptiques intestinaux rendent, bien entendu, de grands services, mais ils vont parfois à l'encontre du but recherché. Ne perdons pas de vue que la gastro-entérite est généralement consécutive à une alimentation irrationnelle. Sa guérison est donc moins une question de médicaments que de régime.

Il faut donc combattre en premier lieu les vomissements en supprimant toute alimentation solide et en ne donnant comme nourriture que de l'eau de riz additionnée d'un tiers d'eau de Vals ou de bicarbonate de soude.

Donnez avant chaque repas une cuillerée à café de 1 gramme de citrate de soude mélangé à 50 grammes d'eau distillée.

Quand les vomissements ont disparu, faites prendre à votre chat du bouillon de légumes (comme dans le cas d'ulcération de l'estomac) ou de céréales. Voici comment le préparer : dans 2 litres d'eau, faites bouillir 20 grammes des ingrédients suivants, blé, orge, avoine, seigle, maïs. Après trois heures, passez au fin tamis et ramenez, si nécessaire, à un demi-litre en ajoutant de l'eau bouillie.

Cette décoction de céréales, comme les bouillons de légumes, doit être préparée chaque jour.

Surveillez l'évacuation régulière de l'intestin. S'il y a constipation, administrez un lavement composé de 5 gouttes de glycérine et de 5 c.c. d'eau bouillie. Vous pouvez lui donner aussi de 5 à 10 grammes d'huile de paraffine.

Pour combattre la diarrhée, faites-lui prendre un comprimé de Lactéol.

Par la suite, surveillez son alimentation et ne remettez l'animal que progressivement au régime normal.

Attention ! Après une amélioration, la gastro-entérite aiguë peut devenir chronique. Il devient alors très difficile de guérir le chat atteint de cette maladie.

GINGIVITE

Il s'agit d'une inflammation des gencives causée, en règle générale, par la formation du tartre dentaire.

La gencive devient tuméfiée, saignante et les dents peuvent même se déchausser. La mastication est évidemment gênée et la bouche dégage une odeur fétide.

Si vous le pouvez, enlevez le tartre dentaire avec une petite curette. S'il est trop adhérent, touchez-le deux fois par jour avec une solution d'acide chlorhydrique à 1 %. Faites ensuite, sur la gencive, des applications de teinture d'iode.

HÉMORRAGIE CÉRÉBRALE

Elle peut provenir au cours d'une congestion cérébrale, suite à une lésion d'un vaisseau ou un traumatisme.

La respiration se ralentit, les yeux se retournent, le pouls faiblit.

Le traitement est aléatoire. Il faut résorber le caillot.

HYSTÉRIE

Il s'agit d'une affection nerveuse que l'on rencontre surtout chez les femelles, et plus rarement chez les mâles.

Elle apparaît le plus souvent au moment du développement sexuel de l'animal. L'hérédité semble jouer un rôle dans cette affection.

L'on remarque des crises nerveuses, sans raisons apparentes. L'animal se montre inquiet et il se cache ou il mord et griffe ce qu'il rencontre. La chatte peut prendre les attitudes du coït. La crise est généralement de courte durée et elle est suivie d'une période d'abattement.

On peut donner des calmants, comme du bromure de potassium. Conduisez le chat chez le vétérinaire pour une castration ou faites féconder la chatte.

ICTÈRE ou JAUNISSE

Celui-ci est caractérisé par la coloration jaune des muqueuses et souvent de la peau, due au passage dans le sang des matières colorantes de la bile.

Il s'agit, le plus souvent, d'une complication suite à une maladie infectieuse, d'une gastro-entérite ou d'une maladie du jeune âge.

La plupart du temps, cette maladie se manifeste par de l'inappétence. Viennent ensuite des vomissements, accompagnés d'une soif intense. Les urines deviennent foncées et les excréments sont décolorés. Le chat est alors déprimé, il somnole et il maigrit rapidement. Faites intervenir le vétérinaire de toute urgence.

Tenez le malade au chaud et ne lui faites prendre, comme nourriture, que du lait bouilli pasteurisé coupé de moitié d'eau de Vals.

INCONTINENCE D'URINE

Le chat évacue involontairement son urine. Elle peut s'écouler goutte à goutte.

Cette affection peut être causée par des lésions de la vessie, de l'urètre, du vagin et résulter d'une séquelle d'affections comme l'épilepsie ou la méningite.

INDIGESTION

Il s'agit d'un trouble, généralement passager, des fonctions digestives. Celui-ci apparaît un temps variable après le repas. La cause en est soit l'ingestion d'aliments trop abondants, de substances grossières, d'une nourriture avariée, toxique, soit de corps étrangers, soit encore la paralysie des viscères.

Le malade est triste, inquiet et même agité. Il se plaint, se couche, il a des coliques et parfois il salive.

L'affection est généralement bénigne, car le chat vomit facilement. Dès que les nausées apparaissent ainsi que les vomissements, le chat est soulagé.

Si les vomissements tardent à se produire, il convient de les provoquer à l'aide d'un peu de sirop d'ipéca que l'on fait prendre au malade.

Laissez-le à la diète durant quelques jours. Puis, donnez-lui un peu de lait et surtout surveillez sa nourriture.

JETAGE

A l'état normal, le nez du chat demeure humide. Lorsqu'un liquide s'écoule, que l'on dénomme jetage, sa santé peut se détériorer. En effet le jetage, qui peut aller du stade clair au muco-purulent, est le signe d'une infection. Celle-ci détermine un coryza, ou une atteinte des bronches, des poumons (voir « Coryza », « Bronchite », « Broncho-pneumonie »).

LUXATION

Dans la luxation, au contraire de l'entorse, les surfaces articulaires déplacées n'ont pas repris leurs rapports normaux, du fait de lésions ligamenteuses et même osseuses. L'articulation, de ce fait, est déformée et elle présente une mobilité anormale. La blessure est douloureuse.

Appelez le vétérinaire, qui doit réduire la luxation. Il est peut-être nécessaire, après remise en place des os, de les maintenir par un pansement semblable à celui utilisé pour une fracture. L'animal le gardera durant une quinzaine de jours.

Comme pour l'entorse, la luxation, même convenablement traitée, peut donner comme séquelle de l'arthrite chronique.

LYMPHADÉNIE

C'est une affection assez rare des organes lymphoïdes. Elle est de nature infectieuse ou tumorale.

Elle se manifeste par l'hypertrophie des ganglions lymphatiques.

MALADIE DU JEUNE ÂGE

C'est une affection contagieuse due à un virus filtrant.

Les jeunes chats sont fréquemment atteints de ce mal qui peut causer de graves ravages chez les éleveurs.

Il n'est pas toujours facile de l'identifier, car la maladie se manifeste par des symptômes divers et il arrive qu'on la confonde avec des affections bénignes.

La maladie du jeune âge est une infection de l'organisme qui montre des symptômes généraux, précédés d'une éruption, sur la peau, de petites plaques rougeâtres. Les séquelles peuvent compliquer cette maladie, en touchant les voies respiratoires, l'appareil digestif, et provoquer des accidents oculaires et même des phénomènes nerveux.

L'éruption se transforme en pustules qui soulèvent l'épiderme. Elles laissent d'abord écouler une sérosité claire puis un pus liquide. Cette éruption peut évoluer par poussées successives. Les poils s'agglomèrent puis des croûtes grisâtres se forment. La température est peu élevée.

Les complications pulmonaires consistent habituellement en broncho-pneumonie. Au début, dans sa forme respiratoire, le chat est triste, il mange moins bien et il fait de la fièvre. Au bout de deux à trois jours, il montre au nez un jetage mucopurulent de teinte grisâtre. La respiration devient accélérée, sifflante. Le poil est terne, hérissé. Ces symptômes peuvent disparaître après quinze à vingt jours, ou s'aggraver.

Les complications gastro-intestinales se manifestent d'abord par de la tristesse. Le chat est abattu, il manque d'appétit ; sa soif est vive et il présente un état fébrile. Puis viennent les vomissements, la diarrhée fétide et même sanguinolente. Parfois l'ictère se déclare. Il est parfois difficile de distinguer cette affection du typhus.

Une séquelle fréquente est celle des complications oculaires. Les paupières se tuméfient. L'œil larmoie et la conjonctivite se déclare. Elle peut devenir purulente jusqu'à l'ulcération de la cornée et la perforation de l'œil.

Une autre complication grave se traduit par des symptômes nerveux. Il peut y avoir une évolution vers la congestion cérébrale, la méningo-encéphalite et la méningo-myélite. Le chat devient hébété. Il marche en chancelant puis tombe sur le sol. Sa respiration est ralentie en même temps qu'haletante et courte. Les battements de son cœur vont en ralentissant. Sa température s'abaisse et il sombre alors dans le coma. On remarque parfois de la chorée, des crises épileptiques et même des formes de paralysies subites ou progressives.

La marche de l'affection est variable. Votre chat peut succomber en quelques jours. La maladie du jeune âge, dans sa forme aiguë, peut donner des accidents légers ou graves. Dans les complications pulmonaires, les séquelles peuvent être de la bronchite chronique.

Les traitements doivent varier selon les manifestations constatées. Placez le malade au repos dans une pièce chaude. Lavez les pustules, combattez le coryza, allégez la toux et soutenez le malade qui perd l'appétit.

On peut avoir recours à la vaccination préventive mais il n'existe pas encore de vaccin spécifique et sûr.

MAMMITE

La mammite ou inflammation des glandes mammaires vient souvent compliquer la congestion de ces glandes (voir « Congestion des mamelles », lorsque, à la suite de la mise bas, tous les jeunes ont été retirés. Cette affection peut également être causée par de petites blessures qui se sont infectées.

Les mamelles deviennent chaudes, douloureuses. Elles sont tuméfiées et, sous la pression des doigts, elles donnent un lait grisâtre et même purulent. L'animal manque d'appétit et il fait de la fièvre.

L'évolution de cette maladie se caractérise généralement par la formation d'abcès qu'il faut ponctionner dès la formation du pus.

A l'état chronique, le tissu glandulaire devient scléreux et la mamelle, qui est hypertrophiée, demeure dure et fibreuse.

La première opération à effectuer est de désinfecter toutes les plaies éventuelles. Si la chatte nourrit, il est nécessaire de lui retirer ses petits. Il faut la mettre à la diète et lui donner une légère purgation. Si les mamelles sont simplement congestionnées, recourez au traitement indiqué à « Congestion des mamelles », c'est-à-dire que vous appliquez des compresses d'eau blanche. Dans les cas graves, accompagnés de fortes fièvres, usez de sulfamides.

Surveillez la formation des abcès et ponctionnez-les lorsque le pus apparaît. Nettoyez à l'eau oxygénée et touchez avec de la teinture d'iode. Protégez la région à l'aide d'un pansement.

Pourquoi est-il prudent de cesser l'allaitement en cas de mammite ? L'infection peut s'étendre facilement à toutes les mamelles avant d'être décelée par des symptômes.

MÉNINGO-ENCÉPHALITE

Cette affection est caractérisée par l'inflammation des enveloppes de l'encéphale. Elle est provoquée par des traumatismes ou encore elle est une séquelle infectieuse de la maladie du jeune âge. Une suppuration des sinus, des oreilles, des yeux peut s'étendre également jusqu'à ces tissus.

En crise aiguë, on remarque en premier lieu une certaine agitation chez le malade et même une sensibilité excessive. Puis le regard devient hagard, la pupille se rétrécit. Le sujet manque totalement d'appétit. Des nausées apparaissent de même que des convulsions. Le chat atteint de cette affection marche en titubant et enfin des paralysies surviennent avec de fortes fièvres. Le malade devient comateux et il succombe.

La forme chronique donne également des faiblesses aux membres, des convulsions et des paralysies. L'issue est identique.

Dans l'attente du vétérinaire, isolez le malade dans une pièce obscure. Posez-lui des compresses froides sur la tête. Un régime lacté est indiqué. Soutenez le cœur avec du café ou du thé légèrement alcoolisé.

MÉNINGO-MYÉLITE

Affection assez rare des enveloppes de la moelle épinière. Les causes peuvent en être des traumatismes, des infections ou des intoxications.

Le malade souffre de rétention des urines et des excréments. Après un stade d'excitation, il tombe dans le marasme. Des paralysies locales peuvent survenir.

Appliquez des compresses froides sur la colonne vertébrale et administrez un purgatif. A l'apparition des premiers symptômes, calmez le malade et faites venir le vétérinaire.

MÉTRITE

C'est une affection grave. Elle est consécutive à l'inflammation et à l'infection de l'utérus. Elle peut être aiguë ou chronique.

La cause en est la rétention d'un fœtus mort, l'avortement, l'infection du vagin ou un déséquilibre hormonal.

La métrite aiguë se caractérise par un écoulement sanguinolent et fétide, de l'abattement. La fièvre est intense, l'appétit disparaît, les vomissements surviennent, et le ventre est douloureux.

La métrite chronique se traduit par l'écoulement d'un liquide purulent abondant, un ventre qui augmente de volume et qui devient très douloureux. L'appétit disparaît et le sujet maigrit et finit par succomber à la cachexie.

Pour soulager l'animal, appliquez dès le début de la crise des compresses chaudes sous le ventre. Les sulfamides et les antibiotiques, au début de la maladie, sont recommandés. Soutenez les forces de la malade en donnant du café ou du thé additionnés d'un peu d'alcool.

Le traitement chirurgical consiste en l'hystérectomie. Cette partie clinique est le meilleur traitement si elle est pratiquée à temps. En même temps que la matrice, le vétérinaire enlèvera aussi les ovaires, de telle sorte que la chatte sera désormais à l'abri de tous ennuis génitaux.

MYOCARDITE

C'est l'inflammation aiguë ou chronique du muscle cardiaque.

La myocardite se manifeste par un pouls puissant, souvent très irrégulier, et une respiration accélérée. Puis les battements du cœur s'affaiblissent. Le plus souvent, le pouls s'efface et la dyspnée augmente, avec la mort comme conséquence.

Dans sa forme chronique, l'affection peut se présenter d'emblée ou encore être la suite d'un accès aiguë après guérison probable. Le malade est essoufflé, avec des palpitations cardiaques. La mort survient généralement par cachexie ou syncope cardiaque.

Il faut combattre les lésions, traiter la cause qui est souvent infectieuse et soutenir le cœur par des tonicardiaques légers.

NÉPHRITE AIGUË OU INFECTION DES REINS

L'origine de cette affection est infectieuse. Elle survient au cours de la maladie du jeune âge, d'une broncho-pneumonie, etc. Cette inflammation aiguë du rein peut aussi être consécutive à des traumatismes de la zone rénale, à la congestion de l'organe.

Le malade devient triste, n'a plus d'appétit ; il subit des coliques et il est pris de vomissements. Les mouvements des membres postérieurs deviennent difficiles. Les mictions sont fréquentes, souvent très abondantes. L'urine s'épaissit et elle est souvent colorée de rouge. Le ventre gonfle, la respiration s'accélère, l'inappétence apparaît et le malade maigrit.

Lorsque le rein n'excrète plus l'urée hors de l'organisme, l'urémie se déclare.

Dans l'attente du vétérinaire, tenez l'animal au chaud et mettez-le à la diète. Faites-lui prendre aussi des infusions de thé et posez-lui des compresses chaudes sur les reins. On administrera des antiseptiques urinaires à dose modérée.

Après la guérison, continuez durant un certain temps un régime alimentaire pauvre en protéines.

NÉPHRITE CHRONIQUE DU REIN

C'est une affection assez fréquente. Elle peut provenir d'une crise de néphrite aiguë mal soignée, mais le plus souvent elle est due à un régime alimentaire défectueux, soit que vous ayez donné trop de viande à votre chat, soit qu'il ait ingurgité des aliments avariés.

Cette maladie est à évolution lente et insidieuse. La néphrite chronique du rein peut aussi être la conséquence d'affections pulmonaires, cardiaques ou de la tuberculose.

Les symptômes sont très vagues. Le pouls est accéléré, tendu et le malade est vite fatigué. Il devient très sensible au froid. De petits saignements de nez apparaissent. Le taux d'albumine est en augmentation. Les émissions d'urine deviennent plus abondantes alors qu'au début de la crise elles ne l'étaient pas. Dans les cas graves, il apparaît des œdèmes, des vomissements et de la diarrhée. L'animal maigrit. L'arrière-train se voûte lorsque le malade se déplace et des douleurs sont ressenties dans la région des reins.

Même traitement, mais activé, que pour l'affection aiguë.

ŒIL

Lorsque le chat est maintenu dans de bonnes conditions d'hygiène, il souffre rarement des yeux. Malgré de bons soins, il n'est pas à l'abri d'accidents (traumatismes) et les chatons sont plus ou moins sensibles à la conjonctivite, à l'ophtalmie et autres inflammations.

L'œil est un organe très délicat et le traitement ne peut en être confié qu'à un vétérinaire.

Dans toutes les affections des yeux, il convient de garder le sujet dans une pièce peu éclairée. Ceci hâte la guérison.

Pour verser des gouttes dans l'œil, c'est-à-dire instiller du collyre, il faut tenir bien ouvertes les paupières du chat. Le liquide est versé goutte à goutte au centre du globe de l'œil, de telle sorte qu'il soit rempli. Avant d'appliquer un médicament, lavez toujours les yeux soit avec de l'eau boriquée tiède, soit avec un produit comme l'Ocal. N'utilisez jamais deux fois le même morceau de coton hydrophile.

Après le traitement, appliquez un peu de vaseline sur les paupières pour éviter les gerçures.

ŒSOPHAGISME

C'est un spasme déterminant une contraction des muscles de l'œsophage et qui empêche la déglutition des aliments.

Ce spasme est souvent provoqué par une blessure à l'œsophage, soit par une arête, soit par une esquille d'os.

OPHTALMIE INFECTIEUSE ET PURULENTE
ou PANOPHTALMIE

Cette maladie affecte surtout les chatons dont la mère est atteinte d'une infection comme le coryza. L'inflammation des yeux est très contagieuse. Elle se développe généralement au cours des trois premières semaines de la naissance. Il est difficile d'établir un diagnostic certain, puisque les chatons n'ouvrent pas les yeux avant le temps prévu par la nature.

Il arrive cependant que l'on constate que leurs paupières sont épaisses, gonflées et qu'elles laissent écouler une matière purulente d'une teinte blanc jaunâtre. Si l'on écarte les paupières de force, le pus s'écoule et la conjonctive apparaît très rouge.

Si l'affection est négligée, la cornée commence à se troubler. Puis elle s'ulcère et l'œil est perdu s'il y a perforation.

Tout traitement ne peut être efficace qu'à la condition suivante : une cornée intacte. Sinon, il faut énucléer l'œil.

Pour prémunir les chatons contre cette maladie, il faut donner à la mère porteuse d'infection chronique des antibiotiques ou sulfamides. Pendant et après l'accouchement, continuez ce traitement.

Dès la naissance, essuyez les yeux des chatons avec du coton hydrophile et instillez dans chaque œil une goutte de collyre. Pratiquez chaque jour un lavage de l'œil.

OTITE EXTERNE

Cette affection est déterminée par l'inflammation du conduit auditif externe.

Elle est souvent provoquée par une localisation de l'eczéma (voir ce mot). La cause peut aussi être d'origine parasitaire (voir « Gales ») ; l'affection peut consister également en une manifestation d'arthritisme, ou bien être due à un dépôt important de cérumen.

Au stade de l'otite aiguë, l'oreille devient chaude, rouge et elle est sensible à sa base. Il y a un écoulement plus ou moins purulent. Le malade se gratte et il peut y avoir perforation du tympan.

L'otite chronique ou catarrhe auriculaire est une maladie très tenace. Elle se traduit par l'épaississement de la base du conduit auditif avec écoulement purulent et quelquefois apparition d'ulcères.

Vérifiez si l'affection n'est pas d'origine parasitaire.

Savonnez à l'aide d'un savon à la glycérine puis nettoyez l'oreille avec des lotions chaudes légèrement antiseptiques ou avec un peu d'eau boriquée tiède.

Déposez ensuite dans l'oreille quelques gouttes de glycérine iodée.

Surveillez l'alimentation si celle-ci est cause de l'eczéma. Réduisez la teneur en viande de la ration alimentaire et préparez un régime lacté.

PARALYSIE

Les muscles ne peuvent plus se contracter et il y a également abolition de la sensibilité. Les paralysies sont déterminées par des lésions des nerfs, de la moelle épinière ou de l'encéphale.

Lorsqu'il existe des lésions cérébrales (hémorragies, ramollissements), les paralysies siègent du côté opposé à la lésion. Elles s'accompagnent de troubles moteurs et sensitifs. Ceux-ci sont localisés dans la tête ou dans une moitié latérale du corps.

Les lésions du cervelet donnent une mauvaise coordination des mouvements. C'est ainsi que le chat peut avoir une démarche titubante.

Lorsqu'il y a lésion de la moelle épinière, la paralysie se porte sur les membres postérieurs.

Quand la lésion est limitée, un seul membre peut être paralysé ou simplement un seul groupe de muscles. C'est d'ailleurs également le cas pour la lésion d'un seul nerf.

PARASITES DU FOIE

On peut trouver dans le foie des embryons d'*Ollulanus tricuspis* et dans la vésicule ainsi que dans les conduits biliaires des douves et l'*Amphistoma truncatum*.

On remarque chez le sujet de la faiblesse, de l'amaigrissement et des symptômes d'anémie. Cette affection est très rare de nos jours.

PARASITES INTESTINAUX

On peut rencontrer dans l'estomac ou l'intestin du chat un certain nombre de vers capables de déterminer à la longue des diarrhées, des accès épileptiques, une rétraction de l'abdomen et un amaigrissement progressif. L'appétit est en effet irrégulier. En outre, ces vers sont la cause de démangeaisons autour de l'anus et l'animal se gratte. Autres symptômes : diarrhée ou constipation et, parfois même, nausées et vomissements.

- *Le gnathostome robuste* est un petit ver cylindrique de 15 à 25 millimètres, dont le siège est l'estomac et qui est enfermé dans de petites tumeurs communiquant avec cet organe par une ouverture étroite.
- *L'ollulan à trois pointes* est un nématode de 1 millimètre environ et qui se trouve dans la muqueuse de l'estomac. Ce ver donne des embryons qui s'enkystent dans les plèvres, le foie, le diaphragme et le poumon en formant de petites tumeurs. D'autres embryons sont expulsés par les selles. Ils peuvent être ingérés par de petits rongeurs en s'enkystant dans leurs muscles. C'est de cette façon que les chats sont souvent contaminés.
- *L'ascaride* se trouve dans l'intestin grêle et fréquemment chez les chatons. Il s'agit d'un ver rond à tête recourbée, au corps blanchâtre et long de 4 à 10 centimètres. En se pelotonnant, ce ver peut obstruer l'intestin, y déterminer des perforations ou remonter dans l'estomac.

Dans nos régions, c'est le ver le plus répandu et le plus dangereux. En effet, son nombre est souvent très élevé et la contagion est directe. En outre, il contient une toxine qui peut déterminer de l'épilepsie.
- *L'ankylostome trigonocéphale* est un petit ver blanchâtre ou rougeâtre de 10 à 20 millimètres de long. Il est cylindrique et grêle. En se nourrissant du sang de l'animal, il est la cause d'anémie par saignements intestinaux.
- *Le ténia à cou épais* est un ver plat assez commun de 35 à 60 centimètres de longueur, pourvu d'une grosse tête, se prolongeant sans étranglement par un cou aussi large.

Il provient du cysticerque fasciolaire qui se rencontre dans le

foie des rongeurs. Il n'est pas dangereux et se diagnostique facilement par le fait que le chat en excrète des petits morceaux de plus ou moins un centimètre tout au long de la journée. Ces morceaux de vers sèchent et s'agglutinent dans les poils autour de l'anus.
- *Le ténia elliptique* se rencontre aussi dans les intestins. Il mesure de 10 à 30 centimètres de longueur sur 3 millimètres de large.
- *Le ténia échinocoque* est très difficile à reconnaître par le fait qu'il s'enfonce dans la muqueuse et qu'il n'a que 3 à 4 millimètres de long avec quatre anneaux.
- *Le ténia botriocéphale* est un ver plat à tête large de 15 à 22 centimètres de long. Les œufs, expulsés avec les excréments, vont éclore dans les eaux en donnant des embryons. Absorbés par les poissons, ils peuvent contaminer les animaux.

L'examen des débris rejetés avec les excréments suffit, en règle générale, pour être fixé sur le type de parasite. C'est d'ailleurs essentiel pour déterminer le traitement et éliminer toute forme de contamination.

Les traitements varient selon que l'on se trouve en présence de vers ronds ou plats. Dans tous les cas, il convient de prévenir le vétérinaire. En attendant sa visite, mettez l'animal à la diète.

Comme traitement, on utilise l'arécoline, par exemple, pour les vers plats et, pour les vers ronds, la pipérazine. Il existe d'excellentes spécialités en gouttes ou en comprimés qui ne nécessitent pas toujours la purgation.

PARASITES DU POUMON

Se situant dans la circulation générale du sang, certains parasites peuvent atteindre le tissu pulmonaire et s'y arrêter. Disons qu'il s'agit d'affections rares chez les chats et souvent mal diagnostiquées.

C'est ainsi que l'on a signalé une sorte de bronchite vermineuse ou pseudo-tuberculose. Cette affection se traduit par la formation de granulations dans le poumon. Celle-ci est déterminée par l'enkystement d'embryons de l'*Allulanis tricuspis*.

Le chat a des accès de toux avec des vomissements. Il devient triste, maigrit et son poil se hérisse. Survient alors de la diarrhée et le malade succombe. En effet, la guérison de cette maladie est aléatoire.

D'autres auteurs spécialisés ont décrit une pneumonie vermineuse qui se caractérise par des foyers de pneumonie purulente miliaire, par des œufs ou des embryons de strongles.

L'on a aussi trouvé un petit ver de 16 à 80 millimètres de long dans la cavité pleurale du chat. Il s'agit du cysticerque.

PARASITES DU SANG

Dans nos régions tempérées, ces affections sont très rares. Elles sont, par contre, assez répandues dans le bassin méditerranéen ainsi qu'en Afrique.
- Citons d'abord le *surra*. Il s'agit de l'arrivée dans le sang de l'animal d'un trypanosome. Il se remarque par des œdèmes du cou et de la face, puis par des troubles oculaires. L'animal maigrit petit à petit. Cet affaiblissement se complique bientôt de parésie. Un autre symptôme : l'hypertrophie de la rate. L'issue est généralement fatale.
- La *leihmaniose* est aussi très rare. C'est une affection généralisée, qui a pour cause l'envahissement de l'organisme par un protozoaire. C'est la puce qui pourrait être l'agent de liaison des animaux à l'homme. On remarque une anémie progressive avec apparition de petits ulcères à la bouche, au nez et sur les paupières du sujet.

PERFORATION DE LA VOÛTE PALATINE

Il s'agit d'une malformation congénitale, due généralement à des croisements consanguins. Il s'agit d'une ouverture de dimensions variables au niveau du sillon médian du palais. Cette perforation amène une gêne dans la déglutition. En effet, les aliments peuvent passer par les fosses nasales et être rejetés par le nez.

Seule une opération délicate peut remédier à cette difformité. Il est cependant conseillé d'éliminer à jamais les sujets atteints lorsqu'on se destine à la reproduction.

PÉRICARDITE

Cette affection est une inflammation de la séreuse externe du cœur. Elle est soit aiguë, soit chronique. Elle est due le plus souvent à des microbes qui se localisent au cours de diverses maladies infectieuses, comme la maladie du jeune âge, la pneumonie ou la tuberculose.

Lorsque la péricardite est aiguë, le malade faiblit. Il est sujet à l'anxiété. Sa respiration devient difficile. Il se nourrit d'une manière irrégulière. Une matité se produit dans la région cardiaque, indiquant le niveau de l'épanchement.

Dans sa forme chronique, qui peut d'ailleurs survenir après un accès de péricardite aiguë, les symptômes sont très difficiles à remarquer. Le sujet maigrit et son appétit disparaît peu à peu. La respiration devient irrégulière et le pouls est faible. La zone de matité s'étend et des œdèmes apparaissent aux membres. Une diarrhée chronique peut se présenter avant la disparition du malade.

PÉRITONITE AIGUË

Elle est due le plus souvent à des tumeurs, des traumatismes ou à la tuberculose du péritoine. Elle peut accompagner toute autre infection.

Il y a perte d'appétit, et abattement du sujet. Viennent ensuite des vomissements, des douleurs au ventre et de la diarrhée. La marche du malade est excessivement pénible. Notez aussi une déformation du ventre.

Le vétérinaire seul peut sauver l'animal.

PÉRITONITE À VIRUS

Il existe aussi chez le chat une péritonite à virus dont le mode de contagion n'est pas connu mais qui ne présente jamais un caractère épidémique. Le pronostic de cette maladie est très sévère.

PLAIES

Les plaies sont des lésions traumatiques avec coupures ou déchirements des tissus.

Les plaies superficielles restent limitées à la peau ou aux muqueuses. Les plaies profondes intéressent les couches épaisses des tissus. Les plaies pénétrantes aboutissent aux cavités articulaires ou splanchniques.

Il existe donc une grande variété de plaies, surtout si l'on ajoute aux précédentes celles qui sont dites simples, dont les bords sont à peine meurtris et salis, et les palies compliquées, lorsque les bords sont arrachés et souillés. On peut rencontrer également des plaies hémorragiques, lorsqu'une artère ou une veine est ouverte.

Lorsque les lèvres de la plaie sont nettes et régulièrement écartées, on diagnostique une coupure. Lorsque la plaie est étroite et profonde, il s'agit d'une piqûre. Les plaies contuses ont des bords irréguliers et touchent non seulement la peau, mais les tissus sous-jacents. Des piqûres multiples, avec lacération des tissus, sont des morsures.

Les plaies superficielles, peu étendues, sont désinfectées à l'alcool, à la teinture d'iode et à l'eau oxygénée. Il est recommandé de couper les poils aux alentours. Veillez à ce qu'ils ne s'introduisent pas dans les plaies, car ils pourraient y provoquer de l'infection.

Lorsque la coupure est sérieuse, profonde, il faut s'adresser, de toute urgence, au vétérinaire. En effet, celui-ci devra faire des points de suture ou poser des agrafes.

Recouvrez les plaies de pansements stérilisés après y avoir mis une poudre antiseptique.

Les blessures pénétrantes du thorax et de l'abdomen demandent l'appel immédiat du vétérinaire.

Les plaies contuses doivent être nettoyées parfaitement et débarrassées des lambeaux de peaux mortes ou de corps étrangers.

PLAIES ARTICULAIRES

Les plaies des articulations sont toujours graves, car elles peuvent se compliquer de lésions des tendons, des articulations avec épanchement de synovie.

Ces plaies présentent d'abord les caractéristiques ordinaires. Mais bientôt un pus jaunâtre et visqueux s'écoule, par suite de l'épanchement de synovie. Lorsque l'inflammation gagne l'articulation, la région se tuméfie et devient très douloureuse. Il peut se former des fistules et la fièvre apparaît. L'arthrite traumatique peut donner l'ankylose de l'articulation. L'état général de l'animal peut devenir inquiétant, car son appétit disparaît. Le décès risque d'advenir par septicémie.

Il faut donc redoubler les soins, donner au sujet blessé des sulfamides ou des antibiotiques et lutter contre l'infection.

PLEURÉSIE

Il s'agit d'une inflammation de la plèvre dont les causes peuvent être un refroidissement prolongé, des états infectieux divers comme la maladie du jeune âge, la tuberculose, ou encore une blessure au thorax.

C'est une maladie grave, dont le chat guérit difficilement.

L'animal est abattu, affaibli et il fait une nette poussée de température. Si l'appétit manque, par contre la soif devient intense. La respiration est profondément gênée par la douleur et le sujet émet une toux sèche. A la percussion, on note une matité dans les régions inférieures de la poitrine. Le pouls devient très faible.

PNEUMONIE

C'est une affection assez fréquente chez le chat. Elle accompagne souvent la bronchite ; on parle alors de broncho-pneumonie. La pneumonie est causée par un microbe ou un virus.

Le chat est très abattu, avec une forte fièvre. Il n'a plus d'appétit, sa soif est intense et la cadence de sa respiration s'accélère. Il a une toux pénible et même douloureuse. Vient ensuite un jetage sanguinolent. L'auscultation enregistre des râles et la percussion montre de la matité d'un ou des deux côtés.

Le traitement demeure pratiquement identique à celui de la broncho-pneumonie, à savoir : calmer la toux, favoriser l'expectoration, faire prendre des sulfamides, de la pénicilline ou autres antibiotiques.

La pneumonie peut se compliquer de pleurésie.

POUX

Malgré les soins attentifs que vous donnez à votre chat, il arrive qu'il soit porteur de ces parasites. Ils déterminent rarement des lésions cutanées. On remarque la présence du parasite ou de ses lentes (œufs) à la base des poils. Ils peuvent cependant causer des démangeaisons.

Pour le traitement, voyez le chapitre traitant de l'hygiène du chat.

Désinfectez également le panier, les coussins ou les couvertures de l'animal. Détachez les lentes en le peignant et en le brossant.

PRURIGO

Cette affection est souvent due à des intoxications et elle se manifeste par de fortes démangeaisons.

Le prurigo se traduit par la venue de petites excroissances coniques, prurigineuses. Cette apparition se produit surtout lorsque l'animal est bien au chaud, près d'une source de chaleur. La localisation du prurigo se fait sur le dos, la queue, les membres, l'aine, le ventre et même la face. Il y a apparition, lorsque l'animal s'écorche, d'un peu de sérosité sanguine, donnant en séchant une croûte très dure et qui adhère aux poils.

La peau est dépilée. Cette affection est assez grave. Il faut calmer le prurit et surveiller le régime alimentaire.

PUCES

Ces parasites se rencontrent tout particulièrement chez les jeunes chats et sur les mères qui nourrissent leurs petits. Les puces piquent les animaux pour se nourrir de leur sang. Le prurit apparaît et les chats se grattent.

Pour le traitement, reportez-vous au chapitre de l'hygiène de votre chat. Rappelons qu'il est nécessaire de laver l'animal puis de lui insuffler, entre les poils, de la poudre de pyrèthre ou un autre insecticide non toxique. Le panier, les coussins et couvertures doivent également être désinsectisés.

RAGE

C'est une maladie contagieuse, même pour l'homme, causée par un virus filtrant.

La rage est moins fréquente chez le chat que chez le chien. Elle ne reconnaît qu'une cause : l'inoculation, soit par morsure, soit par dépôt de la salive virulente sur une plaie. La rage peut être furieuse ou paralytique.

L'absorption du virus est généralement rapide. L'incubation de la rage, très variable, dure le plus souvent de quinze à soixante jours. Il y a eu cependant des exceptions jusqu'à quatre mois et plus.

Les symptômes de la rage sont très divers. Dans sa forme furieuse, elle se caractérise au début par une sorte de tristesse. L'animal est inquiet ou même surexcité. Il s'agite sans cause apparente. Bientôt son appétit diminue, puis il disparaît tout à fait.

Alors ses yeux deviennent menaçants. Il fait des bonds et il déchire tout ce qui est à sa portée. Il devient d'une férocité extrême. Il s'élance sur les animaux et même les personnes, leur sautant sur la face, le cou et les mains, en leur faisant subir des morsures profondes. Vient ensuite le dernier stade : c'est à ce moment qu'il titube, que des paralysies surviennent et que le coma le frappe. La mort est inéluctable, dans les délais de deux à quatre jours après l'apparition des premiers symptômes.

Lorsque la rage est de forme paralytique, le chat commence par boiter, sans raison valable. Puis survient la paralysie du membre atteint qui se généralise et qui évolue très rapidement en deux ou trois jours.

De nombreuses maladies présentent, à première vue, les mêmes symptômes que la rage. Il s'agit, par exemple, des crises nerveuses chez le chaton. Aussi, la première mesure à prendre lorsque l'on suspecte la rage chez le chat, c'est de l'enfermer mais néanmoins de l'observer. Il est impensable de l'abattre sur le champ. Il est en effet de la plus haute nécessité de confirmer le diagnostic, afin de pouvoir — si nécessaire — vacciner toutes les personnes s'étant trouvées en contact avec l'animal depuis quinze jours. Appelez donc le vétérinaire.

L'article 12 du décret du 6 octobre 1904 sur les maladies contagieuses, reproduit par l'article 3 de la circulaire ministérielle du 29 juin 1916, confirmé par l'article 38 du Code rural, paragraphe 2, loi du 21 juin 1898, nous renseigne sur l'attitude à prendre : « Les chats mordus ou roulés par un animal enragé ou ayant été en contact avec lui, sont immédiatement abattus, par ordre du maire. »

Pour voyager à l'étranger ou dans une région où la rage sévit, il est obligatoire de faire vacciner votre chat au moins un mois avant votre départ. Le vaccin n'est pas dangereux et ne provoque aucune réaction. Votre vétérinaire vous donnera tous renseignements concernant la législation particulière du pays que vous comptez visiter.

RESPIRATION

Le facteur « respiration » est très important lors de la recherche des différents symptômes en vue de diagnostiquer une maladie. Les méthodes employées sont l'auscultation et la percussion. Mais il y faut une grande pratique et nous laisserons aux vétérinaires ces méthodes d'investigation.

Toutefois, nous pouvons apprécier le rythme de la respiration. Le rythme normal, que l'on remarque dans les mouvements des flancs de l'animal au repos, est de l'ordre de 25 à 30 inspirations à la minute. Cette respiration, pour un sujet en bonne santé, se fait silencieusement et l'on ne note aucun trouble comme râles ou sifflements.

Un état fébrile amène toujours un rythme respiratoire plus accéléré. Quand la respiration se réduit à un souffle, il y a lieu de s'inquiéter.

RÉTENTION URINAIRE

Le manque d'exercice et la crainte de ne pas être propres prédisposent les chats adultes des villes à cette affection. La distention vésicale finit par entraîner la paralysie de la vessie. D'autres affections peuvent aussi produire cette rétention urinaire, comme le rétrécissement ou la compression de l'urètre, l'hypertrophie de la prostate ou encore des obstacles mécaniques tels la ligature du pénis par des poils feutrés et l'obstruction de l'urètre par des calculs ou des déchets vésicaux.

Le chat a souvent le corps courbé en arc pour provoquer le relâchement des muscles. Il fait entendre des miaulements plaintifs et il lui est difficile de demeurer couché. L'animal devient alors anxieux. La miction est difficile et même impossible, mais le chat essaie continuellement d'uriner. La vessie est douloureuse, distendue et de ce fait très dure.

Le vétérinaire doit être appelé d'urgence. Il vérifiera à la sonde si l'urètre est libre. Il tentera de réveiller les contractions de la vessie par des massages. S'il existe des calculs, il se verra dans l'obligation d'effectuer une urétrotomie ou une cystotomie.

SÉBORRHÉE GRASSE

Les glandes sébacées, dans cette affection, sont atteintes d'une hypersécrétion. La localisation se place dans les parties suivantes du corps de l'animal : cou, dos, lombes, attache de la queue.

Des plis transverseaux apparaissent sur la peau et le poil s'éclaircit. La pression des doigts fait sortir des filets d'un liquide pâteux, blanc et brillant. Le prurit ne fait pas d'apparition.

SOUDURE DES PAUPIÈRES

Les paupières du chat peuvent être soudées par le bord ciliaire. Cette affection peut être incomplète ou complète. Elle est très souvent congénitale.

Le seul traitement possible est une petite intervention chirurgicale destinée à débrider le sillon de soudure.

La soudure de la paupière au globe oculaire est très rare. Elle ne gêne pas la vision. Les causes peuvent en être des traumatismes de l'œil ou l'entropion. L'œil atteint de cette affection s'irrite et il devient larmoyant.

Encore une fois, le traitement se base sur la rupture des adhérences par intervention chirurgicale.

STÉATONÉCROSE

Il s'agit d'une nécrose graisseuse qui se traduit par des taches blanchâtres, sèches, apparaissant sur le mésentère et le péritoine. Elles sont dues à un trouble du métabolisme graisseux supposé d'origine pancréatique.

Cette affection se rencontre chez des sujets assez gras et elle s'accompagne d'altérations du pancréas et du foie.

Le chat souffre de douleurs abdominales, d'inappétence. Il est sujet à un abattement et l'on constate de la fièvre.

Tout traitement est illusoire, même au cas où l'affection est décelée.

STOMATITE

Il s'agit d'une inflammation de la muqueuse des gencives et de la face interne des joues et des lèvres, autrement dit la muqueuse buccale.

Cette inflammation peut être provoquée par l'absorption de liquides ou d'aliments chauds, de produits irritants, caustiques ou encore par la formation de tartre dentaire. Mais, le plus souvent, il s'agit d'une infection microbienne, d'une maladie infectieuse et contagieuse.

La muqueuse devient rougeâtre, congestionnée ou recouverte d'un enduit grisâtre. La mastication devient difficile. La bouche, sèche au premier stade, laisse ensuite couler une salive plus ou moins abondante. Dans les cas graves, des ulcères et même des plaques de gangrène peuvent se déclarer. La douleur empêche l'animal d'absorber sa nourriture et même de boire.

La stomatite ulcéreuse débute au niveau d'une dent cariée ou recouverte de tartre. Elle s'accompagne de la production d'escarres mous, se transformant alors en ulcères, saignant facilement.

Ces ulcères, lorsqu'ils se touchent, donnent de larges plaies, qui peuvent rejoindre les lèvres.

Comme traitement, il faut désinfecter la bouche matin et soir, en y projetant, à l'aide d'une poire ou d'une seringue, une solution antiseptique tiède, par exemple un mélange de 25 grammes de borate de soude et de 500 grammes d'eau bouillie, ou encore, avec la même quantité d'eau, 10 grammes de chloral.

Un traitement complémentaire avec une association de vitamines — spécialement A, B et P — est très bénéfique.

S'il existe des ulcères, il convient de faire intervenir le vétérinaire.

Le point capital est de faire boire et manger le malade. A l'aide d'une cuiller, faites-lui prendre des aliments liquides comme du lait, du bouillon. Un peu de café noir est utile comme stimulant. Ajoutez aux liquides un peu de viande hachée.

TEIGNES

Ces affections sont plus rares que les gales. La cause est due à des champignons, se transmettant par les brosses, peignes ou par contacts avec d'autres animaux, comme la souris. Ces affections peuvent se transmettre à l'homme et inversement.

- *La teigne faveuse* se rencontre généralement à la base des griffes et des pattes du chat, puis aux flancs de l'animal. Elle s'étend en gagnant la tête où elle se localise principalement au front, à la base des oreilles et au nez. Enfin, elle atteint les faces externes des cuisses. Elle forme d'abord des taches isolées et arrondies, dont le contour est en saillie. L'épaisseur des croûtes est variable, leur teinte jaune vire ensuite au brun chocolat pour les plus anciennes. La peau en dessous est lisse, amincie, rouge et parfois ulcérée. Le prurit est faible et l'extension est assez lente.

- *La teigne tonsurante*, assez rare, se détermine par l'apparition, sur les parties du corps, de petites plaques arrondies, qui se recouvrent bientôt d'une croûte jaune ou grisâtre. Le prurit est très léger.

Isolez, en premier lieu, le malade. Désinfectez ensuite ses objets personnels.

Dès apparition des croûtes, enlevez-les à l'aide d'une pince. S'il le faut, ramollissez-les avec de l'alcool salicylé à 5 %.

Faites ensuite des applications d'alcool iodé à 2 %.

Si les plaques sont réduites, touchez-les avec de la teinture d'iode ou une autre préparation fongicide du commerce, après vous être bien renseigné toutefois pour savoir si celle-ci n'est pas toxique pour le chat.

TRAUMATISMES DE L'ŒIL

Ceux-ci sont souvent causés par des coups de griffes. Ils peuvent toucher aussi bien les paupières que la cornée, l'iris ou le cristallin, suivant la gravité des cas.

Les plaies des paupières et de la conjonctive sont souvent peu graves. Reportez-vous à « Contusions de l'œil » pour les premiers soins à donner.

Dans les cas graves, appelez d'urgence le praticien.

TUBERCULOSE

Cette maladie peut atteindre les chats. C'est une affection transmissible à l'homme qui est causée par le bacille de Koch.

Les chats peuvent également être contaminés par l'homme, mais ils sont atteints le plus souvent en ingérant des détritus souillés, des viandes et du lait tuberculeux, ou encore des rongeurs porteurs de bacilles.

Les symptômes peuvent varier suivant les lésions.

Dans le cas de la tuberculose pulmonaire, le chat a peu d'appétit, il maigrit et devient faible. Il émet une toux sèche. Sa respiration est courte. A un stade plus avancé, l'amaigrissement s'accentue, la toux augmente avec des mucosités. L'auscultation fait remarquer des lésions bronchiteuses. La diarrhée fait son apparition, elle devient constante et sanguinolente. Le jetage nasal est abondant en même temps que muco-purulent.

Lorsque la tuberculose est abdominale, il survient une forme d'entérite avec des diarrhées chroniques. L'abdomen se distend.

Cette maladie peut également atteindre les ganglions. Souvent des ulcères se présentent sous la gorge et à la face. Ils s'élargissent au fur et à mesure de l'évolution de l'affection et peuvent même détruire les fosses nasales. On voit aussi survenir des arthrites chroniques, pouvant s'étendre aux membres.

Le vétérinaire, appelé d'urgence, pourra diagnostiquer la tuberculose en constatant, par analyse, la présence de bacilles de Koch dans les expectorations, les jetages, le pus ou les excréments.

Même traité, le chat d'appartement est dangereux pour son

entourage dès qu'il montre la plus petite lésion tuberculeuse. Donc, il y a lieu de suspecter tout chat atteint d'une toux sèche et présentant de la diarrhée ou une supuration chronique, et ce d'autant plus s'il maigrit malgré les soins dont on l'entoure et qu'il montre des plaies au cou et à la face qui n'arrivent pas à se cicatriser.

TUMEURS

Ce sont des amas de tissu de formation nouvelle avec une tendance à s'accroître et à persister. Elles ont pour cause des irritations, des chocs ou des agents infectieux.

Elles varient selon le tissu leur ayant donné naissance.

Les fibromes sont des tumeurs conjonctives, petites, blanchâtres et dures. On répertorie également dans cette catégorie *les sarcomes*, de forme arrondie ou bosselée, croissant rapidement et pouvant transporter par le sang des éléments susceptibles de former à distance d'autres tumeurs. *Les angiomes* sont dus à la multiplication des capillaires sanguins. *Les chondromes* prennent naissance en une prolifération du tissu cartilagineux.

Les tumeurs musculaires portent nom de *myomes* ; ceux-ci se développent à partir des fibres lisses, sans tendance à la prolifération. Dans les tumeurs épithéliales, on rencontre *les adénomes*, qui sont formés par le développement d'une glande. Il y a aussi *les papillomes*, plus communément appelés verrues, qui se rencontrent sur la peau. Enfin, *les épithéliomes* se développent aux dépens des épithéliums de la peau, des glandes ou des muqueuses ; ils ont une nature maligne.

Les tumeurs se retrouvent dans les différentes parties de l'organisme et certaines n'affectent que des organes bien déterminés.

En plus de symptômes locaux, certaines tumeurs malignes s'accompagnent d'un amaigrissement du sujet avec augmentation du volume de l'organe atteint.

Quand les tumeurs ne sont pas malignes, et n'occasionnent aucune gêne ou perturbation de l'organisme, il n'est pas toujours utile de les traiter. Mais, par contre, lorsqu'elles croissent rapidement et qu'elles menacent l'état de santé du chat, il est nécessaire de procéder le plus rapidement possible à leur ablation.

TUMEUR DE L'ŒIL

Recouverte de poils et se trouvant le plus souvent dans l'angle externe de l'ouverture des paupières, cette protubérance cutanée est toujours très vascularisée.

Le seul traitement est son excision.

TUMEURS DES MAMELLES

Les tumeurs des mamelles ne sont pas rares, surtout chez les chattes âgées. Elles sont de natures diverses. Les unes sont bénignes ; elles évoluent lentement et demeurent indolores. Les autres sont malignes ou cancéreuses. Elles s'ulcèrent et amènent des pertes de tissus. Souvent, elles se métastasent vers le poumon d'abord, d'autres organes ensuite.

Le seul traitement est l'ablation.

TUMEURS DE LA PEAU

Elles se rencontrent surtout chez les chats âgés. Elles se présentent sous la forme d'un chancre. Il ne faut pas les confondre avec les tumeurs sous-cutanées, car celles de la peau se propagent par la voie lymphatique et ne sont pas de nature conjonctive.

Le traitement recommandé est l'ablation.

TUMEURS DES REINS

Ces organes peuvent être le siège de diverses tumeurs. Celles-ci peuvent parfois être diagnostiquées par la palpation mais, en général, elles ne sont reconnues qu'après la mort du sujet. Il est difficile, dans ces conditions, d'appliquer un traitement.

TYPHUS

C'est une maladie grave et contagieuse, à évolution rapide et qui atteint surtout les jeunes chats. Son issue est souvent fatale.

Comme premier symptôme, notons que l'animal devient triste, indolent et sujet à l'inappétence. Viennent bientôt des vomissements dont la matière est mousseuse et fétide. La fièvre s'installe et peut aller jusqu'à 40° C et même 41° C. La diarrhée est de règle.

L'état général devient alarmant, la torpeur augmente. La mort peut survenir très rapidement ou endéans les trois à cinq jours. Au-delà de ce terme, le chat est en général guérissable mais il nécessite encore des soins assidus, car le typhus atteint la formation de certains globules blancs qui sont les éléments de défense de l'organisme. D'où le nom de leukopénie infectieuse qui lui est également donné.

Il faut aider le chat atteint de cette affection à surmonter la crise. Tenez le malade au chaud, soutenez le cœur. Le vétérinaire lui donnera des antiseptiques généraux.

Pour éviter cette grave maladie à votre protégé, faites-le vacciner à partir de 2 mois et demi. Il existe différents types de vaccin efficaces dont certains doivent être renouvelés tous les ans.

ULCÉRATION DE L'ESTOMAC

Les corps étrangers, l'ingestion de substances corrosives, certaines maladies comme la tuberculose, peuvent être la cause d'ulcères de l'estomac.

Le chat malade présente les symptômes de la gastrite. Il refuse la nourriture qu'on lui présente ou la rejette immédiatement après l'avoir ingérée. Des nausées apparaissent, s'accompagnant parfois de matières striées de sang. Ces symptômes s'accompagnent d'une diarrhée fétide et les excréments ont une teinte noirâtre, striée également de sang.

Faites appel au vétérinaire et soignez le régime alimentaire de l'animal. Supprimez complètement la viande et donnez-lui comme nourriture du lait et des bouillons de légumes. Nous vous conseillons la préparation ci-après :

Dans 2 litres d'eau que vous laissez bouillir doucement, incorporez 80 grammes de carottes, 60 grammes de pommes de terre ou de navets, 30 grammes de pois secs, de haricots secs. Assaisonnez légèrement. Si nécessaire, ramenez à un demi-litre en ajoutant de l'eau bouillie.

Vous pouvez aussi, de la même manière, préparer un bouillon composé de 60 grammes de carottes, de pommes de terre, de navets, de panais, de poireaux.

Ces bouillons doivent toujours être préparés le matin pour être servis durant la journée.

Les vomissements et les diarrhées seront calmés et soignés par médicaments et des antiseptiques donnés pour l'intestin.

ULCÈRE LABIAL

Sur les lèvres, apparaît une petite plaie grisâtre en forme d'échancrure qui s'étend sans arriver à se cicatriser. C'est un ulcère labial dont la guérison est difficile.

Il est encore appelé improprement « cancroïde des lèvres ». Son siège est souvent la lèvre supérieure, soit vers la ligne médiane, soit sur l'une des parties latérales.

La plaie est d'abord petite et concave, plutôt sèche et grisâtre. Elle s'étend graduellement et l'ulcère entraîne une perte de substance, laissant voir, à la longue, les dents ainsi que la gencive. Quand l'ulcère touche la ligne médiane des lèvres, il peut affecter le nez.

L'ulcère qui rétrograde et guérit ne laisse à la lèvre qu'une toute petite cicatrice. Mais si, malgré les soins, il persiste, les tissus sont lentement creusés. Les douleurs deviennent vives et l'animal maigrit. L'ulcère labial, mal soigné, peut entraîner la mort du sujet.

Cette affection peut être due à des irritations en cours de léchage par la langue : c'est de cette manière que le chat peut s'inoculer d'autres ulcères en divers points sensibles de son corps, comme au ventre et à l'intérieur des cuisses.

Cette maladie est autocontagieuse, non transmissible à l'homme, et l'on semble souvent reconnaître le bacille de la nécrose comme agent actif.

La première chose à faire est d'isoler le malade. Il faut le soutenir par un régime alimentaire riche en protéines animales.

En outre, trois fois par jour, il faut badigeonner l'ulcère d'un produit préparé avec 50 grammes de glycérine et 5 grammes de teinture d'iode. Vous pouvez également faire usage d'une solution alcoolique de violet de gentiane et de « vert brillant » ; cette dernière préparation antiseptique a en effet un goût très amer et, de ce fait, l'animal se lèche moins. La cautérisation à l'aide d'un crayon de nitrate d'argent peut donner d'excellents résultats.

Prévenez de toutes façons le vétérinaire.

ULCÈRES DE LA PEAU

Ils peuvent être d'origine tuberculeuse. Les plaies suppurent. Elles laissent s'écouler un jus sanguinolent, grisâtre et nauséabond.

Des ulcères de nécrose peuvent être la conséquence de morsures profondes. Dans ce cas, ils guériront à l'aide d'un traitement à base d'antibiotiques ou de sulfamides et par des attouchements à la teinture d'iode.

VOMISSEMENTS

Ce sont les premiers symptômes qui caractérisent des troubles stomacaux ou intestinaux.

Il ne faut pas traiter à la légère un chat qui vomit plusieurs fois dans la journée. Si son état général demeure bon et qu'il n'y a pas d'autres symptômes graves, il ne peut s'agir que d'une indigestion. Voyez le traitement à suivre à ce terme.

Mais si l'état général est mauvais, il y a lieu de consulter le plus vite possible le vétérinaire.

Il peut s'agir d'une affection aiguë, surtout si la fièvre se déclare. Il faut craindre le typhus.

VULVO-VAGINITE

Cette affection est causée par l'inflammation du vagin (vaginite) qui s'accompagne souvent d'une vulvite ou inflammation de la vulve. La vulvo-vaginite peut aussi avoir pour cause un accouchement pénible, l'accouplement ou des tumeurs au vagin.

En crise aiguë, les lèvres de la vulve sont gonflées. Il se produit aussi un écoulement sanguinolent qui, par la suite, peut devenir muco-purulent. La miction est douloureuse. A l'état chronique, le gonflement des lèvres est peu prononcé, mais il y a écoulement d'un liquide muco-purulent.

Dans l'attente du vétérinaire, vous pouvez faire à l'animal des injections chaudes d'une solution de 30 grammes d'acide borique pour 1 litre d'eau bouillie.

XVI

La félinotechnie

C'est ainsi que se nomme la science ayant pour objet d'arriver à des races pures, croisées ou non.

Si vous n'avez pas d'ambition pour votre chat et si vous lui accordez le simple rôle de bon compagnon, ce chapitre ne présente évidemment aucun intérêt pour vous.

Par contre, si son origine, sa race sont bien déterminées et si votre chat a certaines capacités, ou que vous avez cru discerner en lui les facteurs qui en font un sujet d'exposition, vous pouvez alors décréter de le présenter à des concours. Comment procéder ?

Un seul conseil utile : inscrivez-vous à un club félin réservé aux seuls représentants de la race de votre chat. Vous pourrez y rencontrer d'abord de nombreux amateurs et professionnels qui sont à même de bien vous conseiller ; de plus, toutes les formalités vous seront facilitées. Sachez aussi qu'avant toute chose votre chat doit être en possession d'un pedigree.

Le pedigree

Il s'agit de l'acte de naissance de votre chat. Tous ceux qui sont de race pure doivent être en possession d'un état-civil et l'arbre généalogique doit remonter à trois générations. Ceci vous permet d'avoir une connaissance précise des reproducteurs et de leur ascendance. Il s'agit d'une donnée essentielle pour la reproduction dirigée.

Seules les Fédérations ou les Associations désignées par elles peuvent établir des pedigrees. Ce sont elles également qui détiennent les registres ouverts aux chats de pure race ou à ceux appartenant à des races en formation ou en voie de reconstitution.

Mais avant d'entrer dans les mystères des L.O. (Livre des origines) et R.I.E.X. (Registre initial et expérimental), faisons un peu d'histoire.

Ce que vous devez savoir

En matière de félinotechnie, ce sont les Anglais qui ont débuté. En effet, c'est à Londres, en 1871, qu'eut lieu la première exposition de chats au Cristal Palace.

En France, c'est en 1926 que le docteur F. Méry, en ce temps secrétaire général de la Société centrale féline, organisa à Paris, salle Wagram, une des premières expositions publiques de chats sélectionnés.

Le mouvement était lancé et l'exemple allait être suivi par la création du Cat Club de Paris.

Le Cat Club de Paris et des Provinces françaises, fondé en 1928, est donc l'un des plus anciens clubs félins après le Governing Council of the Cat Fancy, avec lequel il demeura affilié. Depuis sa fondation, le Cat Club de Paris tient le livre d'origine qui devint, en 1933, Livre de la Fédération féline française. Actuellement les inscriptions comprennent plus de vingt mille chats, tous reconnus de race pure.

La Fédération féline française groupe pratiquement une quinzaine de Clubs spéciaux.

La Fédération internationale féline d'Europe a été fondée en 1949 sur l'initiative du Cat Club de Paris. Elle groupe actuellement treize pays qui, à leur tour, sont représentés par quarante-huit Clubs nationaux. Chaque année, les délégués de ces fédérations se réunissent en Assemblée générale pour examiner leurs problèmes réciproques, qui ont été étudiés par les diverses commissions spécialisées.

Madame P. Hollenstein a succédé, en 1971, à la présidence de la F.I.F.E., à Madame Ravel, présidente fondatrice honoraire.

Comment lire un pedigree ?

Pendant très longtemps, les amateurs n'ont attaché aucune importance à la race d'un chat. D'ailleurs, les propriétaires ne souhaitaient voir qu'une qualité : de l'attachement à leur maître. Actuellement, le félin avec pedigree est de plus en plus demandé.

C'est pourquoi, si l'on vous remet un pedigree, il est important que vous le compreniez. Ci-après, voici un fac-similé d'un tel document.

Dans la partie latérale, voyez l'en-tête de l'organisme qui délivre le pedigree. Vous saurez immédiatement si vous avez en mains un document établi par un Organisme ou une Association reconnus officiellement par la Fédération internationale féline d'Europe (F.I.F.E.). En tête du document se trouve le nom du chat, la race à laquelle il appartient. Sont également mentionnés le sexe, la couleur de la robe (plus ou moins détaillée), la teinte des yeux, la date de la naissance, le nom de l'éleveur qui l'a produit, celui du propriétaire et l'appellation du lieu de production, c'est-à-dire la chatterie.

Le nom du chat est double. Prenons l'exemple : Belle Hélène de Meridor. Dans ce cas, Belle Hélène est le prénom, de Meridor est un affixe ou nom de la chatterie d'un éleveur.

L'affixe est le nom officiel d'une chatterie sous lequel tous les chats qui y naissent sont inscrits. Le nom de la chatterie est une licence accordée à l'éleveur qui en fait la demande à la Fédération. Un affixe déposé au registre tenu par une Société féline est la propriété de l'éleveur. Ce nom ne peut jamais être utilisé par deux personnes différentes et il demeure, en quelque sorte, la marque de fabrique de l'éleveur. C'est une faute grave, qui peut être sanctionnée, que de l'employer pour une autre chatterie.

Dans les élevages bien menés, des règles précises sont appliquées au sujet du nom. Celui-ci commence par une lettre déterminée selon l'année. Ainsi, l'énoncé du nom permet déjà de connaître la provenance du sujet ainsi que son année de naissance. La lettre initiale pour 1969 est : S ; pour 1970 : T, et ainsi de suite.

La filiation constitue le but essentiel du pedigree. Elle doit faire connaître les ascendants avec leurs récompenses. A côté du nom de chaque sujet figure son numéro d'inscription au L.O.F. (Livre des origines françaises) ou G.C.C.F. (Livre des Origines Governing Council of the Cat Fancy), suivi également du numéro de la race reconnue par la Fédération internationale féline d'Europe. Toujours dans la partie supérieure, on trouve les générations de chats qui représentent l'origine paternelle du chat. Dans la première colonne, le père ; derrière l'accolade suivante le grand-père et la grand-mère et, vis-à-vis de ceux-ci, réunis par une accolade, les arrières-grands-parents.

Dans la partie inférieure du pedigree figure toute l'ascendance

PEDIGREE DE BELLE HELENE DE MERIDOR

EXTRAIT DU LIVRE BELGE DES ORIGINES FÉLINES (L. B. O. F.)

Sexe FEMININ Race PERSAN Couleur de la robe CREME Couleur des yeux ORANGES Date de naissance 3 AOUT 1974

Nom de l'éleveur qui l'a produit MR SCHONAU Chatterie D E MERIDOR Adresse 1000 BRUXELLES

Nom du propriétaire déclarant MR SCHONAU Chatterie D E MERIDOR Adresse 1000 BRUXELLES 33 RUE DUQUESNOY

FILIATION

Parents	Grands-Parents	Arrière Grands-Parents
CH.INT. YORK VON MURTENSEE 905-5 LOB	CH.INT. KRAMBAMBULI DE LA VLAMALA LOH-5	PUCK AV FORSTENA -5 { CH. CHERI AV BARBAROSSA / ROSITA AV NATESS
	CH.INT. SOLE MIO AV ZIRKAAMALA LOH-5	WIDDINGTON PETUNIA -13 { WIDDINGTON WRENSUN / WIDDINGTON WHIMSICAL
	DIANA DE LA VLAMALA LOH-13	CH.INT. BOUMAHAMBA DE LA VLAMALA -5 { C.I.GLENDFIELD PIUS PETERI / ANCHOR ULAN
		BABS DE LA VLAMALA -13 { C. ASTRA OF PENSFORD / C. PARKWOOD NERIKA
CH. PERLE VOM MURTENSEE LOH-5	CH. KING DES PRINCES LOH-5	C.I.INCA DE RICHEMONT -3 { C.I. EROY DE ROCAMADOUR / C.I. ROSITA OF DUNESK
		C.I. HENDRAS TANARISK { C. WIDDINGTON WINTERSET / C. BLUECROFT BUTTERCOAT
	NORMA V.D. KAPELMATT	LAXOS VOM WALDHAUS { C.I. GAUDENZ VON HEILHEIM / CORA VOM WALDHAUS
		LAIKA V.D. KAPELMATT { BILLY VOM STEIN / ASTRID VOM STEIN

CLUB DE BRUXELLES

MIMOSA OF DUNESK
LOB 1008-5
├─ GAYDENE DONAVAN — GCCF-5
│ ├─ GAYDENE FLEURETTE — GCCF-13
│ │ ├─ GAYDENE ROMEO — GCCF-3
│ │ │ ├─ C. BORROWDALE ROMEO —3
│ │ │ └─ C. GAYDENE PANDORRA —3
│ │ └─ GAYDENE MICHAEL —3
│ │   ├─ C. DALAN NAMANDA —13
│ │   │ ├─ CAPREZE EDRICK
│ │   │ └─ STARTOPS MY FAIRLADY
│ │   └─ MALANCHA CREMLIN
│ │   ├─ CAMBER FRIVOLSON
│ │   └─ MALANCHA FANTASIA
└─ HONEYMIST CREAM SHARON — GCCF-5
   ├─ HONEYMIST CREAM CHIEFTAIN — GCCF-5
   │ ├─ HONEYMIST MANDY —13
   │ │ ├─ SORRENTA ROBERTSON
   │ │ └─ PEERETH FAE
   └─ C. HONEYMIST CREAM TAMARA — GCCF-5
      ├─ C. WILLAMBET EDDY —5
      │ ├─ CAMBER FRIVOLSON
      │ └─ MALANCHA FANTASIA
      └─ C. HONEYMIST MARIA —13

Inscrit sous le n° 1402-5
le 10 OCTOBRE 1974
au Livre Belge des Origines Félines

Certifié conforme à la déclaration d'inscription de l'éleveur (1) et délivré le 10 OCTOBRE 19 74 / Le Secrétaire du C.C.B.

Propriétaire actuel ... MONSIEUR LAMPE (43 ESSEN) ALLEMAGNE

(1) ou du Propriétaire déclarant

Toute inscription sur ce pédigrée ne doit absolument être faite que par le service du livre des origines du C. C. B.

maternelle, réunie elle aussi par accolades.

Au bas de la feuille sont mentionnés le numéro d'inscription et la date puis la signature du préposé de la Société qui a établi le pedigree ainsi que le nom du propriétaire actuel.

A la lecture du pedigree, vous pouvez donc être certain que le chat est de la race que vous désiriez acheter. En effet, vous pouvez vérifier qu'il a des ascendants inscrits dans plusieurs générations.

L'amateur éclairé est donc à même d'y relever un bon nombre de renseignements. Mais attention, de nombreuses fraudes sont possibles. Présentez le document à la lumière pour remarquer les traces de gommage éventuelles ou les écritures superposées. Vous pouvez aussi vérifier l'ascendance des géniteurs inscrits dans le L.O.

Le pedigree est donc un document très important. Rappelons enfin qu'il ne peut être vendu séparément et qu'il doit toujours accompagner le chat auquel il se rapporte.

Statuts et règlements de la F.I.Fe

Siège : 4 rue de l'Athénée - CH 1205 Genève

Vous attendez de nous le maxiumum de renseignements. Après les statuts et règlements de la F.I.Fe, vous trouverez les adresses où vous pouvez écrire pour toutes demandes.

De même, nous vous indiquons les règlements sur l'identification et les origines pour l'inscription de vos chats ainsi que les modalités de participation aux divers championnats.

Titre 1 - Dénomination - durée - siège - objet

Art. 1 - Les sociétés et fédérations de sociétés, ainsi que celles qui adhéreront aux présents statuts constituent une fédération internationale dont la durée n'est pas limitée.
Art. 2 - Cette fédération prend le nom de : « FÉDÉRATION INTERNATIONALE FÉLINE (F.I.Fe). Elle prend la forme d'une association sans but lucratif, régie par les articles 60 et ss du Code civil suisse et par les présents statuts. Son siège est dans le canton de Genève.
Art. 3 - La fédération s'interdit toute décision de nature à porter atteinte au caractère national et à l'individualité des organismes fédérés.
Art. 4 - La F.I.Fe a pour but de réunir toutes les sociétés et fédérations de sociétés, quelle que soit leur nationalité, qui s'intéressent aux félins d'origine sauvage ou domestiques, communs ou de race.
Elle encourage l'élevage du chat et l'amélioration de ses races, et s'applique à promouvoir son bien.
Elle procède notamment à :
a) l'unification des règlements concernant les expositions, les juges, les champions internationaux, etc.
b) la définition des races et l'unification des standards.
c) la reconnaissance et l'harmonisation des livres des origines (LO) et des registres initiaux et expérimentaux (RIEX) de chaque pays en tendant à ce qu'un seul de chacun de ces registres subsiste dans chaque pays. La F.I.Fe peut contrôler ces registres, sans toutefois porter atteinte à l'indépendance de ses membres.
d) l'institution et la réglementation d'un répertoire international des affixes.
e) l'établissement de la liste officielle des juges agréés par la fédération.
f) La délivrance de toute autorisation d'expositions internationales ou nationales.
Cette énumération n'est pas limitative, la F.I.Fe pouvant déployer toute activité en rapport avec les félins domestiques ou d'origine sauvage.

Titre II - Admission - démission - exclusion

Art. 5 - Le nombre minimum de membres est fixé à trois.
Il ne peut y avoir qu'un seul membre par pays, sous réserve de la situation actuelle et des droits sociaux acquis à ce jour par les membres provenant d'un même pays.
Art. 6 - Pour acquérir la qualité de membre de la F.I.Fe, les sociétés ou fédérations de sociétés candidates doivent adresser leur candidature au secrétariat général.
Art. 7 - Toute candidature sera présentée à la prochaine assemblée générale qui prendra une décision après enquête et sur avis du comité.
Tous les votes concernant les admissions doivent être acquis à la majorité des trois quarts des membres présents.
Art. 8 - Les membres de la F.I.Fe s'engagent à ne pas autoriser leurs sociétaires à participer directement ou indirectement aux expositions et autres manifestations des sociétés non affiliées à la fédération.
Une dispense peut éventuellement être accordée par le comité de la fédération internationale.

Art. 9 - Les membres de la F.I.Fe ne doivent accepter pour sociétaires que des personnes domiciliées dans leur pays ou qui en sont temporairement éloignées.

Art. 10 - La qualité de membre de la F.I.Fe se perd :

a) par démission donnée par lettre recommandée au secrétariat de la F.I.Fe au moins six mois d'avance, pour le terme d'une année sociale.

b) par l'exclusion pour faute grave : notamment non observance des statuts et règlements, refus de payer les cotisations, etc.

L'exclusion sera examinée et proposée par le comité à la prochaine assemblée générale qui décidera à la majorité des trois quarts des membres présents.

La décision entre immédiatement en vigueur ; elle est irrévocable. Toutefois, une modification importante de l'association exclue pourra lui permettre de poser à nouveau sa candidature.

Titre III - Organes

Art. 11 - Les organes de la F.I.Fe sont :
- L'assemblée générale des membres
- le comité
- les commissions
- les contrôleurs aux comptes

Titre IV - Assemblée générale

Art. 12 - L'assemblée générale est l'autorité suprême de l'association. Elle se compose des délégués des membres. Chaque membre a droit à un délégué ayant droit de vote. En plus de son délégué ayant voix délibératrice, chaque membre peut se faire assister d'un conseiller technique avec voix consultative. La présidente d'honneur fondatrice dispose également d'une voix délibératrice. En cas d'égalité des voix, le président décide.

Art. 13 - Les attributions de l'assemblée générale consistent :
- à nommer les membres du comité, des commissions et les contrôleurs aux comptes
- à approuver ou rejeter le budget annuel et les comptes ;
l'approbation des comptes vaut décharge pour le trésorier ;
- à se prononcer sur les candidatures de nouveaux membres ;
- à se prononcer sur l'exclusion d'un membre selon les conditions prévues à l'article 10 ;
- à se prononcer sur la gestion du comité.

L'assemblée a, en outre, tous autres pouvoirs qui peuvent découler des statuts et qui ne sont pas expressément dévolus à un autre organe.

Art. 14 - L'assemblée se réunit au moins une fois par an.

Elle est convoquée en réunion ordinaire par le président ou en réunion extraordinaire par celui-ci à la demande d'un cinquième des membres de la F.I.Fe.

Art. 15 - Pour être valables, les assemblées générales doivent grouper au moins la moitié de l'ensemble des membres.

Art. 16 - Les décisions de l'assemblée générale sont valables à la majorité simple des membres présents et représentés pour tous les cas, sauf admission, exclusion et modification des statuts pour lesquelles la majorité des trois quarts est exigée. Les membres de l'assemblée générale votent par main levée ; les votes ont lieu à bulletin secret si un membre le demande.

Art. 17 - L'assemblée générale est présidée par le président de la F.I.Fe qui peut déléguer ses pouvoirs à un président de séance.

Le procès verbal de la séance est rédigé par le secrétaire général ou un remplaçant qui le soumet, pour avis, à trois personnes au moins ayant assisté à l'assemblée et le fait signer par le président.

Art. 18 - Les membres de la F.I.Fe sont convoqués par lettre recommandée 90 jours avant la date fixée pour l'assemblée générale. Ils sont invités à formuler au secrétariat général leurs propositions 60 jours avant l'assemblée générale. Ils reçoivent aussi un

ordre du jour exposant les propositions des différents membres 35 jours avant la date fixée.
Art. 19 - Aucune décision ne peut être prise si les questions ne sont pas portées à l'ordre du jour, sauf si l'assemblée générale en décide autrement sur proposition de son président par un vote de l'assemblée générale.
Les propositions ou questions doivent être rédigées en français, en allemand et en anglais.
Art. 20 - Un membre qui serait dans l'impossibilité de participer à l'assemblée générale peut se faire représenter par un autre membre.
Le cumul est interdit.
Un membre ne peut être représenté que pour une assemblée générale sur deux.
Art. 21 - Les séances de l'assemblée générale sont publiques pour les sociétaires des membres de la F.I.Fe. L'assemblée générale peut toutefois, pour certains points, prononcer le huis clos.

Titre V - Comité

Art. 22 - Le comité est élu par l'assemblée générale.
- 1 président
- 1 vice président
- 1 secrétaire général
- 1 trésorier
- 1 suppléant du secrétaire général
- 1 suppléant du trésorier

et la présidente d'honneur fondatrice, de droit.
Ce comité est chargé de l'exécution des décisions de l'assemblée générale et de l'expédition des affaires courantes.
Il a pour tâche d'administrer la F.I.Fe. Les articles 15 et 16 sont applicables. Le comité prend toute décision en matière de discipline sur avis de la commission de discipline.
a) Le président dirige la F.I.Fe. dans toutes ses manifestations. Il veille à l'observation des statuts et des règlements ; il préside les réunions du comité et de l'assemblée générale sauf s'il décide de déléguer ses pouvoirs conformément à l'art. 17.
b) la présidente fondatrice siège au comité avec droit de vote.
c) Le vice président est chargé d'assumer les fonctions de président en cas d'absence de celui-ci
d) Le secrétaire général centralise, sous l'autorité du président, les activités du comité. Il établit les procès verbaux des réunions, diffuse les projets et propositions et envoie les convocations.
e) Le trésorier établi les décomptes, encaisse les cotisations et redevances, effectue les paiements, tient la comptabilité et fait un rapport financier annuel.
f) Les suppléants n'exercent leur fonction qu'en cas d'empêchement des titulaires.
Art. 23 - L'association est engagée par la signature conjointe de deux membres du comité, dont l'un au moins doit être le président ou le vice président.
Art. 24 - Les membres du comité et leurs suppléants sont élus pour trois ans. Le comité est renouvelable par tiers chaque année.
Les membres sortants sont rééligibles.
Au cas où un de ses membres serait dans l'impossibilité d'assurer ses fonctions, le comité pourvoit à son remplacement par une cooptation qui devra être ratifiée par la prochaine assemblée générale. Le mandat du membre du comité coopté prend fin à l'expiration du mandat du membre qu'il remplace.
Art. 25 - Le comité annonce aux membres les vacances éventuelles et les élections. Les candidatures doivent parvenir au comité 60 jours au moins avant l'assemblée générale. L'ordre du jour mentionne le nom de tous les candidats. Aucun autre candidat ne peut être élu.
Art. 26 - Toutes les fonctions sont en principe gratuites.
L'assemblée générale peut toutefois décider, sur proposition du comité, si les membres

de celui-ci sont indemnisés de leurs frais de voyage et de séjour.
Le secrétaire général reçoit une indemnité mensuelle dont l'attribution et le montant sont déterminés par l'assemblée générale sur proposition du comité.

Titre VI - Commissions

Art. 27 - Les commissions des différentes commissions élisent un responsable pour chacune d'elles.
Les articles 15 et 16 sont applicables.
Ces commissions doivent se réunir avant chaque assemblée générale et soumettre à celle-ci, par un rapport écrit, la conclusion de leurs travaux.
Art. 28.
1) La commission des juges et du LO est chargée :
- d'étudier l'admission des races nouvelles et d'établir leur standard ;
- de modifier le standard des races reconnues ;
- de tenter d'homogénéiser les règlements de LO en concordance avec les standards actuels.
La commission est composée de neuf membres dont l'un au moins doit être membre du comité :
- trois juges internationaux poils longs } ou de toutes races
- trois juges internationaux poils courts
- trois membres ayant tenu un LO depuis longtemps dans leur pays.
2) La commission des expositions est chargée d'étudier :
- La conception ou les modifications nécessaires au bon fonctionnement des expositions ;
- l'application des règlements aux expositions.
Elle se compose de cinq membres, organisateurs d'expositions, provenant si possible de pays différents et dont l'un doit être membre du comité.
3) La commission de discipline :
- est composée de cinq membres dont un membre du comité
- fait, pour chaque cas, connaître son avis au comité.
Art. 29 - Ces commissions (juges et LO - expositions - discipline) sont libres de leur opinion.
Elles doivent soumettre leurs conclusions au comité qui les soumet à la prochaine assemblée générale.
Les demandes d'avis adressées aux commissions doivent être faites par l'intermédiaire des membres dans les trois langues (français, allemand, anglais) par correspondance adressée au secrétariat général, qui informe les commissions compétentes.
Les demandes directes, émanant de sociétaires isolés, sont irrecevables.

Titre VII - Contrôleurs aux comptes

Art. 30 - Deux contrôleurs aux comptes et deux suppléants, nommés par l'assemblée générale pour deux ans, doivent examiner les comptes et le bilan de la F.I.Fe et établir un rapport à leur sujet pour l'assemblée générale.
Ils ne doivent faire partie d'aucun autre organe de l'association.
Les contrôleurs aux comptes peuvent en tout temps demander à consulter les livres et pièces diverses tenus par le trésorier.

Titre VIII - Compétences disciplinaires

Art. 31 - Le comité peut, sur avis de la commission de discipline, infliger les peines disciplinaires suivantes :
- rappel à l'ordre
- blâme

- amendes
- exclusion temporaire de toutes ou certaines manifestations.

La compétence de l'assemblée générale pour exclure un membre (cf art. 10 b) est réservée.

Art. 32 - Le comité est compétent pour prononcer une sanction contre tout membre de la F.I.Fe, contre toute personne à qui la F.I.Fe a confié une fonction et contre tout juge.

La personne mise en cause a le droit d'être entendue.

Le recours à l'assemblée générale est réservé à toute personne contre qui une décision disciplinaire a été prononcée ; il doit être adressé au comité dans le délai de 10 jours dès la réception de la décision.

Le recours a un effet suspensif.

Art. 33 - Les décisions motivées sont notifiées par lettre recommandée à la personne concernée.

Les décisions disciplinaires peuvent être communiquées aux membres de la F.I.Fe.

Titre IX - Ressources de la F.I.Fe

Art. 34 - Les ressources de la F.I.Fe se composent :
- des cotisations annuelles versées par les sociétés et les fédérations de sociétés ;
- d'une taxe pour le dépôt ou le renouvellement d'un affixe ;
- d'une taxe sur les expositions, qu'elles soient internationales ou nationales ;
- du remboursement des cocardes de champion international, de premior international, de grand champion et de grand premior ;
- des subventions, libéralités ou toutes autres ressources dont elle pourrait bénéficier.

L'assemblée générale fixe chaque année le montant des taxes et cotisations en francs suisses.

Art. 35 - Tout membre est tenu de fournir au trésorier les renseignements nécessaires pour déterminer le montant de ses cotisations et taxes.

Tout avis de paiement envoyé par le trésorier avant le 31 mars de de chaque année, de même que la cotisation annuelle, doivent être payés au plus tard le 30 juin suivant.

Le membre qui n'a pas rempli cette condition perd son droit de vote.

Le comité peut, sur demande, consentir des dérogations pour des membres qui justifient de difficultés à s'acquitter de leurs obligations financières.

Art. 36 - La fortune de la F.I.Fe répond seule des dettes de celle-ci.

Titre X - Comptes et budget

Art. 37 - L'année sociale commence le 1er juillet et finit le 30 juin de chaque année.

Art. 38 - Le bilan et les comptes de pertes et profits sont soumis à l'assemblée générale. A cet effet, le trésorier est tenu de mettre à la disposition des membres de la F.I.Fe une copie de la situation financière de l'exercice écoulé et ce 35 jours avant la date fixée pour l'assemblée générale.

Titre XI - Modification des statuts

Art. 39 - Toute demande de modification des status doit être envoyée au comité au plus tard 10 jours après réception de la convocation à l'assemblée générale.

Le comité soumet à l'assemblée générale la modification proposée avec son préavis. Une modification des statuts doit recueillir une majorité des trois quarts des voix.

Titre XII - Dissolution de l'association

Art. 40 - La dissolution de la F.I.Fe peut être décidée par l'assemblée générale.

Si, lors de l'assemblée générale, le quorum de délibération n'est pas atteint, le président convoque une deuxième assemblée générale.

La dissolution de la F.I.Fe est alors prononcée si la majorité simple est acquise et sans qu'il y ait lieu de tenir compte d'un quorum de présence.

Titre XIII - Divers

Art. 41 - L'assemblée générale peut prévoir un règlement d'application des statuts qui, en aucun cas, ne doit déroger aux présents statuts.
Art. 42 - Toutes les décisions de la F.I.Fe sont impératives pour les membres et les sociétaires de ceux-ci pris individuellement.
Art. 43 - Les statuts et les règlements des membres de la F.I.Fe doivent contenir une disposition qui déclare obligatoires pour les sociétaires les décisions de la F.I.Fe.
Art. 44 - Les membres sortis ou exclus de la F.I.Fe n'ont aucun droit à la fortune sociale.
Art. 45 - La langue officielle est le français et les deux autres langues de travail sont l'allemand et l'anglais.
Art. 46 - Un exemplaire des statuts, dans les trois langues, est conservé au siège de la F.I.Fe

Disposition transitoire

En dérogation à l'article 23, l'assemblée générale qui adopte les présents statuts désigne le président et le secrétaire général pour une période de trois ans, le vice président et le trésorier pour une période de deux ans et les deux suppléants pour une période d'un an.

Fédération Internationale Féline (F.I.Fe)

Président : Mr B.C. Jimmieson — 9, Humboldstrasse - D-6200 WIESBADEN
Secrétaire générale : Mme C. Rossi — 33, rue Duquesnoy — B-1000 BRUXELLES

Clubs et fédérations membres de la F.I.Fe

Allemagne :
- *DEUTSCHER EDELKATZENZUCHTER-VERBAND*
Président : Mr Jimmiesson, 48, Friedrichstrasse, *D-6200 Wiesbaden.*

Australie :
- *THE AUSTRALIAN NATIONAL CAT FEDERATION*
Président : Mr Klopper, 14, Russcl Road, *Greenmont - W.A. 6056* —
Secrétaire : M. J.W. Johnson, P.O. Box 135, *Claremont - W.A. 6010.*

Autriche :
KKO
Président : Mr Taussig, Händelgasse A - *Wien.*
OEVEK
Président : Mr Jarosch, Spaunstrasse A - *Linz.*

Belgique :
- *CAT CLUB DE BELGIQUE*
Président : M. J.P. Rossi, 33 rue Duquesnoy, *1000 Bruxelles* — Secrétaire : Mme C. Rossi, 33, rue Duquesnoy, *1000 Bruxelles.*

Danemark :
FELIS DANICA
Président : Mr A. Kierulf, Tranehusene 44, DK - 2620 *Albertslund* —
Secrétaire : Mme An Nissen, Tryggevaeldevej 145, DK - *Bronshoj 2700*

Espagne :
CAT CLUB ESPANA
Président : Mr R. Tort, 60, Olvido, E - *Barcelone 26*

Finlande :
Président : Mr Honkonen, Raapavuorenrinne I D 59, SF - *01620 Vantaa 62* —
Secrétaire : Mme Steirncreutz, Abacka, SF - *1590 Maisala*

France :
FÉDÉRATION FÉLINE FRANÇAISE :
Président : Mr le Professeur Nouvel, 12, Av. Herbillon - 94160 *Saint Mande* — Secrétaire Générale : Madame Ravel — Siège Social : 247 Rue de Vaugirard - 75015 *Paris.*

- *CAT CLUB DE PARIS :*
Siège Social : 247 Rue de Vaugirard - 75015 *Paris.* Tél. : 734 66 32 — Président : M. le Pr. Nouvel — Secrétaire : Madame M. Ravel.

- *CAT CLUB DU CENTRE :*
Présidente : Mme S. d'Alleizette, 23, Av. Charras - 63000 *Clermont Ferrand.*

- *CAT CLUB D'AQUITAINE :*
Fondatrice : Mme Livran — Président : M. Develle — La Musardière - 33360 *Cenac.*

- *CAT-CLUB DE L'OUEST :*
Présidente : Mme Gamichon, 29 Rue du Gal Leclerc - 50400 *Granville.*

- *CAT-CLUB D'OCCITANIE :*
Présidente : Madame Savy M. Le Garric - 81450.

- *CAT-CLUB DU NORD :*
Présidente : Melle Pottrain, 86, Av. du Maréchal Juin - 59320 *Haubourdin.*

Cubs de race :
SOCIÉTÉ DU CHAT PERSAN : Secrétaire : Mme Ravel.
CLUB DU CHAT DES CHARTREUX : Présidente Mme Ravel.
CERCLE DU BIRMAN ET DU COLOURPOINT : Présidente : Mme Poirier, 9 Rue de Sèvres - 92100 *Boulogne.*
CERCLE DU CHAT ABYSSIN : Présidente : Mme Arelli, 2 Square Georges Contenot - 75012 *Paris.*
CLUB DU SIAMOIS : Présidente : Mme Clerc Jaures De Julienne — Secrétariat : 247 Rue de Vaugirard - 745015 *Paris.*

Hollande :
FELIKAT :
Président : Monsieur Gooszen, 94, Rotterdamserijweg, NL - *Rotterdam* 30 42 AR — Secrétaire : Mr Boon, 40 Korte Prinsengracht, NL - *Amsterdam* 1013 GI
MUNDIKAT :
Président : Mr Hilgen, Schepenc n 86, 1625 BL *Hoorn* — Secrétaire : Mme Van Haeringen, 23, Boerhavelaan, NL - *Eindhoven* 5644 BB

Hongrie :
Présidente : Mme Toth, Cstenecki v. 13 - *Budapesta* 1113

Italie :
FÉDÉRATION FÉLINE ITALIENNE
Présidente : Mme Bruno, 20, Via Principi d'Acaja, I - 10138 *Torino*.

Norvège
- *NORSKE RASKATTKLUBBERS RIKSFORBUND (N.R.R.)*
Président : M. C-F Nordane, Valkyriegate, 9, *Oslo 3*. — Secrétaire : Mme Minde, Odver Solbergsv. 170, Leil 233, *N - Oslo 9*.

Clubs :
- « *NORAK* »
Président : M. A. Holm, Rislökkveien 69, A, *Oslo 5*. — Secrétaire : Mme H. Nordane, Valkyriegate 9, *Oslo 3*.
- « *BERAK* »
Présidente : Judith Steinsvik Soreidgrend 313, *5060 Fana*. — Secrétaire : Carl-K. Gulseth, Hoyblokk 2 Vadmyra B/L, *5072 Bjorndalstrae*.
- « *VERAK* »
Présidente : Lill Feire Ostby, Krebsevn, Gardbo, *3150 Tolysrod*. — Secrétaire : Sylvia Lisbeth Engelstad, Almevn 26, Presterodasen, *3100 Tonsberg*.
- « *TERAK* »
Présidente : Mme Lauritzen, Afossmoen 4, *3700 Skien*. — Secrétaire : Mme T. Hovet, Pollen, *3720 Skotfoss*.

Suède
SVERAK
Présidente : Mme A. Uddin, PL 4094a, S-524 00 *Herrljunga* — Secrétaire : Mrs Sjodin, Box 310, S-42425 *Angered*

FFH (Suisse)
Président : Mr Wassilieff, 15, Via Quiete CH - *6962 Viganello* — Secrétaire : Mme Comi, La Haute Route 51, CH - *2502 Bienne*

Singapore :
CAT CLUB :
Présidente : Mrs Koh, P.O. Box 315, Killiney Road, *Singapore 9/23*.

Tchecoslovaquie :
Président : Mr K. David, Hermanova 7, *Praha* 180 00

Principauté du Liechtenstein :
Aristocat
Secrétaire : Mme U. Trimmel, Schlosstrasse 60, DL - *9490 Vaduz*.

Règlements du Livre d'origines et du Registre initial et expérimental

I Règlements des Livres d'origines (L.O.F.F.F.)

Art. 1 Les membres de la Fédération reconnaissent réciproquement leurs Livres d'origines. Ils déclarent ne pas en reconnaître d'autres dans les pays dont font partie les membres de la F.I.Fe.

Art. 2 Les Fédérations ou Sociétés nationales sont tenues d'avoir deux livres :
a) Livre d'origine (L.O.), un seul Livre par pays,
b) Registre initial et expérimental (R.I.E.X.), un seul Livre par pays, toutes races.
Les deux Livres contiennent les Numéros des races et variétés d'après le système de la F.I.Fe.

Règlements généraux

Aucun chat ne pourra être inscrit sous quelque prétexte que ce soit, si les règles suivantes n'ont pas été observées :

a) Obligation, pour les propriétaires des chats, d'appartenir à une des Sociétés fédérées.

b) *Déclaration de saillie.*

Cette déclaration doit être :
1) signée par le propriétaire de l'étalon, sur souche détachée de son carnet de saillie qui lui a été délivré par la F.F.F.
2) adressée au Secrétariat de la Société ou Fédération par le propriétaire de la chatte dans ls 6 semaines qui suivent la saillie.

c) *Déclaration de naissance.* Cette déclaration doit être :
1) adressée au Secrétariat de la Société ou Fédération, sur feuille libre dans les 3 semaines qui suivent la naissance,
2) la portée doit être déclarée *en entier,* en indiquant : le nombre de chatons, leur sexe, leur race, leur couleur.

d) *Délivrance des certificats d'inscription*

1) Sur demande du propriétaire de la chatte, il sera envoyé autant de feuilles d'inscription que de chatons.

2) Ces demandes seront remplies par celui-ci, ainsi que le certificat de naissance (verso de la feuille de demande d'inscription). Il fera signer par le propriétaire de l'étalon, sur chaque feuille, le certificat de saillie (verso de la demande d'inscription).

3) Les demandes doivent être de retour au Secrétariat dans les 2 mois qui suivent la naissance.

4) Tous les chatons d'une même portée doivent obligatoirement être inscrits ensemble. Ce délai peut être prolongé pour cause de faiblesse ou de maladie d'un chaton, à la condition d'en informer le Secrétariat de la Société.

5) Tous les noms propres doivent être inscrits en lettres capitales.

6) Les noms composés, sans nom de chatterie, ne sont pas admis.

7) Dès qu'il est inscrit au L.O. ou au R.I.E.X., le nom d'un chat ne peut être changé.

8) Tout chat français ne pourra être inscrit que si ses parents jusqu'à la troisième génération sont inscrits.

9) Seuls les chats appartenant aux races reconnues par la F.I.Fe, le G.C.C.F. et le C.F.A. pourront faire l'objet d'une inscription au L.O., même s'ils sont le produit de chats inscrits. C'est ainsi que les chats issus de croisements de races ne pourront être inscrits qu'au *Registre initial et expérimental*, au titre de l'apparence.

10) Tout chat importé devra être inscrit, suivant les cas, au L.O. ou R.I.E.X.

Cette inscription doit être adressée au Secrétariat de la F.F.F. :

- accompagnée du certificat d'inscription au L.O. étranger, du certificat de transfert et du pedigree sur quatre générations ;
- seuls seront acceptés les certificats officiels délivrés par les Sociétés affiliées à la F.I.Fe, par le G.C.C.F. et le C.F.A.

TRES IMPORTANT

Tous les chatons d'une même portée doivent obligatoirement être inscrits ensemble dans les 2 mois qui suivent la naissance.

Ceux qui ne l'auraient pas été ne pourront sous aucun prétexte être inscrits ultérieurement au L.O.

---

e) *Règlements du L.O.*

Ne peuvent être inscrits au L.O. les chats issus de croisements entre Persans avec ticking (agouti) et sans ticking. Ils seront provisoirement inscrits au R.I.E.X. A l'âge de 6 mois, ils pourront être examinés par un Juge international pour, s'ils présentent indiscutablement les caractéristiques de variétés reconnues, obtenir l'inscription définitive au L.O.

Tout chat ne pourra être inscrit au L.O. que si ses parents, jusqu'à la troisième génération, sont inscrits.

Les chatons issus de Ch. int. ou de Champ. peuvent avoir accès au L.O. aux conditions suivantes :

1) Père et mère Ch. int. ou Champ.
2) L'un des parents Ch. int. ou Champ. à la condition que le parent non Ch. int. ou Ch. présente trois générations inscrites au L.O. ou au R.I.E.X.

f) **Règlements du R.I.E.X.**

Le R.I.E.X. n'est qu'un livre d'attente et de filtration de race, pouvant permettre au produit de la troisième génération d'accéder au L.O., après examen soit en Exposition (classe novice), soit par deux Juges reconnus de la F.I.Fe.

Est enregistré au R.I.E.X. :

1) Tout chat dont le père et la mère sont inconnus, ou dont l'un des deux parents n'est pas inscrit au L.O.
2) Tout chat né d'un croisement de poils longs et de poils courts.
3) Tout chat issu de deux races différentes, bien qu'appartenant à la même catégorie.
Exemple : Chartreux et Bleu russe, Siamois et Burmese.
4) Tout chat ne présentant pas trois générations de race pure.
5) Tout chat non inscrit ayant obtenu le qualificatif « Excellent » dans une race précise, par deux Juges internationaux, soit en Exposition, soit après consultation en dehors d'une Exposition dès l'âge minimum de 6 mois.
6) Si un éleveur veut créer une nouvelle race, il doit en expliquer le motif au Secrétariat de la Société ou Fédération qui inscrira ces chats au R.I.E.X. Néanmoins, la F.I.Fe recommande aux éleveurs d'éviter les croisements incontrôlés, en séparant les reproducteurs de races pures.

Cas particuliers

Les chats issus du croisement de parents inscrits au L.O. et au R.I.E.X. seront inscrits au R.I.E.X., mais avec la filiation, à la condition que les déclarations de saillie et de naissance aient été faites dans les délais prévus.

S'ils n'ont pas été déclarés régulièrement en portée, dans les délais fixés, ces chatons ne pourront être inscrits qu'à l'âge d'admissibilité (6 mois) et sans filiation.

Les Fédérations ou Sociétés nationales sont libres d'agréer ou de refuser les demandes d'inscription au L.O. ou au R.I.E.X. présentées par leurs sociétaires ou des non-sociétaires.

Limitation des naissances

Une chatte pourra avoir une seule portée dans les douze mois qui suivent une portée sauvée.

Elle conseille de n'élever que six chatons par portée, pour une seule mère.

Transferts

Tout chat cédé doit faire l'objet d'un transfert, qu'il soit inscrit au L.O. ou au R.I.E.X.

Faute de transfert, le chat reste la propriété de son éleveur ou du dernier possédant.

Formalités

Lors de la cession d'un chat, son propriétaire ou éleveur doit :

a) Remettre à son acquéreur le certificat d'inscription au L.O. ou au R.I.E.X.

b) Transmettre au Secrétariat de la Société ou Fédération nationale la demande de transfert signée par le nouvel acquéreur (formules délivrées par les Secrétariats) accompagnée des droits de transfert.

Sauf conditions spéciales, le titre de propriété (transfert) sera adressé directement au nouveau propriétaire par les soins du Secrétariat du L.O.

Exportation

L'éleveur a l'obligation de fournir à la Société ou Fédération importatrice :

1° — L'inscription au L.O. ou au R.I.E.X.
2° — Le transfert
3° — Le pedigree sur cinq générations

Le pedigree comprendra, pour chaque chat mentionné, le N° de son inscription au L.O. ou au R.I.E.X. et le N° de sa race.

II Noms de chatterie (affixe et préfixe)
Règlements des « affixes » — Livre international des « affixes »

Art. 3   L'affixe doit être inscrit dans le *livre spécial* de la Fédération ou Société nationale du pays où se trouve la chatterie.

Art. 4   Un livre général, tenu à la F.I.Fe, réunit les affixes qui ont obtenu l'approbation des Sociétés respectives, membres de la F.I.Fe et homologués par la Fédération. Ce livre sera tenu selon les règles ci-après :

Art 5   L'usage d'un affixe est interdit s'il n'a pas été enregistré au « Livre international des affixes ».

Art. 6   La demande d'inscription d'un affixe est subordonnée aux règles en vigueur dans la Fédération ou Société nationale qui a la charge de la transmettre à la F.I.Fe.

En outre, un affixe ne peut être enregistré que si un affixe semblable ou similaire, susceptible de prêter à des confusions par sa ressemblance phonique ou autre, ne figure pas déjà au Livre international.

Art. 7   L'affixe, propriété privée et personnelle d'un éleveur, ne pourra être ni cédé, ni transmis, ni modifié après son inscription au Livre international. Un seul affixe est admis par chatterie.

Art. 8   Lorsqu'un affixe a été enregistré au nom d'un couple marié, l'un ou l'autre des conjoints ne peut obtenir un second affixe.

En cas de divorce, la F.I.Fe doit être avisée de la personnalité du conjoint qui conserve l'affixe.

En cas de mort du détenteur d'un affixe, celui-ci ne pourra devenir disponible que 20 ans après, sauf s'il est revendiqué par un héritier direct (conjoint, enfant) qui soit membre de la Société à laquelle appartenait son prédécesseur.

Art. 9   L'inscription d'un affixe est assujettie à un droit de Frs S. 5,— au profit de la F.I.Fe.

Ce versement sera effectué par la Fédération ou la Société nationale demanderesse.

Art. 10 Un chat ne pourra avoir d'autre affixe que celui de son éleveur. On entend par éleveur le propriétaire de la chatte au moment de la saillie. Toutefois, celui-ci peut permettre à l'acheteur de la chatte pleine de donner son affixe aux petits.

Formalités
Il est recommandé d'adresser au Secrétariat de la F.F.F. une liste de trois noms de chatterie par ordre de préférence.
Le Secrétariat de la F.F.F. transmet la demande au Secrétariat de la F.I.Fe qui a seul qualité pour accepter ou refuser tel ou tel nom (formule à la disposition au Secrétariat).

Pedigree
Un pedigree peut être délivré au *propriétaire* d'un chat qui en fait la demande.
Le pedigree n'exclut pas l'inscription au L.O. ou au R.I.E.X.

Tarifs
Les taux changent fréquemment. Les prix sont donnés à titre indicatif.

Inscription au L.O.	20 FF par chat
Inscription au R.I.E.X.	20 FF par chat
Transfert	10 FF par chat
Pedigree	80 FF par chat
Dépôt d'un nom de chatterie valable pour 30 ans	50 FF
Carnet de saillie	20 FF

Les Expositions
Celles-ci, qu'elles soient nationales ou internationales, ont pour but principal de contrôler la conformité des sujets au standard de chaque race.
Le standard est le type théorique de perfection qui doit servir de guide à l'éleveur et au Juge pour pratiquer la sélection des races.
Les Clubs spécialisés et les grandes Associations félines en reconnaissent un certain nombre qui ont de ce fait un caractère officiel. Les standards ne peuvent pas toujours être immuables. Il leur arrive d'être modifiés en fonction des observations des éleveurs et des Juges.
Voyez en page 120 les races reconnues par la Fédération internationale féline d'Europe. Pour connaître les standards de chaque race en particulier, reportez-vous au chapitre « Les races de chats », page 122 à page 179.
Quels sont les critères qui permettent de reconnaître un chat comme champion ? L'on se base sur une cotation ou échelle de points.
Il s'agit donc d'une notation chiffrée selon divers éléments d'appréciation du chat. La perfection correspond à un total de 100 points. Chaque partie du corps est accompagnée d'un coefficient en rapport avec son importance. C'est ainsi que l'on peut arriver à des jugements susceptibles de servir de base à des comparaisons entre sujets d'Exposition.
Ces échelles de points varient, bien entendu, selon les races.

Règlements concernant les Juges — Elèves-Juges — Stewards

Art. 1 La F.I.Fe reconnaît les Juges officiels des Sociétés fédérées, nommés Juges avant la constitution de la F.I.Fe.

A partir de cette constitution (1949) les candidats Juges auront à subir un examen au cours d'une exposition internationale, devant un Jury composé de Juges internationaux actifs depuis 3 ans. Le Jury a seul qualité pour faire subir l'examen et recevoir comme Juge le candidat.
L'examen doit être passé :
a) soit avant les jugements officiels,
b) soit pendant les jugements officiels à la condition que le candidat n'ait aucun contact avec les Juges en fonction durant toute la durée de l'examen des chats.
Le candidat ne doit pas avoir accès à la salle d'exposition avant l'examen.
Les questions orales et écrites seront préparées et posées par les deux Juges examinateurs.

Art. 2 Les Sociétés fédérées devront choisir leurs Juges pour leurs expositions parmi ceux qui figurent sur la liste officielle de la F.I.Fe.

Art. 3 Il est interdit aux Juges de la F.I.Fe de participer à des expositions organisées par des Sociétés non affiliées à la F.I.Fe, à moins d'une autorisation expresse et écrite du Conseil de la F.I.Fe.
Les Juges étrangers reconnus par la F.I.Fe sont :
- ceux du *Governing Council of the Cat Fancy* pour la Grande-Bretagne. Ils sont autorisés à juger chacun dans leur spécialité agréée par le G.C.C.F. ;
- ceux du C.F.A. (USA) à titre de réciprocité pour le Juges F.I.Fe.
Les Juges G.C.C.F. et C.F.A. ayant jugé pour des Sociétés dissidentes ne sont plus autorisés à juger dans les expositions patronnées par la F.I.Fe.
Une « liste des Juges contrevenants » est établie au Secrétariat de la F.I.Fe.
Avant d'organiser une exposition, les Sociétés doivent donner la liste des Juges invités. En cas de Juge non agréé par la F.I.Fe, la Société est immédiatement prévenue d'avoir à retirer son invitation.
Pour les expositions internationales, la présence d'un Juge étranger est obligatoire.

Art. 4 Les Juges ont l'obligation stricte d'appliquer les standards des races reconnues par la F.I.Fe. Ils doivent tenir compte dans leurs jugements du développement général du sujet, en rapport avec son âge. Ils doivent pénaliser le prognathisme (dentition parfaite exigée). Le CAC ou le qualificatif « Excellent » ne peut pas être donné aux chats ayant 6 doigts sur les pattes arrière, mais ces chats ne seront pas disqualifiés.

Art. 5 Les Juges peuvent être assistés par un Secrétaire (ou un interprète) et ils devront avoir à leur disposition un Steward.

Art. 6 Les frais des Juges leur seront remboursés : frais de voyage en leurs faux frais. Les Sociétés sont libres d'apporter des suppléments d'indemnité.

Art. 7 Les Juges invités doivent être informés au préalable s'ils auront à instruire des élèves-Juges (maximum un élève-Juge). Pour cette fonction, ils peuvent se récuser, mais ils doivent en avertir la Société organisatrice en répondant à son invitation.

Art. 8 *Juges et élèves-Juges — Etudes préalables.*
Il est exigé :
a) la participation à 10 expositions nationales ou internationales en qualité de « Steward » (voir règlement : Steward) ;

b) la participation à 10 expositions nationales ou internationales en qualité d'élève-Juge, d'un premier groupe au choix du candidat : « Poils longs » ou « Poils courts » (voir règlement « Elèves-Juges »).
c) Le Juge-instructeur établira un certificat qui comprendra ses observations sur l'assiduité et les capacités de l'élève-Juge. Il contiendra les indications de toutes les races auxquelles l'élève-Juge a eu l'occasion d'assister pendant le jugement. Ce certificat sera envoyé directement au Président de la Fédération ou de la Société nationale à laquelle le candidat appartient. Les observations du Juge resteront secrètes pour l'élève-Juge.
d) La F.I.Fe demande aux élèves-Juges de participer à deux expositions étrangères, afin de pouvoir étudier les chats de divers pays.
e) La Fédération ou la Société nationale à laquelle appartient l'élève-Juge doit transmettre la demande d'admission, à la Société organisatrice, au moins un mois à l'avance.
f) La Société organisatrice de l'exposition peut refuser les élèves-Juges pour des raisons exceptionnelles d'organisation fonctionnelles ou pécuniaires.
g) Les élèves-Juges doivent parler ou comprendre la même langue que le Juge en fonction. Il faut qu'un élève-Juge puisse se faire comprendre dans au moins deux langues.

Art. 9 *Examen*
a) Le candidat doit être âgé de 25 ans au moins le jour du passage de l'examen.
b) La demande doit en être faite par la Fédération ou la Société nationale à laquelle appartient le candidat, sous sa responsabilité quant à la valeur du candidat et après avoir communiqué au Secrétariat de la F.I.Fe les certificats exigés :
- 10 certificats de « steward »
- 10 certificats d'« élève-juge » (échelonnés sur deux ans)
en mentionnant la catégorie Poils Longs ou Poils Courts sur laquelle le candidat doit être interrogé.
c) L'examen ne peut être fait à la fois que sur l'un des groupes suivants :
1 — Poils longs   4 — semi-long
2 — Poils courts.
3 — Siamois, et type oriental
d) Lorsqu'un Juge désire être Juge d'un deuxième groupe (Juge toutes races) il devra participer à nouveau à *huit* expositions en qualité d'élève-Juge.
e) L'examen ne peut être passé que dans les expositions internationales comprenant un minimum de 100 chats.
f) Le Jury sera composé de deux Juges internationaux actifs depuis 5 ans du groupe choisi par le candidat. Si un Juge se récuse, il peut être fait appel à un autre Juge international, présent à l'exposition, à la condition qu'il soit Juge international actif depuis 3 ans.
g) L'examen ayant été passé avec succès, le candidat obtient le titre de « Juge nationale ».
Pour être « Juge international », il devra faire 3 stages et jugera :
- 1er stage : jugement des classes chatons
- 2e stage : jugement des classes ouvertes (CAC)

- 3ᵉ stage : jugement des classes championnat (CACIB).
Il en est de même pour le deuxième groupe.
h) Ces 3 stages d'un « Juge national » sont placés sous la surveillance et l'aide d'un Juge international reconnu par la F.I.Fe. Ce dernier aura à établir pour chaque stage un rapport qui sera envoyé au Président de la Fédération ou de la Société nationale dont dépend le candidat. Ce rapport est secret.
Cette condition ne cherche en aucun cas à porter préjudice aux Juges novices, mais plutôt à leur éviter des erreurs qui pourraient nuire à leur future carrière.
i) Chaque Fédération ou Société nationale est responsable des candidats qu'elle présente en ce qui concerne leur formation, leur éducation et les qualités que ces Juges ont manifestées *au cours de leurs périodes de stages.*
j) Tous les Juges doivent signer un contrat qui les engage à respecter les standards les classements établis par la F.I.Fe et à ne pas accepter de juger pour des Sociétés dissidentes à la F.I.Fe, sous peine de radiation de la qualité de Juge par la Commission de Discipline et du versement d'une amende de Frs S. 5 000,— maximum, suivant le préjudice moral porté à la F.I.F.e.
k) Les chats des Juges et élèves-Juges en fonction peuvent être présentés « Hors concours » ; mais ils ne peuvent, en aucun cas, concourir.
1) La taxe d'examen perçue par la F.I.Fe est de Frs S 20,— ou son équivalent en devises du pays. Le versement sera effectué au compte du Trésorier de la F.I.F.e.
m) Sur la liste des Juges de la F.I.Fe, le nom de chaque Juge sera suivi de la date à laquelle il a obtenu son titre, ainsi que des langues qu'il parle couramment.
n) Tous les Juges doivent informer leur Fédération concernant les expositions auxquelles ils sont invités à juger.

Art. 10 *Stewards*
La Fédération ou la Société nationale à laquelle appartient le candidat à qualité pour agréer un Steward et proposer ses services à la Société organisatrice, sous sa responsabilité si l'exposition est étrangère. Le Steward peut engager ses chats en concours, mais doit observer le règlement, à savoir :
- Se présenter dans le ring avec une blouse couvrant entièrement le buste, par mesure de prophylaxie.
- *Savoir sortir un chat d'une cage.*
- Ne jamais le sortir en le tirant par le cou ou la queue.
- Pour le sortir correctement, prendre dans une des mains les deux pattes de devant ; avec l'autre main, le pousser doucement vers la porte de la cage, en le baissant.
- Si le chat est méchant, demander à son propriétaire de vous aider.
Si cette aide ne suffit pas, prévenir le Commissaire de l'Exposition.
- Tous les mouvements doivent être doux et mesurés.
- Ne pas être nerveux !

Altitude vis-à-vis des Juges
- Ne pas oublier que le Steward est à la disposition du Juge durant toute la durée de l'exposition.
- Veiller à ce que celui-ci ait toute facilité dans son travail avec le minimum de fatigue.
- Etre prévenant.

Ce n'est pas le Steward qui juge.

Ne jamais regarder sur le cahier du Juge.
- Ne répondre qu'aux questions que le Juge peut poser.
- Ne jamais prononcer le nom du chat ou de son propriétaire.
- Au moment du jugement, les chats sont pour le Juge « un numéro », il doit en être de même pour le Steward.
- Lors de la présentation d'un chat, se tenir à distance respectueuse prêt à répondre aux ordres du Juge.

Il est absolument interdit d'avoir en mains le catalogue de l'exposition.
- Un bon Steward doit observer la plus grande discrétion et s'il a perçu le classement, il ne doit en aucun cas en faire part à l'exposant qui, invariablement, s'informera du classement.
- Eviter de parler entre Stewards durant les jugements.
- Ne faire aucun commentaire ou réflexion sur les chats. Attendre la fin des jugements pour en discuter entre Stewards.
- Au cas où le chat n'est pas dans sa cage, prévenir le Commissaire ou le Secrétaire de l'exposition qui, seul, peut déclarer le chat « absent ».
Le Steward doit s'écarter durant toute la durée du jugement des classes où sont engagés ses chats, s'ils sont jugés dans le ring où il est affecté.
- Après chaque chat, se désinfecter les mains et présenter au Juge la cuvette de désinfectant, la serviette et laver la table de jugement. Silence, discrétion, célérité sont les qualités essentielles d'un bon Stewxard.

Art. 11 La tenue vestimentaire des élèves-Juges et Stewards est laissée à l'appréciation des organisateurs des expositions (blouses ou costumes lavables).

Art. 12 Les Stewards ne peuvent demander de servir tel ou tel Juge. Ils sont à la disposition des organisateurs des expositions et peuvent être requis pour servir indifféremment Juge poils longs ou Juge poils courts.

Les Règlements d'Exposition

I Règlements concernant le titre « Exposition Internationale »

Art. 1 Pour avoir la licence de délivrer le CACIB et CAPIB, en exposition internationale, la société organisatrice doit informer le secrétariat de la F.I.Fe au moins un mois à l'avance :
a) de la date exacte de l'exposition internationale qu'elle projette ;
b) de la liste des juges invités à fonctionner lors de cette exposition.

Art. 2 Pour les expositions dites « internationales » la F.I.Fe accordera ce titre aux conditions suivantes :
a) présence d'un ou plusieurs juges internationaux ;
b) présence d'un vétérinaire, chargé de l'examen des chats à l'entrée de l'exposition ;
c) contrat d'assurance protégeant les juges et le personnel de l'exposition. Les pays ne pouvant assurer les juges, élèves juges, stewards étrangers en fonction, lors d'une exposition, doivent *avertir* ceux-ci à le faire dans leur propre pays ;
d) le nombre des chats exposés est laissé à la discrétion des organisateurs des expositions. Toutefois les juges doivent, dans les petites expositions, être aussi sévères que dans les grandes ;
e) le titre « EXPOSITION MONDIALE » est interdit.

Art. 3 Dans les pays où les sociétés sont groupées en fédération nationale, cette demande doit être adressée par le secrétariat de cette Fédération au secrétariat de la F.I.Fe.

Art. 4 La demande de licence doit être accompagnée du versement d'une redevance au profit de la F.I.Fe en francs suisses dont le montant sera fixé par l'A.G.

Art. 5 La présence d'un pays intercalaire entre deux pays considérés peut permettre, pour le choix d'une date d'exposition, de ne pas tenir compte de la distance de 500 km exigée actuellement.
Exception est faite pour la Norvège, la Finlande, la Suède, vis-à-vis des expositions internationales du continent, prenant en considération leurs difficultés (quarantaine).
Les dates d'expositions internationales annoncées avant le 31 janvier de l'année en cours auront priorité et ces dates seront respectées.
La date de l'exposition internationale principale du pays sera protégée.

Art. 6 Une cocarde de la F.I.Fe sera offerte à chaque exposition internationale.

II Règlement concernant l'organisation des Expositions nationales et internationales

Art. 1 Les sociétés organisatrices doivent :
a) choisir les juges parmi les juges figurant sur la liste officielle de la F.I.Fe ainsi que les juges des pays non affiliés à condition de ne juger que les races reconnues dans leur propre pays ;
b) adresser aux sociétés affiliées les formules d'inscription et les règlements de l'exposition qui mentionneront :
— la date de l'exposition ;
— le lieu et l'adresse du local où aura lieu l'exposition ;
— la date de clôture des inscriptions ;
— le montant des frais d'inscription ;
— la possibilité ou non de loger les chats durant la nuit précédant l'exposition et durant les nuits suivantes ;
— le nom des juges en indiquant la catégorie (poils longs, poils courts, siamois, birmans) qu'ils doivent juger ;

Les règlements d'Exposition

— la liste des hôtels recevant les chats, afin de permettre aux exposants de faire eux-mêmes leur réservation ;
— les conditions d'entrée sanitaires et frontalières.

Art. 2   Les exposants désirant participer aux expositions à l'étranger doivent adresser leurs inscriptions au secrétariat de leur fédération ou sociétés nationales respectives, pour contrôle des titres et date de naissance. Celles-ci auront à charge de transmettre ces inscriptions à la société organisatrice de l'exposition.

Les inscriptions qui seraient envoyées directement sans l'aval de la fédération ou société nationales seront refusées.

Art. 3   En cas d'absence, l'exposant est tenu d'en avertir *par écrit* la société organisatrice.

Toute inscription de chat portée au catalogue reste due, même en cas d'absence.

Les frais seront payés par l'intermédiaire du club auquel appartient l'exposant.

Art. 4   La société organisatrice a la charge :
a) d'envoyer la confirmation de l'acceptation au minimum deux semaines à l'avance pour une exposition à l'étranger, une semaine à l'avance pour une exposition dans son propre pays ;
b) de fixer le montant des frais d'inscription pour chacune de ses expositions. Ce montant est laissé à l'entière discrétion des organisateurs de l'exposition.
c) de veiller à l'organisation matérielle de son exposition. Il est interdit de superposer les cages, celles-ci doivent être de dimensions suffisantes pour permettre aux chats d'y être confortablement ;
d) d'adresser à chaque société ou fédérations nationales dont les adhérents ont exposé, un catalogue sans résultats.

III Admission aux expositions

Art. 1   Les chatons âgés de trois mois doivent être vaccinés (leucopénie) par les vaccins employés dans leur propre pays d'origine.

Art. 2   Ne sont pas admises aux expositions les chattes allaitantes avec des chatons de moins de 10 semaines.

Art. 3   Ne sont pas admises aux expositions les chattes fécondées depuis plus de quatre semaines.

Art. 4   Les chats agressifs sont exlus de la compétition. En aucun cas si deux stewards ne sont pas en mesure de sortir le chat de sa cage, il ne pourra être jugé correctement ni concourir.

Si au cours de trois expositions un chat se montre toutes les fois agressif, il pourra encore être exposé mais sans concourir.

Art. 5   Les chats cryptorchides ou monochides de même qu'un chat présentant une anomalie testiculaire ne seront pas jugés.

En cas de contestation, le vétérinaire de service jugera en dernier ressort.

Exception sera faite pour les chats de moins de 10 mois.

Art. 6   En cas de « dopping » (administration de calmant), le vétérinaire jugera en dernier ressort.

Art. 7   Les chats ayant fait l'objet de maquillage (teinture, rinçage, rasage du ticking, etc.) seront éliminés de la compétition par le juge qui l'aura constaté.

Les chats dont on a ôté les griffes ne seront pas jugés.

Art. 8 Les chats ayant été refusés à l'entrée par le contrôle vétérinaire ne pourront ni entrer dans la salle ni être jugés. Ils seront mis en quarantaine.

Si au cours de l'exposition le vétérinaire de service constate qu'un chat exposé montre des symptômes d'une maladie quelconque, le chat en question de même que tous les autres chats du même exposant doivent être immédiatement éloignés de la salle d'exposition.

IV Règlement concernant les titres de « champion international » — « premior international » — « champion » — « premior » — « best in show » — « meilleur de la variété ».

Art. 1 Pour porter le titre de *CHAMPION* ou *PREMIOR*, un chat doit avoir obtenu trois CAC ou CAP sous trois juges différents.

Les CAC sont attribués dans la classe « *OUVERTE* ». Les CAP sont attribués dans la classe « *NEUTRE* » et ce dans les expositions nationales ou internationales patronnées par la F.I.Fe.

Art. 2 Pour porter le titre de *CHAMPION INTERNATIONAL* ou *PREMIOR INTERNATIONAL*, un chat doit avoir obtenu, en outre, trois CACIB ou CAPIB avec trois juges différents et ce dans deux pays différents.

Les CACIB sont obtenus dans la classe « *CHAMPIONNAT* ».

Les CAPIB sont obtenus dans la classe « *NEUTRES PREMIORS* ».

Exceptions :

Pour la Tchécoslovaquie, le Brésil, la Hongrie, en raison des difficultés pour ces pays d'organiser des expositions internationales, et pour leurs ressortissants de participer à des expositions hors de leurs frontières.

Art. 3 Pour être valable, la signature de trois juges différents est exigée pour obtenir le titre de « *CHAMPION - PREMIOR - CHAMPION INTERNATIONAL - PREMIOR INTERNATIONAL* », il peut être fait appel à un deuxième juge. Celui-ci examinera le chat, en conclusion, signera le carnet du juge en titre ainsi que le carton résultat et ce le jour même de l'exposition.

Art. 4 Le juge est libre de ne pas décerner le CACIB ou CAPIB, s'il estime que le sujet classé premier ne mérite pas ce titre. La signature d'un second juge sera souhaitée mais n'est pas obligatoire.

Ne peuvent prétendre au CACIB ou CAPIB les chats dont :
— l'origine est inconnue ;
— les trois générations ne sont pas inscrites dans le LO ou RIEX.

La F.I.Fe laisse, cependant, à la commission des juges de chaque pays la liberté d'examiner chaque cas particulier, et de juger si le chat candidat au titre de « Champion International » ou « Premior International » possède une ascendance connue suffisante pour obtenir ce titre.

Art. 5 C'est au secrétariat de la F.I.Fe d'autoriser la délivrance des CACIB et CAPIB et ce moyennant une redevance à fixer par l'A.G.

La demande de licence doit être faite un mois avant la date de l'exposition.

L'autorisation ne sera accordée que si le paiement a été fait conjointement à la demande.

Art. 6 Les CACIB ou CAPIB reconnus pour obtenir le titre de champion international ou premior international ne deviennent valables qu'après homologation par la société ou fédération nationale à laquelle appartient le candidat.

Art. 7 *BEST IN SHOW*
Celui-ci peut être :
— Général : Poils longs, Poils courts et Siamois réunis.
— Séparé : Poils longs - Poils courts - Siamois et Types orientaux semi-long.

Conditions :
— Les chats seront présentés dans des cages nues ou par des stewards. Ils seront examinés en mains par chaque membre du jury.
— L'examen sera public.
— Chaque juge présentera son candidat qui doit avoir obtenu 95 points au minimum.
— Les juges ne faisant pas partie du Best in Show devront présenter le leur pour être soumis à l'arbitrage.
Sont exclus du jury les juges nationaux.
— Il est demandé aux membres du jury de ne pas communiquer entre eux, le vote étant secret.
— Le jury sera composé de trois juges internationaux lorsque le Best in Show est général (Poils longs et toutes catégories poils courts réunis).
En cas de Best in Show séparé (Poils longs - Poils courts - Siamois et types orientaux), il peut être fait appel à des juges internationaux de la race présentée.
— Si le nombre de juges est pair et en cas de ballottage, on fera appel au juge arbitre qui pourra soit :
Départager les juges après le vote ;
Etre incorporé au jury dès le début de l'examen des chats candidats.
— Pour être présentés au Best in Show les candidats doivent être reconnus « Meilleur de la variété ». Toutefois un juge pourra présenter un chat ayant obtenu 95 points et n'étant pas « Meilleur » si le nombre de chats, exigés présents pour ce titre, est insuffisant.

Art. 8 *MEILLEUR DE LA VARIÉTÉ*
Le « Meilleur de la Variété » sera choisi par le juge de la catégorie indifféremment parmi tous les chats de cette variété en compétition.
— Le commissaire général de l'exposition a pour mission de surveiller le déroulement normal du Best in Show et l'observance des règlements sous sa complète responsabilité.

Art. 9 Les qualificatifs « *BEST IN SHOW* » et « *MEILLEUR DE LA VARIÉTÉ* » doivent être indiqués sur le carton récompense.

Art. 10 Les neutres ne participeront ni au *BEST IN SHOW* ni au *MEILLEUR DE LA VARIÉTÉ*.
Les neutres concourront entre eux uniquement pour le titre « *MEILLEUR NEUTRE* ».

V Règlement concernant les « classes » en exposition

Art. 1 La classification des classes est celle admise par la F.I.Fe, incluse dans les standards.

L'âge des chats adultes ne doit pas être porté sur le carnet du juge.
Les chats n'appartenant pas à une variété reconnue (par exemple un chat provenant d'un croisement de race) peuvent être exposés sous :
— N° 13a pour les poils longs ;
— N° 26 pour les poils courts.
Ils seront uniquement classés I - II - II - IV et ne recevront pas de qualificatif.
Ils ne peuvent prétendre au Best in Show.
— Un chat ne peut concourir que dans la classe à laquelle il appartient.
— Si un champion international ou un champion est castré, il pourra tout en gardant son titre accéder à celui de premior ou de premior international en concourant en classe de neutre ou de premior.

Art. 2 Les sociétés et fédérations de sociétés sont tenues d'observer le règlement de la F.I.Fe pour les classes suivantes :
Classe N° 1 — Grand Champion International ;
Classe N° 2 — Grand Premior International ;
Classe N° 3 — Championnat (CACIB) ;
Classe N° 4 — Premior (CAPIB) ;
Classe N° 5 — Ouverte (CAC) ;
Classe N° 6 — Neutre (CAP) ;
Classe N° 7 — Jeunes de 6 à 10 mois ;
Classe N° 8 — Jeunes de 3 à 6 mois ;
Classe N° 9 — Novices.
Les pays n'ayant pas encore adoptés cette classification sont cordialement invités à le faire le plus rapidement possible.

1 — *Champion International*
Tous les sujets déclarés Champions recevront un rapport de juge avec la mention « PRIX D'HONNEUR » et ne seront plus classés dans une classe.
Ils pourront toutefois concourir avec les sujets de leur variété pour le titre de « Meillleur de la Variété » ou « Best in Show ».
Exception : Les pays scandinaves (Suède, Finlande, Norvège) bénéficient d'une dérogation spéciale.

2 — *Premior International*
Règlement identique à celui appliqué aux champions internationaux mais les neutres ne peuvent concourir ni pour le meilleur de la variété ni pour le Best in Show mais seulement pour le titre « Meilleur neutre ».

3 — *Classe de Championnat*
Pour tous les sujets déclarés « Champion ».
Cette classe sera subdivisée par race, variété, couleur et sexe et ce pour les poils courts comme pour les poils longs et les siamois et types orientaux.
C'est dans cette classe qu'est décerné le CACIB.

4 — *Classe de Premior*
Pour tous les chats neutres déclarés Premior.
Règlement identique à celui de la classe de championnat mais pour tous les sujets castrés.

5 — *Classe ouverte*
Pour tous les sujets inscrits au LO ou au RIEX d'une société ou fédération de sociétés affiliées la F.I.Fe, à partir de 10 mois révolus le jour de l'exposition. Cette classe sera subdivisée par race, variété, couleur et sexe

pour les poils longs comme pour les poils courts et les siamois et types orientaux.

C'est dans cette classe que sera décerné le CAC.

6 — *Classe neutre*

Pour tous les sujets castrés inscrits au LO ou au RIEX d'une société ou fédération de sociétés affiliées âgés de 10 mois révolus le jour de l'exposition.

Cette classe sera subdivisée par race, variété, couleur et sexe et ce pour les poils longs comme pour les poils courts et les siamois et types orientaux.

C'est dans cette classe qu'est décerné le CAP.

7 — *Jeunes de 6 à 10 mois*

Pour tous les sujets inscrits au LO ou au RIEX d'une société ou fédération de sociétés affiliées, âgés de plus de 6 mois et de moins de 10 mois.

8 — *Classe de jeunes de 3 à 6 mois*

Même règlement que pour la classe Jeunes de 6 à 10 mois mais pour les jeunes de 2 à 6 mois.

9 — *Classe Novices*

Cette classe est pour tous les chats âgés de 6 mois, en instance d'être inscrits à un RIEX.

L'âge doit être inscrit sur le carnet du juge. Ce dernier doit indiquer si le candidat à l'inscription présente toutes les qualités requises pour cette inscription à une race reconnue. En cas de variété non précisée cette inscription au RIEX sera refusée.

Art. 3   Chaque pays est libre d'établir des classes supplémentaires selon les coutumes locales.

VI Jugements, qualificatifs et classement

Art. 1   Ne peuvent juger dans les expositions nationales et internationales organisées par les sociétés et fédérations de société affiliées à la F.I.F.e que des juges reconnus par la F.I.Fe.

Les jugements seront sans appel.

Les chats absents lors du jugement de la classe à laquelle ils appartiennent ne pourront être classés. Après consultation au secrétariat de l'exposition, ils seront portés « absent » sur le carnet du juge.

Néanmoins ils pourront par la suite être qualifiés par le juge mais sans classement.

Ne pas mettre de cadenas sur les cages ni changer les chats de cages avant la fin des jugements, les contrevenants ne seront pas jugés.

Art. 2   *Jugements*

L'accès des rings est interdit :
— aux exposants ;
— aux membres des comités s'ils sont exposants ;
— au public.

La liberté est laissée aux sociétés organisatrices en ce qui concerne le jugement devant le public.

Avant la fin des jugements, la décoration des cages est interdite (cocardes - insignes, etc.).

Le modèle de carnet de jugement doit autant que possible être uniforme dans les expositions et les rubriques mentionnées le seront en français, allemand et anglais.

LA F.I.Fe autorise les sociétés organisatrices à joindre au carton résultat des observations ou appréciations des juges.

Les juges s'engagent à communiquer leurs notes de juges au comité de l'exposition si ce dernier en fait la demande.

Les sociétés organisatrices doivent afficher sur la cage le rapport du juge au fur et à mesure de l'avancement des jugements.

Les cartons récompenses donnés à la signature du juge avant la clôture des jugements ne doivent comporter ni le nom du chat ni le nom du propriétaire, mais uniquement le N° du chat.

Art. 3   Dans toutes les classes les juges attribueront un qualificatif à tout chat engagé, excepté pour les champions internationaux et les premiors internationaux.

Pour un minimum de 88 points : *EXCELLENT* ;
Pour un minimum de 76 points : *TRÈS BON* ;
Pour un minimum de 61 points : *BON* ;
Pour un minimum de 46 points : *ASSEZ BON*.

Dans une même classe les chats seront classés I, II, III, IV et il n'y aura pas d'ex-aequo.

Aucun chat ne pourra être proposé pour le CACIB s'il n'a pas obtenu le qualificatif *EXCELLENT* avec 95 points en classe de championnat.

Aucun chat ne pourra être proposé pour le CAC s'il n'a pas obtenu le qualificatif *EXCELLENT* avec 93 points en classe ouverte.

Mêmes règles pour les classes Premior (CAPIB) et Neutre (CAP).

Art. 4   Des rubans de CAC - CACIB - CAP - CAPIB seront fournis par les sociétés organisatrices.

Art. 5   Les chats ayant un affixe ne peuvent concourir en classe « *ÉLEVAGE NATIONAL* » (si l'exposition en comporte) que dans le pays d'origine où l'affixe a été déposé.

Les chats sans affixe ne peuvent concourir dans cette classe.

Art. 6   Sur les catalogues d'expositions patronnées par la F.I.Fe, le nom d'un chat ne pourra être accompagné d'un affixe que si celui-ci est inscrit sur le livre International des affixes, déposé au secrétariat de la F.I.Fe.

Art. 7   Il ne pourra être mentionné sur les catalogues d'expositions des noms de race, de variétés, de couleurs hors standards. Ces chats entreront dans la catégorie « Irréguliers » ou « Autres variétés ». En aucun cas, ils ne peuvent prétendre au CAC ou CAP.

Art. 8   Le catalogue des expositions doit être adressé au secrétariat de la F.I.Fe. Il y sera noté les CACIB - CAC - CAPIB - CAP attribués.

Responsabilité et exclusion

Art 1.   La Société organisatrice d'une exposition est responsable devant le Conseil de la F.I.Fe de l'observance des Règlements en exposition. Elle est tenue de fournir aux Juges et principalement aux Juges anglais agréés, toutes les indications pour l'application des règlements concernant les classes de « Champion des Champions », « Premior des Premiors », « Championnat », « Premiors », « Ouverte », « Neutres » et « Jeunes ».

Art 2. Les Sociétés fédérées peuvent demander l'exclusion momentanée ou définitive de la F.I.Fe des associés ayant contrevenu aux règlements en vigueur lors d'une exposition organisée par une des Sociétés fédérées.
Elles devront, à l'appui de leur demande, fournir au Président de la F.I.Fe un rapport motivé. Le Conseil de la F.I.Fe statuera après avoir sollicité les explications des intéressés. La F.I.Fe souhaite que soient exclus les membres d'une même famille si l'un d'eux fut radié pour cause d'appartenance à une Société dissidente.

Art. 3 Tous les cas non prévus aux présents règlements et toutes les contestations seront examinés par la Commission de Discipline et par le Conseil de la F.I.Fe.

Art. 4 Des cas disciplinaires entre deux pays membres de la F.I.Fe doivent être transmis sous forme de rapport d'information, soit au Secrétariat de la F.I.Fe — à faire suivre à la Commission de Discipline de la F.I.Fe, soit directement aux membres du Comité de la F.I.Fe.

Quelques adresses utiles

En France

Société protectrice des animaux, boulevard Berthier, 34, Paris 17e. Tél. : 754-40-661.
Association française de défense des animaux, rue Poussin, 31, Paris 16e. Tél. : 288-35-211.
Brigade de défense des animaux, rue Bergère, 35, Paris 9e.
Association des amis des bêtes, rue de Grenelle, 34, Paris 7e. Tél. : 548-54-431.
Ecole nationale vétérinaire, avenue du Général de Gaulle, 7, Maisons Alfort. Tél. : 368-30-40.

En Belgique

Société contre la cruauté envers les animaux (Asile Jules RUHL), rue de Veeweyde, 43, 1070 Bruxelles. Tél. : (02) 521 28 50 et (02) 522 15 05.
Croix bleue de Belgique, rue de la Soierie, 170, Bruxelles. Tél. : (02) 377 22 60.
Faculté de médecine vétérinaire de l'Etat, rue des Vétérinaires, 45, Bruxelles. Tél. : (02) 522 73 05.
   En écrivant ou en téléphonant, vous pouvez obtenir de ces diverses organisations tous les renseignements désirés.
   Pour vous tenir au courant de ce qui concerne nos amis, vous pouvez vous abonner à l'une des excellentes revues spécialisées qui leur sont consacrées.

Bibliographie

BELL, Ph., *A History of British Quadrupeds*, London, 1937.
BOORER, M., *Les félins*, Larousse Poche Couleurs, Paris, 1970.
BOXUS, R., *Le Chat dans le Folklore wallon*, Europa, Bruxelles, 1951.
CHAMPFLEURY, J.H., *Histoire des Chats*, Paris, 1868.
CHAUVEAU, Ch. et ARLOING, S., *Anatomie des animaux domestiques*, Paris, 1905.
CHAUVEAU, Ch. et ARLOING, S., *Traité d'anatomie comparée des animaux domestiques*, Paris, 1909.
DARWIN, *De l'origine des espèces*.
DE BUFFON, *Histoire naturelle*, tome VI.
DECHAMBRE, *Encyclopédie féline*, Prisma, Paris, 1957.
DIFFLOTH, *Lapins, Chiens et Chats*, Paris, 1911.
DODGE, *The Cat in History and in Art*, London.
GAY, J., *Les Chats*, Jules Gay, Bruxelles, 1866.
GEOFFROY ST-HILAIRE, *Acclimatation et domestication des animaux utiles*, Paris, 1861.
GRANDE ENCYCLOPÉDIE, Article « Chat », E. Trouessary.
HASSE, G., *Nos Chats*.
JEAN CHARLES, J., *Le Livre des Chats*, Stock, Paris, 1970.
LANDRIN, A., *Le Chat*, Paris, 1926.
LARIEUX, E. et JUMAUD, Ph., *Le Chat*, Vigot, Paris, 1926.
LAROUSSE (GRAND DICTIONNAIRE), Article « Le Chat ».
LAUFFS, R., *Die Katze im Volksbrauch*, Schöps, Leipzig, 1943.
LÉO, H., *Le Chat, vieux Citoyen du Monde*, La Chaumière, Bruxelles, 1958.
LOIR, A., *Le Chat*, Paris, 1931.

LOISEL, D.G., *Les Chats Anoures de l'Ile de Man*, Musée, Histoire Naturelle, Paris, 1937.
MEGNIN, P., *Notre Ami le Chat*, Rotschild, Paris, 1889.
MÉRY, F. *Sa Majesté le Chat*, Denoël, Paris, 1956.
MÉRY, F., *Le Chat, sa Vie, son Histoire, sa Magie*, Pont Royal (Del Duca/Laffont), Paris, 1969.
MEULLE, A., *Les Chats*, Riou, Lyon, 1939.
NATURE, Année 1905, *Le Chat dans la Civilisation Egyptienne*, par H. Boussac.
NATURE, Année 1892, *Intelligence du Chat*, par De Nadaillac.
PROVENCE, F., *J'élève mon Chat*, Marabout Flash, Verviers, 1960.
RENEY, M., *Nos Amis les Chats*, Grasset, Genève, 1947.
ROMANES, *L'Intelligence des animaux* (tome III).
ROZAN, CH., *Les Animaux et les Proverbes*.
THÉVENIN, R., *Le Chat*, Sablon, Bruxelles, 1945.

SOURCES DES ILLUSTRATIONS

Les photos noir et blanc ont pour origine : **Giraudon :** p. 43, 47, 49, 51 ; (Lauros) 45. — **A.B.C. Press :** p. 166-167, 175 ; (Pressehuset-Jarner) 54, 68, 90, 197, 251 ; (London Express) 71 ; (Frank W. Lane-J. Van Wormer) 87. — **J. Polinet :** p. 123, 135, 150, 152, 155, 157, 161, 170. — Droits Artistiques : © **Sabam-Bruxelles** pour Bonnard (p. 49).

Table des matières

1. Les origines du chat 5
2. Histoire de la domestication 12
3. Légendes et superstitions 24
4. Les chats dans l'art 41
5. Photographiez votre chat 53
6. L'anatomie du chat 56
    Le squelette 56
    Les ligaments 60
    Les muscles 60
    L'appareil digestif 62
    L'appareil respiratoire 62
    L'appareil circulatoire 63
    L'appareil nerveux 64
    L'appareil génito-urinaire 65
7. La physiologie du chat 67
    Les organes des sens 72
8. Comment comprendre les chats 81
9. Les races de chats 92
    Les races sauvages 96
    Les races domestiques 115
10. Comment choisir son chat 180
11. Comment acquérir un chat 187
    Les critères du choix 190
    Où acheter ? 192
12. L'élevage 200
    Les principes de la reproduction 201
13. L'alimentation 221
    L'appareil digestif 222

La digestion	226
Les principes d'alimentation	226
Les aliments commerciaux	240
Le dosage de la ration alimentaire	241
14. Hygiène et confort de votre chat	249
15. La santé de votre chat	256
Les premiers soins	259
Dictionnaire des accidents, indispositions et affections du chat	262
16. La félinotechnie	315
Statuts et règlements de la F.I.F.E.	321
Clubs et fédérations membres de la F.I.F.E.	327
Règlements du Livre d'origines et du Registre initial et expérimental	331
Les Règlements d'Exposition	339
Responsabilité et exclusion	346

Achevé d'imprimer
sur les presses
de SCORPION,
Verviers,
pour le compte des
Nouvelles Editions Marabout.
D. septembre 1982/0099/159
ISBN 2-501-00299-7